新版
5分野から読み解く現代中国

歴史 政治 経済 社会 外交

【編著】
家近亮子／唐 亮／松田康博

晃洋書房

まえがき

　近代以降，中国は幾度となく激しい政治変動を経験したが，1949年10月の中華人民共和国成立後も中国は変わり続けた．その変容は政治にとどまらず，経済・社会・外交まであらゆる分野を巻き込み，今日に至っている．

　建国初期の土地革命，反右派闘争，大躍進運動，経済調整政策，文化大革命，改革開放政策は，すべて中国共産党が一貫して指導してきたものであり，政権外部からの圧力で発動されたものはない．65年以上にわたる共産党の一党支配を可能にしているいくつかの要因の中で，共産党自身がもつ自助作用と可変性はとりわけ重要であるように思う．すなわち，内的矛盾を自らの力で調整する能力と外的変化に対応する能力を一定程度培ったことにその長期政権維持の秘訣があるといえる．共産党は「変えるべきことと守ること」「譲るべきことと拒絶すること」の微妙な舵取りが極めて巧みである．一般人民はその巧みさに巻き込まれ，従うことに甘んじるようになった．

　編者（家近）が最初に中国を訪問したのはちょうど改革開放が始まる直前の1978年夏であった．北京に着いたのは，夜の8時であった．初めて飛行機の窓から見下ろした北京の街にはほとんど灯りがなく，到着した空港のロビーは薄暗く，ホテルまでのバスも走り出すと室内灯を消してしまい，真っ暗になった．

　中国に対する第一印象は，その暗さとなった．翌朝，ホテルの窓から眺める北京の朝は，やはり薄暗い印象であった．その原因が街全体の無彩色にあるということに気づくのにあまり時間はかからなかった．人々は男も女も皆浅葱色の人民服を着ていたし，乗っている自転車も一律に黒の厳ついものであった．おびただしい数の浅葱色の服と黒の自転車が混然一体となって四車線の道を猛スピードで駆け抜けていく姿は圧巻そのものであった．

　翌日訪問したガラス工芸品の工場では，革命委員会の幹部が労働者の発言を厳しく監視している姿が印象に残った．北京郊外の人民公社では，模範農民が社会主義のすばらしさを滔々と話してくれた．学生の一人が，「人よりもたくさん働くと，ボーナスがもらえるのですか？」と資本主義的発想の素朴な質問をすると，ボーナスの意味が分からずに困っていた．通訳が「ご褒美」と説明すると，嬉々として「はい，毛主席の肖像画をもらいました！」と答えた．貨

幣に対する関心は当時の中国の人々には見受けられなかった.

それから, 35年以上が経った. 中国の変容ぶりは筆舌に尽くしがたい. 空港にも街にも灯りがあふれ, 人々はカラフルな最新ファッションを楽しんでいる. 色彩の氾濫が改革開放の進行と共に見られるようになった. 自転車もカラフルでおしゃれになり, マウンテン・バイクもたくさん見られる. それよりも, 当時はほとんど見られなかった自家用車が氾濫するようになった. ベンツ・BMW だって今では珍しくない. 昼間でも中が薄暗いため, 商品が良く見えず, 品揃えもまばらであった王府井大通りの商店街は, 今は銀座と変わらないくらい明るい. 商品も品揃えが豊かで, 数もあふれている. 商品の豊かさは, 中国の一般人民の購買力が上がったことを物語っている. 王府井のスター・バックスのコーヒーを飲みながら, 人々の様子を見ていると, 改革開放政策は成功したのだと思える. しかし, ひとたび奥地の農村を歩けば, そこには文革期とほとんど変わらない生活が展開されていることにおどろかされる. 中国における都市と農村の格差は拡大の一途をたどり, 社会問題化している.

改革開放政策は経済だけにとどまらず, あらゆる分野に及んでいる. 人口政策は先進国主導の「ブカレスト精神」を採り入れ, 1980年から「一人っ子政策」を施行した. 教育においては, 1986年からマルクスによってブルジョア教育制度として批判された義務教育の普及に熱心に取り組んでいる. 外交も貿易促進のため, 全方位外交を優先し, 経済発展後は大国化の道を邁進している. このような過程で, それまで社会主義国には存在するはずのない新しい階層が出現してきた.

それは, 中国でいう「私営企業家」を代表とする中間層である. 彼らは, 自ら会社を興したいわゆる起業家であり, 資本家そのものである. すなわち, 1921年の建党以来一貫して攻撃目標となっていた資本主義と資本家に中国の経済発展は支えられている. 共産党は「私営企業家」の存在を容認し, 彼らの経済力を頼りに国際的影響力を増大している. 豊かになっていく彼らの姿に触発されて, それまでお金に無頓着であった一般の人々も「拝金主義」に走るようになった. 経済的に富かになることが, 模範労働者や革命闘志になることよりも社会的価値が高いこととなった. 今ならかつての人民公社の模範農民もボーナスの意味を解したであろう. 中国においては, この35年間, 社会構造も人々の意識や価値観も, 生活形態も水準も確実に変容したのである.

そのなかで変わらないものがある. それは, 中国共産党の一元支配と社会の

あらゆる分野に及ぶ「党の領導」の堅持である．鄧小平は改革開放政策開始直後の1979年1月，「中国の特色ある社会主義建設」と同時に「四つの基本原則」を提起した．それは，① 社会主義の道，② 人民民主独裁，③ 中国共産党の領導，そして④ マルクス・レーニン主義，毛沢東思想の堅持からなる．共産党の中華人民共和国に対する支配の正当性の理論的根拠は，基本的には「社会主義」と「プロレタリア独裁」にある．すなわち，中国が社会主義国家である限り，プロレタリア独裁が容認される．そして，プロレタリアの「前衛」としての共産党の領導が容認される．そのため，たとえ経済において資本主義を導入しても，社会主義の看板は絶対に下ろさないのである．

　しかし，改革開放政策の深化にともなう価値の多様性と社会階層の細分化は，理論的には政治改革と民主化をもたらす可能性を胚胎する．2002年11月の共産党16全大会において，「私営企業家」の入党が正式に認められた．これは，歴史的できごとであるといえる．1989年6月の天安門事件の後，党の総書記に就任した江沢民は，「共産党は労働者階級の前衛だ．搾取にしがみつき，搾取で生活する人を入党させて，どんな党にするのか」と発言して，彼らの入党を断固拒否した．その江沢民が2000年春には「私営企業家は党の改革と先富政策の下で育ち，元々は労働者であった」と語り，01年7月には「私営企業家は，中国の特色ある社会主義事業の建設者である」と定義づけた．そして，自らの任期の最後の仕事として彼らの入党を決定したのである．

　江沢民は同時に自らが生み出した「三つの代表」重要思想をマルクス・レーニン主義，毛沢東思想，鄧小平理論と並んで党規約に盛り込むことに成功した．すなわち，共産党はプロレタリアだけではなく，すべての階級の「前衛」となり，「階級政党」から「包括政党」へと脱皮した．2007年10月の17全大会で胡錦濤総書記は，「科学的発展観」を提起し，格差を中心とする社会矛盾を是正する方針を示したが，その道は多難で，いまだに達成されていない．

　2012年11月，習近平が胡錦濤を引き継いで共産党総書記に就任した．その直後の11月29日，習は政治局常務委員と国家博物館の「復興の道」展を見学した際に「中華民族の偉大な復興の実現」という「中国の夢」に関するスピーチをおこなった．その時習は，現在は「歴史のどの時代よりも，中華民族の偉大な復興の目標に近づいている」という自信を表明した．そして，「中華民族の偉大な復興を実現することこそが，中華民族が近代以来抱き続けてきた最も偉大な夢であると思う」とし，この夢は数世代にわたる中国人の宿願であり，中国

人と中華民族の全般的な利益の具現化であり，中華民族の子女共通の願いであると強調した．

　このような中国における政治改革の可能性は，やはり共産党の領導にかかっているといわざるを得ない．すなわち，体制内改革がどこまで可能なのか，にかかっているのである．江沢民は，中国は今後も西側の政治体制は模倣しないと強調した．「中国的特色をもつ」民主化がいかなる形態をもつのか．反右派闘争，文革，そして天安門事件は，中国の大衆に「政治に関心をもつと危険である」というトラウマを植え付けた．アパシーが蔓延する社会を作り出すことに成功した共産党は，持続的経済発展を堅持する必要がある．一般の人々は，生活が豊かになれば，誰が指導者でもかまわないと，あきらめ気味に話す．しかし，彼らは次第に政治参加の意識を強めつつある．

　本書執筆の目的は，中国の現状をできるだけ多角的に描き出すことにある．その時執筆者全員が心がけたことは，歴史的視点からのアプローチである．「歴史の連続性」の命題が提起されてから久しい．一見このあたりまえの論理が中国研究においては，極めて新鮮に受け止められた．ここに戦後の中国研究の最大の欠陥があった．たとえ革命によって政権が覆ろうと，支配階級が完全に入れ替わろうと，人々の日々の生活は続いていく．歴史を形成するのは人間であり，人間の営みである．歴史が途絶えることはない．歴史を途絶えさせるのは，歴史家の恣意的なおこないである．当然，歴史研究はすべての研究の基礎になりうる．歴史的視点があるからこそ現状分析ができるし，今後の予測もある程度可能となる．そのことを基本合意として我々の作業はすすめられた．

　そのため，第1部では中国近現代史を再構築した．第1部は序論として，第2部以下を導入する役割を果している．第2部の「政治」においては，共産党が建国以降築き上げてきた政治システムを分析し，改革開放以降の経済・社会の変容に様々な政治環境がどのように対応しようとしているのかに着目した．その上で民主化，国家統合等，今後の中国政治の行方を予測している．

　改革開放政策の中心は当然経済である．第3部では，経済政策の変遷を述べることで，改革開放後の経済成長，グローバル化の特徴とそれによって生み出された問題点を明らかにし，今後の中国経済の在り方をうらなった．

　改革開放によって変革したのは経済だけではない．社会問題にも深刻な影響を及ぼしている．第4部では，社会構造の変容，環境問題，人口問題，教育問題，社会保障問題をとりあげ，これらの問題が改革開放以前と以後ではどのよ

うに変化したのかを明らかにし，改革開放によって生み出されてきている新た
な社会の歪みを分析した．社会問題は今後の中国を予測する上で極めて重要な
課題となる．

　最後に，第5部ではグローバル化の中で大国意識を強める中国の成立以降の
外交戦略の変遷を冷戦前と後に分けて分析し，現状とその問題点を明らかにし
た．中国は現在，周辺への力による影響力の行使をはばからないようになった．
そのような中で，日中関係はますます重要さを増しているとの判断から1章を
設けて詳述した．当然，ここでもそれまでの中国外交の歴史過程が導引部とし
て重要な役割を果しているのである．

　　2016年3月

家 近 亮 子

vii

目　　次

ま え が き

第1部　歴　　史──国家統一と大国化への道程──

第1章　中華民国史 ………………………………………………3

第1節　中華民国成立までの道程　　(3)

第2節　中華民国成立から南京国民政府の全国統一へ　　(8)

第3節　南京国民政府の支配と中国共産党の対抗　　(14)

第2章　中華人民共和国史 ………………………………22

第1節　中華人民共和国の成立　　(22)

第2節　毛沢東型社会主義の追求と挫折　　(25)

第3節　文化大革命　　(30)

第4節　改革開放への転換　　(36)

第5節　社会主義市場経済の発展と矛盾　　(42)

第2部　政　　治──一党支配の継続，変容の可能性──

第3章　政　治　体　制 …………………………………49

第1節　国家の仕組み　　(49)

第2節　共産党の組織と活動　　(57)

第3節　党政関係と党軍関係　　(64)

第4章　政府主導の政治改革と民主化への展望 ………………73

は じ め に　　(73)

第1節　全体主義から権威主義への政治変容　　(74)

第2節　政府主導の政治改革と緩やかな自由化　　(78)

第3節　市民社会の成長と下からの政治参加　　(81)

む　す　び　　(86)

第5章　国　家　統　合 ……………………………………… 88
第1節　国家統合と中央・地方関係　　(88)
第2節　少数民族問題　　(90)
第3節　香港・マカオ問題　　(95)
第4節　台　湾　問　題　　(98)
第5節　統一を優先する政治的コスト　　(102)

第3部　経　　済──急速な成長，拡大する格差──

第6章　中国の経済成長 …………………………………… 107
第1節　高度成長のパフォーマンス　　(107)
第2節　経済成長の足跡　　(109)
第3節　高度成長の要因　　(112)
第4節　安定成長への転換課題　　(124)

第7章　経済のグローバル化 ……………………………… 127
第1節　高成長の原動力となった対外開放路線　　(127)
第2節　貿易規模の拡大と構造変化　　(131)
第3節　直接投資の拡大と双方向化　　(137)

第4部　社　　会──混沌に生きる人々，多元化する価値──

第8章　社会の構造と変容 ………………………………… 147
第1節　毛沢東時代の社会構造──重層的身分制社会の実態　　(147)
第2節　改革開放と社会構造の変容　　(151)
第3節　多元化した階層社会の出現　　(154)
第4節　「市民社会」の可能性　　(157)

第9章　環　境　問　題 …………………………………… 163
第1節　中国の環境問題　　(163)
第2節　中国の環境政策　　(175)
第3節　中国の環境の遠景　　(186)

目　　次　ix

第10章　社会問題と政策……………………………………………192
　　第1節　人　口　問　題　　（192）
　　第2節　教　育　問　題　　（200）
　　第3節　社会保障問題　　（210）

第5部　外　　交——加速する大国化，危機をはらむ日中関係——

第11章　冷戦期における中国の外交・国防戦略………………223
　　第1節　冷戦のアジアへの拡大と中国　　（223）
　　第2節　「平和共存」の模索　　（227）
　　第3節　反米・反ソの時代　　（230）
　　第4節　米中接近と独立自主外交　　（236）

第12章　冷戦終結後の中国外交…………………………………241
　　第1節　ポスト冷戦期の中国外交　　（242）
　　第2節　「一超四強」の多極世界　　（245）
　　第3節　転換する中国外交　　（251）

第13章　中国の対日外交と日中関係……………………………258
　　第1節　冷戦下の日中関係
　　　　　　——「積み上げ方式」の日中関係（1949〜1972年）　　（258）
　　第2節　冷戦下の日中関係
　　　　　　——日中関係の「72年体制」（1972〜1989年）　　（261）
　　第3節　政治・安全保障と経済・人的交流の相克
　　　　　　——冷戦終結後の日中関係（1989年〜）　　（264）
　　第4節　対日政策決定と日中関係　　（270）

「新版」へのあとがき　　（275）
引用・参考文献　　（277）
人　名　索　引　　（297）
事　項　索　引　　（299）

第1部
歴 史
――国家統一と大国化への道程――

1945年重慶会談時の毛沢東（右）と蔣介石

第1章　中華民国史

第1節　中華民国成立までの道程

（1）　アヘン戦争

　1840年に起こったアヘン戦争は，東アジアに君臨していた中国史上最後の王朝が，近代的自由貿易を求めるイギリスに敗北した戦争であった．その結果締結された南京条約は不平等条約であったため，清朝はそれ以降西洋列強による支配と干渉を受けることになった．19世紀前半に始まる中国の近代は，列強の圧力に直面した中国が体制を再建し，変革していく時代である．それは当初緩慢な試みにすぎなかったが，やがて中華民国から中華人民共和国の建国にいたる過程において，中国は完全に独立し，統一された国家を希求することになった．近代中国の核心は，その課題の解決のために中国人が一致して努力していく過程にあるといってよい．

　17世紀以来，清朝は満洲人を支配者として中国に安定した王朝体制を確立していた．帝国が支配した領域は，現在の中国の領土と多くの部分で重なりあう．その意味で清朝は現在の中国の原型を形成したといえる．ただし，支配の構造は異なっていた．清朝は全盛期において満洲，中国本土，台湾を直轄地とし，モンゴル，新疆，青海，チベットを藩部と呼んで領土の一部に含めた．さらに朝貢国である朝鮮，ヴェトナム，タイ，ビルマを属部として位置づけた．朝貢とは当時の中国に対する海外諸国の外交・貿易形態であり，中国の文明に惹きつけられて来る海外諸国に対し中国が恩恵を施すという形をとった．清朝は以上の体制によって支配領域を極大化させ，皇帝の威光が外部をあまねく徳化するという中華世界を東アジアに実現させたといえる．

　清朝は1757年以降，西洋との貿易を広州1港に限定し，貿易の取り扱いを特許商人の公行にのみ許可した．イギリスは制限貿易下で茶を輸入したが，入超のため銀は中国へ一方的に流出した．1793年イギリス全権大使のマカートニーは清朝を訪れ，乾隆帝に自由貿易を要求した．しかし皇帝はこれを拒否し，貿

易を朝貢国にのみ認める立場を貫いた．ここに近代的自由貿易と朝貢という，西洋と東アジアの体制間の差異が浮き彫りにされたといえる．そこでイギリスは貿易赤字の打開策として，インドに綿製品を輸出してアヘンを購入し，そのアヘンを中国に送って茶の代価に充てる三角貿易をはじめた．インド産アヘンの吸飲が流行しはじめた中国では，1830年代にはイギリスに対し入超となり，アヘンが流入する一方で大量の銀が流出した．

　アヘン禍と銀価格の高騰に直面した清朝は，アヘンの輸入と吸飲を禁止したが，密貿易が続いた．1838年道光帝はアヘン厳禁を唱える地方官の林則徐を特命全権大臣に任じ，広州へ派遣した．翌年林が外国商人にアヘンの引渡しを強要して廃棄する措置をとったのに対し，イギリスは砲艦で応じた．これを奇貨として清朝に開国をせまり，自由貿易を実現させようとしたのである．40年イギリスは遠征軍を派遣し，アヘン戦争（1840〜42年）が始まった．イギリス艦隊が北上して天津に迫ると，道光帝は林則徐を罷免して停戦を図った．42年に結ばれた南京条約で，清朝はイギリス商船に広州を含む5港を開き，香港島を割譲した．さらに翌年結ばれた追加条約では領事裁判権，片務的最恵国待遇，協定関税について明確に規定された．アメリカ，フランスとも同様の条約を締結した清朝は，列強との不均衡な関係を条約の基礎のうえに築くことになった．

　1856年にはイギリスとフランスの連合軍が清朝に戦端を開いた（アロー戦争）．その背後には，南京条約締結後も綿製品輸出が伸び悩んだ中国貿易の現状を軍事的圧力によって打開しようとしたイギリス側の意図があった．英仏連合軍は広州，天津を侵し，60年には北京に侵入して離宮円明園を焼きうちした．屈服した清朝は講和（58年天津条約，60年北京条約）をおこない，開港場の増加やキリスト教布教の自由などを認めた．最も重要なことは，列強の代表の北京駐在を認めたことである．それに伴ない清朝は総理衙門（総理各国事務衙門）を設置し，外国公使との交渉の場とした．由来，東アジアでは朝貢体制の下で清と対等な国家は存在しなかったが，北京条約において中国は，西洋列強に対して条約の基礎のうえに開国したといえる．

　列強の圧力は社会にも矛盾を生んだ．アヘンの蔓延は止まず，列強への賠償金支払いは銀価騰貴や税負担の増加となって民衆に降りかかった．それに対し無策の清朝の権威は後退した．このような時代の変化や矛盾を敏感に意識した人物に，太平天国の指導者洪秀全がいる．洪はまず，キリスト教の教義を取りいれた宗教結社の拝上帝会を組織し，「天下一家，ともに太平を享受する」平

等世界を求めて布教をはじめた．1850年，広西で洪秀全に率いられた民衆は清朝への服従の証である辮髪を切り落とした．翌年洪は万を超える信徒を結集して蜂起し，地主や官僚から略奪する一方で，多くの貧民や流民を吸収して一大勢力を形成した．華南から華中の長江流域を席巻した太平軍は，53年に南京を占領し，そこを首都天京とする太平天国を樹立するにいたる．さらに北伐部隊が華北平原に進出して北京，天津に迫ったが，天京の指導者間で内部抗争が起こり，この政権は長くは続かず挫折した．そして清軍の反撃と英米仏等の外国軍隊の介入により，64年には天京が陥落して太平天国は事実上崩壊した．

（2）　改良と革命

太平天国を鎮圧した主力は，曾国藩が結成した郷勇の湘軍であった．郷勇とは同郷人を兵士として徴募する民間義勇軍の意である．清代中期以後，清朝は頻発する民衆反乱を鎮圧するため準正規軍として郷勇を利用した．そのことは，郷勇の組織者であった曾国藩（湘軍）や李鴻章（淮軍）ら漢族官僚の政権中枢における台頭を促した．そして彼らは洋務運動という，富国強兵を内容とする体制の再建を進めた．

改革はおもに技術の領域でおこなわれた．上海の軍需工場，福州の造船所，大冶鉄山・漢陽鉄廠といった近代的な工場を設立し，1888年には近代的海軍北洋艦隊を創建した．これらは西洋の科学技術を用いて推進された自強政策の結果であった．しかし洋務運動のすべてがうまく進んだわけではない．例えば企業や工場の多くは有力官僚の主導で建設されたため，官僚と企業が容易に癒着し，近代産業の利益はむしろ官僚個人に吸い上げられる傾向があった．また，「中体西用」という指針が示すとおり，洋務運動はあくまで西洋の技術によって中国の伝統的な思想や体制を強化することを目的としていた．そしてその技術は軍需に有効なかぎり洋務派官僚を惹きつけた．儒教を中心とする伝統思想とそれに基づく従来の法や制度は，改良されないまま残された．洋務運動におけるこのような政策の欠点は，日清戦争における清の敗北によって明らかとなった．

1868年の明治維新以降，日本は急速に近代化と富国強兵を図っていた．対外政策では，日本は諸外国との条約締結による国交樹立と領土画定を急いだが，このことは従来の東アジアにおける中国中心の秩序との矛盾を生むことになった．その端的な現われが朝鮮問題である．71年に結ばれた日清修好条規では，

両国領土の不可侵という条項が挿入された．それに対し，76年に結ばれた日朝修好条規では朝鮮は「自主ノ邦」であると規定されたため，朝鮮を属邦とみなす清朝に危機感を抱かせた．それ以降，日清両国は朝鮮に対する指導権をめぐって対立を深めていくことになる．

朝鮮では東学という宗教団体が信徒を増やし，1894年全羅道を中心に一大農民反乱へと発展した際，朝鮮政府は自軍でこれを鎮圧できず，清朝に軍隊の派遣を要請した．これに対抗して朝鮮に出兵した日本は，朝鮮政府に清朝との宗属関係を破棄させたうえ，94年7月清軍に奇襲攻撃をかけ，日清戦争の戦端を開いた．日本は朝鮮から中国東北へ進軍し，遼東半島を占領した．その間清軍主力の北洋艦隊が壊滅した．清朝は講和を決意，翌年李鴻章を日本へ派遣して伊藤博文らとの間に下関条約を結んだ．その結果，清朝は朝鮮に対する宗主権と台湾，澎湖諸島に対する統治権を失い，銀2億両の賠償金を支払った．さらに中国の開港場での日本の工場経営権を認めたので，片務的最恵国待遇の適用によりその権利は直ちに列強にも与えられた．これによってドイツ，ロシア，イギリス，フランスといった列強が争って中国における租借地の獲得に乗りだした．このように1895年を画期として，一方で中国が朝鮮の宗主権を失ったことにより中華世界が最終的に崩壊し，他方で列強の圧迫により中国がその主権を一層脅かされることになった．

列強の脅威を受けて，康有為を指導者とする変法運動が起こった．変法とは中国の王朝に伝統的な思想や政治制度を改めることである．変法派は，中国が民族と国家を保全するためには，洋務運動が見過ごしていた皇帝専制の政治体制それ自体を改革の対象としなければならないと認識した．近代化のモデルとして日本の立憲君主制があった．康有為は，日本を手本とすれば中国は清朝の下で力を取り戻し，国家を維持できると考えた．1898年，康有為は光緒帝に認められ，総理衙門に迎えられた．皇帝は同年6月変法を国是とする詔を出し，政治改革を宣言した．光緒帝は康有為が立案した内政改革の方策を採用し，中央の制度局，地方の民政局という新しい政治制度の試みによる立憲君主制への移行さえ企てた．しかし，あまりに急進的な変法の試みは清朝保守層の既得権と衝突した．しかも改革派の支持基盤は弱く，98年9月保守派の西太后グループが起こしたクーデター（戊戌の政変）により，わずか3カ月余りで改革は頓挫し，光緒帝の出した上諭は実現されることなく廃止されてしまった（百日維新）．

上からの改革が挫折した頃，山東半島では民衆のなかに義和団が浸透しつつ

あった．変法が中国分割の危機感を抱いた知識人による改革運動であったのと対照的に，義和団は列強による侵入を直接受けた民衆が感情を爆発させた運動であった．そしてこの下からの運動が清朝の存立を決定的に危うくする原因となった．山東省では，19世紀後半以降布教に入ったドイツのキリスト教会の言動と，村の日常生活や規範意識との間に対立が生まれていた．加えて1897年以降のドイツ軍の急激な侵入が民衆の排外感情をあおった結果，民間信仰に根を持つ結社の動きが活発になった．なかでも多くの熱狂的信者を得た義和団は，清朝地方官の支援を受けて「扶清滅洋」を掲げ，宣教師を攻撃し，鉄道，電線など西洋由来の象徴的施設を徹底的に破壊した．義和団は1900年には20万の勢力で北京に入り，公使館区域を包囲した．そして彼らは西太后ら清朝保守派と結合し，清朝は列強に宣戦を布告するにいたる．これに対し列強は8カ国連合軍を組織し，激戦の後北京を占領した．01年北京議定書（辛丑条約）の締結により，清朝は外国軍隊の北京駐留権を認め，総額9億8000万両，期間39年の賠償金を課せられた．もはや清朝は軍事，経済の両面で列強の管理下に置かれた状態になった．

　義和団事件の後，西太后政権は王朝存立の根拠を得るため，変法の必要性を認めた．辛亥革命までの約10年間，清朝は国政を立憲君主制へ移行させる道筋をつけていった．改革は1905年の科挙廃止以降急速に進んだ．08年憲法大綱が公布され，かつ9年以内の憲法制定と国会の召集が公約された．09年各省に地方議会の諮議局が開会し，翌年には将来の国会の基礎となる資政院が北京に開設された．今や国会の早期開設と責任内閣制の導入を要求する声が高まり，全国で請願運動が起こりつつあった．彼らは議会を通じて国政に参加することを求めた．このような立憲派の中心は，成長しつつある民族資本家であった．11年清朝は責任内閣制を成立させたが，多数の閣僚を満洲皇族と貴族が占めたため，失望した立憲派は清朝から離反した．清朝が推進した上からの改革は，王朝自らその支持基盤を掘り崩して孤立する結果に終わったのである．

　清末新政における科挙の廃止や留学生派遣は，多様な価値観をもった一群の知識人を生みだした．彼らは西洋思想や各国事情を知ることで，伝統的な価値観を乗りこえた．そして満洲族による王朝制度それ自体が，新しい政治意識への目覚めによって否定されることになる．とりわけ日本へ派遣された多数の清国留学生のなかから革命による体制の変更を志向する若者が現われだした．例えば鄒容は『革命軍』というパンフレットにおいて満洲族支配の打倒を呼びか

けた．また，章炳麟は強硬に排満興漢を唱える民族主義者であった．このような革命運動はやがて清朝の打倒を目的とする革命組織の結成という形で中国各地に波及した．代表的なものに浙江省を基盤とする章炳麟，蔡元培の光復会（04年），湖南省を基盤とする黄興，宋教仁の華興会（03年）があった．そして興中会を率いる孫文が中心となって以上の3派を合同し，05年東京で中国同盟会が成立した．

孫文は1866年広東省で生まれ，13歳のときハワイに渡ってハイスクールに通い，帰国後香港で医学を学んだ．科挙の受験経験もないため伝統的価値観から自由であったといえる．94年に興中会を結成し，翌年広州で武装蜂起をおこなった．その失敗後，アメリカからヨーロッパへ逃れるうち，彼は欧米の資本主義社会をじかに観察することができた．そして現実の中国の問題点を矯正する様々な方法を構想した．豊富な政治的経験を積んだ孫文は，専制王朝の打倒と共和主義を唱える革命家として，理論と運動の両面において辛亥革命の中心的人物となるのである．

さて，中国同盟会は革命綱領として，「駆除韃虜，恢復中華，創立民国，平均地権」（満洲人を追い払い，中国を回復し，共和国を創建し，地権を平等にする）を掲げた．それは後に民族，民権，民生からなる三民主義といい表わされ，孫文独自の革命思想として体系化された．また同盟会は機関誌『民報』を創刊し，革命思想を鼓吹した．1906年以降，同盟会は武装蜂起を試みては失敗したものの，革命派の影響は広まった．清末，それはしだいに主要な政治勢力の一つとなっていった．

第2節　中華民国成立から南京国民政府の全国統一へ

（1）　中華民国の成立

1911年の辛亥革命は，中国に2000年余り続いた皇帝による支配体制を完全に廃止しようとした革命であった．その際孫文の意図は，清朝を打倒するとともに，新たな政権を従来の皇帝専制政治から民主的な政治をおこなう民国に作りかえることにあった．共和制の実現によって国家統一と強国化の目標を達成しようと考えたのである．

革命の発端は1911年10月，湖北省武昌における新軍の蜂起であった．新軍とは清軍のなかでも近代化された軍隊であり，革命派はその将兵に対して宣伝工

作をおこなっていたのである．朝廷に反乱した軍人は湖北軍政府を樹立し，新軍の旅団長黎元洪を都督に擁した．これに呼応して革命派の軍隊は各地で実権を掌握し，同年12月初めまでに全国24省のうち15省が清朝から独立する動きをみせた．大勢は革命勢力に有利となり，独立した各省代表は11年末南京に集まり孫文を臨時大総統に推挙した．そして12年1月1日，中華民国の建国が宣言され，南京に臨時政府が成立した．清朝側は北洋軍を率いる実力者の袁世凱を起用して巻きかえしを図ったが，袁は革命政府と取り引きをおこない，宣統帝溥儀の退位（12年2月）と引きかえに，同年3月袁が孫文に代わり臨時大総統に就任した．

武昌蜂起以降，政治革命は急速に進展し成功した．その理由は第一に軍隊の反乱に求められる．装備と訓練に優れた新軍の将兵の革命化は政治革命の梃子となった．第二に，体制内改革勢力の立憲派が革命勢力と結合したことである．清朝を標的とする革命の指導勢力は同盟会を中心とする革命派であったが，彼らが革命の全過程を掌握していたわけではなかった．武昌蜂起の際，同盟会の指導者孫文は海外にあり，加えて同盟会自体が一枚岩の組織ではなかったからである．革命の成功を保証したのは，革命の最後の段階で清朝を見限った立憲派の革命への加担であった．

立憲派は，清末の立憲君主制の試みに関わった地方有力者，商工業者，官僚などを内に含む．彼らは皇帝の存在を前提とする体制内勢力であったが，前述のように清朝が1911年に組織した最初の内閣は立憲派を失望させ，さらに同年5月に発表された外資導入による鉄道国有化政策は彼らの憤激を買った．なぜならば，この時期多くの立憲派が自らの資本で民営鉄道を敷設する運動に関与していたからである．6月以降激化した「保路」（鉄道を守る）運動に対し清朝は武力鎮圧で応じたため，四川省では暴動に発展した．ここにおいて立憲派は清朝に敵対する側に回り，革命勢力と結合する．以上のような革命派と立憲派の一体化が10月の武昌蜂起を導く要因になったといえる．

さて，中華民国臨時政府は共和制の枠組みを整える手始めとして，1912年3月革命派の主導により臨時約法（暫定憲法）を公布した．そこには主権在民や基本的人権の保障が掲げられたほか，議会に臨時大総統の権限を制約する役割が規定されていた．翌年には国会選挙がおこなわれ，同盟会を中心に結成された宋教仁の率いる国民党が第1党となった．こうして共和制実現の足場が固められたかにみえたが，問題は新体制がうまく機能するか否かであった．なぜな

10   第1部 歴史

らば，国民党を中心とする政党側は国会の権威を確立して新体制を軌道に乗せ
ようとしたが，その立場は自らの権限の強化を望む臨時大総統袁世凱の行政府
と対立するものであったからである.

　袁世凱の考えでは，新中国は民主的な政治機構ではなく，ひとえに中央政府
の力に依存して存立するものであった. 袁は強権を手中に収めることによって
中国の統一と強国化を図る道を選んだ. 袁は1913年3月に刺客を使い宋教仁を
暗殺するなど国民党を弾圧し，翌年1月には国会を解散させた. また，列強か
ら巨額の借款を導入して中央政府の資金源とした. 袁の強引な政治に対し，13
年7月孫文，黄興指導下の国民党急進派は武力対決を試みたが失敗に終わり
（第二革命），逆に袁は政権基盤を強化して独裁化を進めた. 孫文らは日本へ亡
命し，東京で中華革命党を結成して革命運動の継続を期すことになる.

　1914年夏に始まる第一次世界大戦により，袁世凱の政治は転機を迎えた. 政
権の財源となるべき列強からの新たな借款が望めなくなり，また欧州戦争の間
隙をついて日本が中国政策を積極化させたからであった. 日本はドイツに宣戦
布告した後，中国におけるドイツ権益の中心である山東半島を勢力下に置き，
15年1月袁に対して山東省のドイツ権益の日本への継承等を内容とする二十一
カ条要求を提示したのである. 抵抗する袁政府に日本は最後通牒をつきつけ，
承諾させた. 苦境に追いこまれた袁は政局を打開するため15年夏から翌年にか
けて帝制の樹立を進めた. しかしこの方策は内外から反発を招き，国内で武装
蜂起が相次ぐうち，袁は16年3月帝制を取り消し，6月病死した.

　袁世凱の死後，中国は1920年代後半までいわゆる軍閥が割拠する時代となっ
た. 軍閥とは一定の地域を実力で支配した軍人勢力を指し，最大の指導者は袁
世凱であった. 袁配下の有力な軍人集団は北洋軍閥を形成し，馮国璋が率いる
直隷派と段祺瑞が率いる安徽派の2大派閥があった. 袁没後，中華民国北京政
府の実権はこの両派によって争われた. 他方で南方の広州では1917年孫文が地
方軍と連携して軍政府を樹立し，12年制定の臨時約法体制の擁護を唱えて北方
の軍閥政府に対抗したが，その権力基盤は弱体であった.

　共和制を目指した辛亥革命は袁世凱の独裁に行きつき，袁が作った多数の軍
閥は派閥と支配地域をめぐってその後混戦を繰りかえした. 革命によって確か
に王朝は打倒されたが，中国の土壌に民主主義が根づいたわけではなかった.
陳独秀ら当時の知識人は現実政治の推移をみて，中国の近代化を妨げているも
のは儒教であると考えた. 家族，社会，政治の諸制度を律してきた儒教を封建

制の象徴として批判し，儒教に則るそれらの制度の廃絶を訴えたのである．彼らが始めた文化面における革新運動を新文化運動という．

　陳独秀は1915年上海で『青年雑誌』（のち『新青年』）を創刊し，西欧近代思想の紹介に努めて啓蒙運動をおこなった．陳は儒教を中心とする中国の伝統文化を攻撃の対象とし，西欧流の民主的で科学的な精神を人々に吹きこもうとした．胡適は，形式に拘泥していた中国の伝統文学を改良するため，白話（口語）による闊達な文学表現を提唱した．魯迅はその白話文学の先駆者である．『狂人日記』で魯迅は儒教の本質を「人間を食う」ものであるとたとえた．そして民衆個々人こそ実は「食人」の系譜に連なる存在であり，彼ら自身が今にいたるまで無意識のうちに「絶えず人間を食ってきた」歴史を持つと指摘した．また『阿Q正伝』では，奴隷根性の持ち主である阿Qのような人間が自己を直視しかつ真摯に変革しないかぎり，真の革命は不可能であると訴えた．これは辛亥革命が社会革命を伴なわなかったことを示唆していよう．このような新文化運動が拠点とした雑誌『新青年』や北京大学で育まれた知識人は，やがて五・四運動で政治的な力を発揮するにいたる．

　1919年，第一次世界大戦の講和会議がパリで開かれ，17年8月にドイツに宣戦布告していた中国は戦勝国として代表団を送った．中国の目的は日本の山東占領と二十一カ条要求を解消することであった．会議の基調として民族自決が謳われたので，代表団には大きな期待が寄せられた．しかし同会議は4月，中国の山東返還要求を却下したため，5月4日北京大学を中心とする学生数千人が天安門前で抗議集会を開き，講和条約調印拒否，親日派官僚の罷免などを政府に求めた（五・四運動）．学生の抗議行動は全国に波及し，6月には上海で商工業者や労働者のストライキを含む大衆的な運動に発展した．政府は国内の民族主義の高まりに対応せざるを得なくなり，6月ヴェルサイユ条約の調印拒否を声明した．日本および北京政府への反対を表明した五・四運動は，大衆的な民族主義運動が持つ巨大な力量を示したのである．

（2）　国民革命

　国民革命とは，1920年代において中国国民党と中国共産党という二つの近代的政党が新たな政治主体となり，国家の統一と独立を根本的な課題とした革命である．これにより中国の国家統一は一応達成されることになった．

　中華民国は成立以来，共和制を確立することができず，また軍閥混戦にみら

れるように国内は分裂状態にあった．孫文は，1914年に結成した中華革命党を19年に中国国民党と改称して公開政党としたが，中国統一のためには新たな革命戦略を構築する必要があった．その際，ロシア革命後のソヴィエトへの接近が，孫文の革命運動の展開に重要な役割を果した．21年孫文はコミンテルン代表マーリンと会見し，ソヴィエトに関する種々の情報を得た．23年のソ連邦代表ヨッフェとの会談では，ソヴィエト制度の中国への適用を否定したうえで，ソ連邦との連携が確認された．さらに孫文は同年蔣介石らの軍事視察団をモスクワに派遣し，ソ連邦の軍事組織を視察させた．こうして24年1月広州で開かれた国民党1全大会において，国民党をロシア共産党の組織原則にならった強力な中央集権の政党に改組することが決定され，また国民党と中国共産党の合作を組織のうえで完成させた．

中国共産党は1921年7月に上海で創設されたとされる．中国ではマルクス主義理論は，実践的な側面において知識人に受けいれられた．ロシア革命の成功により，彼らはソ連邦の方式で中国を変革する希望を抱いた．李大釗，陳独秀らは1918年以降マルクス主義およびレーニン主義の導入に努め，『新青年』，『毎週評論』といった雑誌を通じて各地の知識人に紹介した．その結果，全国の主要都市に共産主義小組が設けられ，コミンテルンの協力の下，共産党が結成されたのである．中国共産党第1回全国代表大会（共産党1全大会．以下同様に略す）では陳独秀が最高指導者として党中央局書記に選ばれた．

1924年，国民党と共産党は合作を完成させた（第一次国共合作）．組織上の形式は共産党員が個人として国民党に加入する党内合作であった．国民党1全大会では三民主義が解釈しなおされ，党の方針として列強および軍閥の排除，労働者および農民の革命への参加が掲げられた．ここに軍閥と帝国主義に反対し，北京政府を打倒することが国共両党共通の目標となった．両党間には思想や戦略面での違いも存在したが，統一戦線はひとまず国民党組織内での孫文の絶大な指導力により守られた．

国民革命の主眼は北方に対する武力統一にあった．そのため，1924年国民党は黄埔軍官学校を広州郊外に設立し，革命軍の育成を図った．校長には蔣介石が就任し，共産党員の周恩来が一時期政治部主任を務めた．当校ではソ連赤軍にならって国民党の政治教育と軍事教練が施され，党を支える軍隊の基盤が整備された．1925年7月中華民国国民政府が広州で成立し，北京政府に対峙する国民革命の勢力が南方に集結した．孫文は同年3月に亡くなっていたが，中国

の統一を期して翌26年7月国民政府は北伐宣言を発表し，蔣介石を総司令とする国民革命軍によって軍閥政権打倒を目指す北伐戦争が開始された．部隊は黄埔軍官学校の卒業生を中心に約10万を擁し，民衆組織の支援も手伝って翌年には長江以南の地域を支配下におさめた．それにしたがい27年1月国民政府は武漢に移った．

　北伐戦争とともに国民革命を支えたものは民衆運動である．共産党員や一部の国民党左派党員により組織された労働組合や農民組合が各地で運動を活発化させ，その支援によって北伐も急速な進展をみせたのである．労働運動は1920年代の商工業の発展を背景に盛んになった．とくに労働者人口の多い上海では25年，五・三〇事件が発生した．日系紡績工場で中国人工員が殺害されたのを契機に排日の気運が高まり，5月30日大規模なデモが発生した．それに対し租界警察が弾圧をおこなったため，共産党主導下でゼネストが始まり，やがて各地に反帝国主義の運動を巻きおこした．広州では省港スト（香港，広州スト）に発展し，広州国民政府の支援もあって1年余り継続したため，当地に権益を持つイギリスの経済に大打撃を与えた．農民運動についても，国民党指導下の農民運動講習所では多数の指導者が養成された．地方の農村部では農民組合が設立され，地主の土地を没収する急進的な動きもしばしばみられた．

　以上のような民衆運動は社会改革を推進させる一方で，革命勢力の分裂を招く要因ともなった．急進化した農民運動は農村出身将兵の不安をあおり，都市の労働運動は国民党の支持基盤である商工業者や資本家の離反につながった．また北伐軍内部でも抗争が顕在化した．民衆動員で獲得した大衆的基盤を背景とする国民党左派および共産党と，軍事力を掌握する蔣介石との間に対立が深まったのである．この事態に際し，蔣は上海の資本家や列強の意を受け1927年4月12日上海でクーデターを敢行したため，多数の労働者と共産党員が犠牲になった．反共の意志を固めた蔣は，同月南京に新たな国民政府を樹立した．国民党左派と共産党は武漢国民政府に集まったが，汪精衛ら武漢政府内の国民党左派指導者もやがて反共化し，27年7月共産党との分裂を宣言した．その結果，3年半にわたる国共合作は終結し，革命への民衆の参加という点で国民革命は課題を残した．

　蔣介石を中心とする南京国民政府は1928年6月，北京を占領し，東北軍閥の張作霖が支配していた北京政府を倒して北伐の完了を宣言した（この際，北京を北平と改称）．同年12月には張作霖の子，張学良が支配下の東北地域で易幟（南

京国民政府の旗「青天白日満地紅旗」を掲げること）を断行し，国民政府を中国の中央政府であると認めた．南京国民政府はここに全国の統一をひとまず達成した．

第3節　南京国民政府の支配と中国共産党の対抗

（1）　南京国民政府の支配

　国民革命は中国に統一国家を誕生させ，国民党が組織した南京国民政府は中国を代表する中央政府になった．しかし依然として中央政府の支配が全国に及ばなかったという意味で，それは国民国家として不完全な統一であった．北京政府に対する武力統一は成功したものの，北伐後も国民党の地方軍事指導者は実力の基盤である軍隊を背景に自立性を保っていたうえ，国民革命の途上で国民党と袂を分かった共産党は山岳地帯に政権を築いて国民政府に挑戦しはじめていたからである．さらに不平等条約を撤廃し，対外的な完全独立を図る国民革命の課題も残されていた．したがって南京国民政府は，まず国家の内外環境の安定を図り，独立と統一の実体をそなえた近代的国民国家を形成するというナショナリズムの基本課題を持っていたといえる．

　蒋介石は国民政府主席として中央政府を握ったが，実質的な支配は江蘇，浙江両省を中心とする地域に止まっていた．その他の地域では，馮玉祥（河南省），閻錫山（山西省），李宗仁（湖北省），李済琛（広東省）ら地方軍事指導者が各々国民党政治分会を組織し，軍事力を背景に各地の実権を掌握していた．北伐は実は彼ら国民党の地方軍人との妥協によって達成されたものである．全国統一を実体化するため，蒋介石は北伐戦争で200万人以上に膨張した兵員の削減と軍権の中央化に着手した．しかしこの措置は蒋に権力を集中させると同時に地方軍人の地盤を奪うことにつながったため，彼らの抵抗を引きおこした．そして1929〜30年，文民勢力をも巻きこむ反蒋戦争が4度戦われる．内戦の結果，党内の反対派はことごとく敗れ，軍事面での蒋の権力は確定した．

　蒋介石は北伐完了直後，訓政支配の実施を全国に発表していた．訓政とは政府が民衆を指導して政治能力の訓練をおこなうことである．かつて孫文は国民党の革命の発展段階について論じた際，革命期の軍政から民主政治をおこなう憲政への過渡期として訓政時期を定めた．国民党はこの規定から国家の最高指導部として行動することができたのである．蒋介石は訓政時期の体制をつくり，党の全国支配を確立するため，1931年5月に訓政時期約法を制定させた．ここ

に訓政時期には国民党が他党の参加を排除して権力を独占し，一党支配の下で政治をおこなう方向づけがなされた．約法制定の過程では胡漢民，汪精衛ら蔣の独裁化を嫌う党内反対派が存在したが，1930年代を通じて実際上蔣の指導する党中央の権力は強化されていったといえる．

　ところで国民革命以来中国の統一化が進むにつれ，東北地域では日中間に摩擦が生じはじめていた．日露戦争以降，日本は国策会社南満洲鉄道株式会社を中心とする権益を中国東北に持ち，軍需工業の原料供給地かつ最大の対外投資先として当地を重視していた．しかし国民革命の結果南京国民政府が成立し，東北がその支配下に入ると，日本は中国のナショナリズムの高揚によって既得権益が圧迫されることを恐れはじめた．このような状況下で，現地に駐屯する関東軍の内部では日本の権益を守るための軍事行動が計画されつつあった．

　1931年9月18日，関東軍は奉天（瀋陽）郊外の柳条湖で満鉄の線路を爆破し，それを中国側の犯行であるとみせかけ，中国軍に攻撃をしかけた．事件を突破口にして関東軍は東北全域に軍事行動を拡大し，半年のうちに重要都市を占領した（満洲事変）．そして32年3月満洲国を樹立し，関東軍特務機関が連れだした清朝最後の皇帝溥儀を執政に就任させたが，その実態は日本が実権を握る傀儡国家であったといってよい．日本の東北侵略に対し，国民政府は直接抵抗することを避け，国際連盟による解決に期待した．中国の提訴を受けた国際連盟は32年リットン調査団を日中両国に派遣し，日本の侵略行為を容認しないとする報告書を公表した．翌年，総会で満洲国の不承認が可決されると，孤立した日本は国際連盟を脱退した．以上のような日本の軍事侵略は，現地軍である関東軍の軍事行動にはじまり，本国政府がそれを既成事実として追認していくなかで，満洲国の樹立に行きついた．この一連の過程に対し，日本国内にはつねに世論の積極的な支持があった．

　東北の喪失に直面しながら，国民政府は対日妥協を基本方針とした．その根拠は蔣介石の「安内攘外」（まず国内の安定を図り，つぎに外敵の駆逐にあたる）政策であった．つまり国民党の観点は国内問題の解決を優先させることに立脚していた．当時の問題とは，中国は政治的安定を欠き，戦争に耐えうる国力にも不足することであった．したがって，長期的視野からみて日本に全面対決を挑むことは時期尚早であると判断され，後述する共産党の革命運動の弾圧を第一義とする戦略がとられたのである．当時蔣介石ら国民党の関心は，まず党の支配を強化し，国内政治に安定と秩序をもたらすことにあったといえる．

16　第1部　歴　史

財政経済面で国民政府は当時積極的な役割を果たした．関税問題がその一つである．懸案は列強との間に結ばれた不平等条約の撤廃であったが，国民政府は1928〜30年，各国との交渉で関税自主権の回復にこぎつけた．政府は関税を引き上げることで，その収入を確実な財源として財政基盤を強化することができた．今一つの重要な施策は通貨統一であった．国民政府はまず従来基本通貨として受領されていた秤量貨幣の銀両を廃止した．そしてイギリス，アメリカの協力を得て35年幣制改革を断行し，政府系銀行の発行する法幣に通貨を統一して近代的な通貨制度を確立したのである．以上のような財政経済面での改革の成功は，1930年代において中国経済を発展の軌道に乗せると同時に，政権の経済基盤を強化するものであった．

（2）　中国共産党の対抗

1927年の第一次国共合作崩壊後，共産党の組織は国民党による弾圧で壊滅的な打撃を受けた．周恩来，朱徳らは江西省南昌で武装蜂起を試みたが国民党軍に鎮圧された．その後，共産党中央はモスクワのコミンテルンの指導下で都市の労働運動と武装暴動を基本戦略として戦いつづけたが，失敗を繰りかえした．共産党は中国革命に対して，国民党に対抗しうる新たな革命戦略を提示する必要があった．

毛沢東と朱徳はそれぞれ武装蜂起の敗残部隊を率いて江西省西部の井崗山に逃れ，1928年4月合流した．彼らは部隊を中国労農紅軍に作りかえ，都市を離れて辺境の山岳地域に根拠地を築くことにした．各地で根拠地は発展し，31年11月江西省瑞金に毛沢東を主席とする中華ソヴィエト共和国臨時中央政府が成立した．ソヴィエト政権は労働者と農民が強力な権力を握る人民政権であると規定され，人口250万人を擁する領域支配をおこなった．共産党は南京国民政府に対抗し，中国に二重政権状態を作りだしたのである．

ソヴィエト政権を支えたのは農民であった．根拠地の住民は大多数が農民であり，労働者は皆無であったからである．政権の政策の柱は土地革命であった．地主の土地を没収し，富農を抑圧し，貧農に再分配する施策である．この政策を完遂するため，紅軍は農民のために土地を争奪した．毛沢東は紅軍兵士に対し，「行動は指揮に従う」，「民衆のものは針1本，糸1すじもとらない」，「一切の戦利品は公のものとする」の3大規律を与え，民衆に依拠する軍隊の建設を進めた．革命の遂行とソヴィエト政権の存立はひとえに彼ら民衆の支持にか

かっていたのである．

　毛沢東らのソヴィエト政権の実際は，ソ連邦の経験で示されたような，社会主義の実現をめざすプロレタリアート（労働者階級）の独裁を確立したものではなかった．毛沢東の考えでは，中国革命においてプロレタリア独裁を確立するためには，まず辺境の農村で農民を革命化することが重要であった．つまり農民に革命思想と組織をもたらし，農村を再構築していくことである．中国の現実をふまえたこの観点は，「武装した革命的農村から都市を包囲する」という毛独自の戦略として定式化された．

　さて，蔣介石は安内攘外の方針の下，1930〜34年にかけて共産党根拠地に対し５度包囲討伐戦をおこなった．当初紅軍は遊撃戦（ゲリラ戦）を用いて国民政府の討伐部隊を退けたが，第５回包囲討伐戦で蔣介石は100万の兵を投入し，ドイツ国防軍から軍事顧問を入れて周到な作戦を展開したため，ついに紅軍は敗北した．34年10月共産党は首府瑞金と中央根拠地を放棄し，国民党軍が追撃するなか逃避行に出た．翌年１月危急存亡の秋，貴州省遵義で開かれた共産党政治局拡大会議において，毛沢東は紅軍指揮の発言権を握るとともに，党内での指導的地位を得るきっかけをつくった．遵義会議で態勢を整えた彼らは北方をめざして再び行軍を続け，35年10月陝西省北部の黄土高原にたどりついた．そして，やがて当地に延安を首府とする大根拠地を建設する．数多くの犠牲を払いながらも，約１年の間に１万2000キロの道のりを走破したこの大移動は長征と呼ばれている．

（３）日 中 戦 争

　日本は満洲国樹立後，それに隣接する華北に侵出しはじめた．1933年初頭から関東軍は万里の長城一帯で紛争を起こし，その結果締結された塘沽協定で河北省東部に中国軍が駐屯できない非武装地帯が設けられた．35年に入ると関東軍と支那駐屯軍は，33年以来の河北，チャハル両省における一連の紛争を利用し，６月梅津美治郎＝何応欽協定，土肥原賢二＝秦徳純協定を結び，11月冀東防共自治委員会（のち自治政府）を設置するなど，華北分離工作に乗りだした．このような日本側の策動のねらいは，華北における国民政府の支配を後退させ，日本の影響力を拡大することにあった．

　華北が日中間における局地紛争の様相を呈すると，中国の世論は抗日の方向へ高揚した．1935年12月９日，北平の大規模な学生デモは抗日運動の高まりを

示した（一二・九運動）. きっかけは, 国民政府が同月, 日本側の要求する華北自治に対する妥協策として北平に冀察政務委員会を設け, 河北, チャハル両省を管轄する特別機関にしようとしたことであった. それに対し, 日本の華北侵出に危機感を抱いた学生が, 政府の対日妥協の態度に抗議したのである. 運動は各地に拡散し, 翌年5月には全国各界救国連合会が上海で成立した.

　民衆の抗日感情と相即するように, 共産党は政策を大きく転換させた. 1935年8月には「抗日救国のために全国同胞に告ぐるの書」（八・一宣言）が発表され, 党は抗日のための統一戦線を呼びかけた. それはコミンテルンがヨーロッパのファシズムに対抗する人民戦線戦術を打ちだしたのと時を同じくする. 36年には, 抗日がすべてに優先する課題であるとして, 共産党は蔣介石の国民党を含めた広範な民族統一戦線の結成を提唱するにいたった　階級闘争よりも民族闘争を優先させる政策への転換であったといえる.

　1936年に入ると, 華北の問題は日中両国にとり, 従前どおり局地的問題として現地機関の処理に任せるのではなく, 本国政府が主体的に関与すべき国家的問題となった. 国民政府は, 一方で幣制改革にみられるような国内の統一化を進めたが, 他方で対日妥協と共産党討伐を堅持していた. このような安内攘外政策における国内問題優先の是非を劇的な形で問われたのが西安事件であった. 張学良の東北軍と楊虎城の西北軍は共産党根拠地の討伐のため蔣介石によって陝西省北部に派遣されていたが, 彼らの意志は内戦から抗日に傾き, 国共両軍は事実上停戦していた. そして36年12月, 対共産党戦を督促するため西安に赴いた蔣介石を張学良と楊虎城は拘禁し, 蔣に内戦停止と抗日救国を要求したのである. 共産党の周恩来, 蔣夫人の宋美齢らが協定に入った結果, 最終的に蔣介石は張学良らの要求を認め, 釈放されて無事南京に帰還した. こうして翌37年には中国において, 抗日のため国共両党が合作し, 抗日戦争を戦う体制が整うことになるのである.

　1937年7月7日, 北平郊外の盧溝橋一帯で日本側支那駐屯軍が夜間演習をおこなっていた際, 日中両軍の衝突が起こった（盧溝橋事件）. 停戦協定が結ばれたが, 日本政府は兵力増派を決定し, 華北と華中で戦火を拡大したため, 以後日中両国の全面戦争に発展した（日中戦争, 抗日戦争）. 同年11月杭州湾に上陸した日本軍は南京へ向けて進撃し, 翌月陥落させた. 南京占領の際, 日本軍がおこなった残虐行為のため, 多数の中国軍民が犠牲になった（南京大虐殺事件）. 日本は南京を陥れて速勝の雰囲気に浸ったが, すでに37年11月に南京から重慶

への首都移転を通告していた国民政府は屈服しなかった．そして38年，武漢，広州などの要衝を日本が制圧したところで，戦争は膠着状態に入った．さらに日本は国民党の汪精衛を対日協力者として得，親日政権を樹立するも，国民政府の抗日を挫くことにはならなかった．要するに中国戦線の日本軍は，主要都市および交通線の占領と維持に終始し，戦線を拡大して戦況の膠着を打開することもできず，結局8年の間中国の大地に釘づけにされたのである．

　盧溝橋事件後，国民政府は1937年8月自衛抗戦声明を発表し，蔣介石（軍事委員会委員長）によって総動員命令が発せられた．翌月，第二次国共合作が成立した結果，形式上共産党の政権機構は国民政府下に入り，中国軍は蔣介石の下，指揮系統が統一された．38年3月の国民党臨時全国代表大会では抗戦建国綱領が採択され，共産党との共同抗日が明確になり，抗日のための民意機関として国民参政会の設置も決定された．民族を挙げての抗戦体制が整備されていったといえる．重慶への首都移転以降，国民政府は四川省を中心とする奥地で重工業を含む経済建設を進め，長期持久戦の国防体制を整えていった．41年12月の日米開戦（アジア太平洋戦争）により日中戦争が第二次世界大戦の一環に組みこまれたことは，日本との戦争を戦ううえで中国には有利に働いた．中国は反ファシズム国際統一戦線の一員として，アメリカを中心とする連合国側の物心両面での援助を得，抗戦を支えられたからである．

　共産党は陝西省延安に党中央を置き，おもに華北の日本軍占領地の後方で複数の辺区（根拠地）を形成して民衆を武装させ，抗日戦争に参加した．かつての紅軍は国民政府指揮下の八路軍および新四軍に改編され，ゲリラ戦によって日本軍を翻弄した．それに対し日本軍は辺区の村々に度重なる掃討戦をおこなった．この厳しい環境下で日本の侵略に抵抗するには，民衆の支持を集め，党を堅固にする必要があった．政権に非共産党員および中間派を参加させる三三制や，小作料および利息の引き下げをおこなう減租減息等の政策はそのための施策である．また，1942年頃から延安で始められた整風運動は党の運動として重要なものであった．その目的は党員に思想の再教育を施し，組織の団結力を強めることであった．運動の過程で毛沢東の著作の学習が進められた結果，彼の政治的権威は著しく高められ，「マルクス主義の中国化」を果たしたとされた毛沢東思想が党の指導理論に位置づけられていくのである．共産党は日本との戦争のなかで発展し，支配を拡大させ，45年春には90万人余の正規軍を率い，辺区に1億の人口を有するまでになっていた．

20　第1部　歴　史

（4）　国共内戦

　1945年8月，日本の降伏により第二次世界大戦が終結した．それは中国にとって抗日戦争勝利を意味したが，犠牲者と物的被害の規模は計り知れず，「惨勝」であるといわれた．そのうえ国民党と共産党の対立が再び誰の目にも明らかになっていた．しかし中国は，戦後の復興を果たしたうえで，今度こそ外国の支配や干渉から完全に独立した国民国家を形成しなければならなかった．

　抗日戦争勝利に先立って，国共両党はそれぞれの立場から戦後の政権を構想した．1945年4月，共産党7全大会で毛沢東は「連合政府論」を発表し，戦後において，抗戦に参加した諸党派からなる民主的な連合政府を結成すべきであると主張した．他方で，執権党である国民党は同年5月の6全大会で，国民大会の開催により憲政へ移行する準備をおこなうとしたが，その時点では国民党の一党独裁が可能な訓政時期が続いていた．

　戦後，日本軍の投降受入れをめぐって国共両党の抗争が激しくなるなかで，国民党主導下に中国が統一されることを望むアメリカが調停に入り，1945年8～10月蔣介石と毛沢東による重慶会談が実現した．そこでは戦後政治における国民党の優位と，民主諸党派の協議の場である政治協商会議の設置について両党間に合意がみられた（双十会談紀要）．翌年1月，重慶で開かれた政治協商会議には国共両党のほか民主諸党派や無党派著名人が参加し，戦後政治の方向性について議論された．しかしながらこれらの話し合いの場では，共産党の軍隊および辺区（支配領域）の国家への統合という問題が解決されないままであった．一方で国民党は共産党独自の軍隊と支配領域を否定したが，他方で共産党にはそれらを国民政府の下に統合させる意志がなかったのである．両者の対立を解消するものは武力であった．戦後中国政治には一時平和が訪れたかにみえたが，国共対立の焦点の解決策を見出せないまま，46年6月本格的な内戦が勃発したのである．

　国共内戦は，共産党が中国を武力征服する形で終わった．当初国民政府軍が400万余の兵を最新の装備で武装したのに対し，共産党軍（1947年人民解放軍と改称）は兵員数，装備とも明らかに劣っていた．しかし広大な農村部に社会革命を伴ないつつ浸透した共産党はしだいに反攻に転じた．共産党は1948年9月から翌年1月にかけておこなわれた遼瀋，淮海，平津の3大戦役で勝利を収め，49年1月北平に無血入城した．同年4月，人民解放軍100万が長江を渡って南京を占領した時点で，勝敗の帰趨は決した．毛沢東は49年10月1日，北京の天

安門に姿を現し，中華人民共和国の成立を宣言した．中華民国政府は南京から脱出し，日本から接収した台湾省に49年12月に撤退した．

　国民政府の財政経済はこの間，破綻をきたした．内戦の軍費を補うため通貨を増発した結果，支配領域では激しいインフレーションが進展した．国民政府軍も腐敗や士気の低下により内部から崩れつつあった．国民政府の統治は急速に崩壊に向かっていた．

　その一方で，共産党は農村の民衆の支持を得ていた．濃淡の差はあれ，彼らは共産党が実施した土地改革をはじめとする種々の社会経済改革に引きつけられた．当初共産党は日中戦争以来の穏健な土地改革をおこなう方針をとっていたが，1947年10月の中国土地法大綱では地主の土地所有権を廃止し，貧農団を構成して土地革命をおこなう権限を彼らに与えた．このような農村革命を通して共産党は基層社会をつかみ，党の強力な指導下で中国の農村を再構築していった．1949年の革命によって，中華人民共和国の支配体制の基盤が農村に形づくられたのである．残された課題は，国民政府の時代に形成されつつあった統一国家の遺産をどのように継承するのか，長く続いた戦争と革命によって断たれた中国の近代化の事業をいかに推進していくのかということであった．

（一谷和郎）

第2章　中華人民共和国史

第1節　中華人民共和国の成立

（1）　支配の確立

　国共内戦での圧倒的優勢を背景に，毛沢東（中国共産党主席，中央人民政府委員会主席）が，1949年10月1日天安門上で中華人民共和国の成立を宣言した．新国家の主席と臨時憲法にあたる「共同綱領」を決定したのは，9月に開催された「中国人民政治協商会議」であった．これは1946年の「政治協商会議」の政治的正統性を引き継ぐものであり，共産党のみならず，国民党に協力しなかった民主諸党派も参加していた．当初，中華人民共和国は実質的に共産党が領導しつつも，民主諸党派との協力関係（統一戦線）のもとに出発した「新民主主義，すなわち人民民主独裁の国家」[1]であった．

　ただし建国は宣言されたものの，この時点ではいまだ軍事的占領すら一部の地域に留まっており，内戦状態にあった．内戦状況がようやく落ち着き始めた1950年6月に，朝鮮戦争が勃発した．これは建国まもない中国の国際環境を決定づけた重要な出来事であった．

　人民解放軍が占領した地域には，当初軍事管制が敷かれた．その後，全国は六つの大行政区（東北・華北・西北・華東・中南・西南）に分けられ，中央直轄の華北，東北人民政府がすでに存在していた東北以外には，いずれも軍政委員会が設置され，省レベル以下の政権機構（各界代表からなる人民代表会議）の樹立が進められた．

　政権機構の樹立とともに重要視されたのは，民衆への権力の浸透であった．共産党はこの点において革命期から引き継いだ大衆動員による政治運動という方式を用いた．

　農村において重要な役割を果たした運動は「土地改革」[2]であった．1950年6月に「土地改革法」が制定され，年末から共産党の新たな支配地域で「土地改革」が進められた．この運動は地主制一掃・土地再分配をおこなうもので，党

員や知識人によって組織された「工作隊」によって指導され，運動を通じて党・国家権力の一定程度の浸透が果たされた．

人民代表会議の樹立と土地改革の基本的完了を受け，共産党の統制のもと選挙が実施され，54年9月には第1回全国人民代表大会（国家の最高権力機関）が開催された．その大会で憲法が採択された．これによって現在に至る基本的な国家機構が形成された．

都市に入った共産党はまず国民政府のもとにあった銀行・企業などを接収し，国家所有とした．これらは中国経済の主要部分を構成していた．他方で国内の資本家に対しては「利用と制限」という方針を掲げ，当面の存在と活動を認めていた．

朝鮮戦争を契機として，「抗米援朝運動」⁽³⁾が思想面，経済面での運動として展開され，それと並行して都市では1951年末から52年前半にかけて「三反・五反運動」⁽⁴⁾が展開された．「三反運動」は都市に入ってからの党員による汚職事件の頻発などの問題に対処し，党内を整頓するためのものであり，その運動の過程でそれらの党員と結びついていた工商業者へと対象が拡大したのが「五反運動」であった．「五反運動」は企業内部の労働者を動員して大衆闘争の形をとり，彼らは厳しく資本家を追及した．これらの運動は52年夏には終息したが，企業内には労働者が生産と経営を監督する組織が設置され，中規模程度の企業にまで党組織の網の目がくまなく張り巡らされることとなった．

（2） 社会主義への移行

本格的な計画経済の実施に向けて，1951年春から「第1次五カ年計画（1953～57）」草案の準備が始められたが，社会主義への移行開始時期をめぐって指導者間で意見の違いが存在した．過渡期である「新民主主義時期」から社会主義へいつ移行するのか，すなわち社会主義的改造（商工業の国有化，手工業・農業の集団化）をいつ始めるのかが明確になっていなかったのである．生産力が十分に向上してから社会主義へ移行するのか，先に社会主義へ移行することによって生産力の向上を図るのかが論点であった．毛沢東は，53年6月の中央政治局会議で，「過渡期の総路線」を提起し，「10年から15年あるいはもう少し長い期間のうちに，国家の工業化と社会主義的改造を基本的に完成する」と述べて社会主義的改造の開始を打ち出し，中央政治局はこの提案を了承した．

その後，工商業の国有化は主に1954年から始まり，56年末にはほとんど完了

した．このように短期間に改造が進んだのは，「五反運動」によって実質的な経営権が党と労働者の手に移っていたからであった．しかも改造を通じて企業は，国家の行政的な管理構造に直接的に組み込まれることになり　労働組合と労働者の権限は低下し，官僚が企業の管理権限を掌握した．商業の改造も55年末から加速し，57年には国有化が基本的に完成した．

　農村では「土地改革」によって土地が再分配された後，「互助組」の組織が進められていた．党中央の指導者の一人である劉少奇は，農村の更なる集団化は機械化の基礎となる工業の発展の後に進めるべきだと主張した　党内でもこのような考え方が強かったが，毛沢東は現場の集団化への積極性を評価し，更なる集団化を進めるべきという意見を表明した．党内の意見の相違は解決されないまま集団化が進められ，その過程で「初級合作社」が生み出されていった．

　「農業生産合作社」を全面的に推進する契機となったのは，毛沢東による「過渡期の総路線」の提起であり，それを受けてなされた1953年12月の「農業生産合作社の発展に関する決議」であった．これを機に53年春に１万4000社だった「初級合作社」は54年末には48万社にまで膨れ上がった．急激な集団化は様々な弊害を生み出し，農村工作部部長の鄧子恢が中心になって「合作社」の整頓をおこない，集団化を抑制した．

　毛沢東はこれに不満を持ち，55年７月「農業合作化問題について」と題した講話をおこない，鄧子恢を批判した．党内の指導者の多くは毛沢東に同調し，再び集団化ブームに火がつくことになった．56年12月末には「合作社」の加入農家は全国総数の96.3％に達し，そのうち「高級合作社」への加入農家は87.8％であった．大半の「合作社」は初級を飛び越え，いきなり「高級合作社」に組織されたのである．

　社会主義的改造と並んで，社会主義工業化が「第１次五カ年計画」の柱であった．「第１次五カ年計画」の工業化戦略の重要な特徴は，重工業重視，内陸部重視，ソ連の協力であった．重工業重視，内陸部重視となったおもな理由は厳しい国際環境にあり，安全保障上の必要からであった．ソ連は計画の策定段階から関わっており，計画の中核になる156項目の工業プロジェクトはソ連の援助を受けて進められ，また3000人余りの技術者・専門家がソ連から派遣された．ただし資金面ではソ連からの借款は工業基本建設投資の３％強に過ぎなかった．「第１次五カ年計画」は基本的にソ連の発展モデルを踏襲したものであった．

このような大規模な計画経済を実行していくためには，中央集権的な組織，制度が不可欠であった．中央・地方関係では，分権的な大行政区制に手がつけられた．1952年11月に大行政区人民政府（軍政委員会）は中央の出先機関として権限を縮小され，さらに54年6月には大行政区が全廃された．また52年11月には国家計画委員会が設置され，計画経済の実施を担うようになったのを始めとして，多くの官僚機構が整備され，その管轄下に国営企業が置かれ，一元的な統制が図られた．こうして，中国は中央集権的な管理体制を確立して，重工業を最優先課題とし，その資金を主として農業に求める構造を作り出そうとした．

第2節　毛沢東型社会主義の追求と挫折

（1）　新たな発展モデルの模索
第1次五カ年計画期には，工業生産成長率，五カ年計画規定の46の主要産品の生産量はいずれも計画目標を超過した．農業も工業ほどではないが，順調な成長を記録した．

しかし，問題点も存在した．第一に中央集権化と急激な成長を求めすぎ，また計画経済の管理能力不足のため，産業の全体的なバランスが崩れ，様々な物資の供給不足や供給過剰が起こった．また量のみを追い求めて，質がおろそかにされた．第二に工業化によって都市の人口が年率6.8%増加し，何百万人もの農民が都市に流入した一方で，食糧生産の伸びは年率2.5%にとどまっており，都市への食糧供給不足問題が存在した．第三に急激な社会主義的改造が民衆に不満を抱かせた．都市では前述のように労働者の権限が奪われ，食糧不足とあいまって，労働者のストや食糧デモが発生し，農村では「高級合作社」化で耕地や役畜などを奪われることに抵抗した農民による役畜の大量屠殺や「合作社」からの退社騒ぎが起こっていた．

こうした状況を踏まえて，これまでの中国における社会主義建設の経験を総括し，新たな発展モデルを提起したのが，1956年4月の毛沢東による政治局拡大会議での講話「十大関係論」であった．この講話では各方面のバランスの取れた発展が提起された．8月には共産党8全大会が開催され，この毛の方針のもとに「第2次五カ年計画」が報告され，過度な中央集権体制の緩和や発展速度の抑制などが盛り込まれた．また社会主義的改造の基本的完成を受け，重点を階級闘争から経済建設に移すことが提起された．

26　第1部　歴史

　また1956年4月，新たな発展のために能力を結集し，同時に不満を解消しながら団結を確保していくために自由化が進められ，知識人や民主諸党派人士に対し積極的に意見を表明するよう「百花斉放，百家争鳴」が呼びかけられた．これに呼応して，党外知識人たちは，党や政府に対する不満や批判を率直に述べ，全国的に党の組織の網の目が張り巡らされ，あらゆることに決定権を握っている「党の天下」に対する批判などが現れた．このような批判は学生たちにも影響を与え，北京大学などでは壁新聞によってさまざまな意見が出された．

　しかし毛沢東は，このような意見表明を社会主義体制に対する攻撃と捉え，反撃を開始した．1957年6月8日から政治的な大衆運動として「反右派闘争」が展開され，多くの知識人，教員やその家族が「右派」として迫害され，再教育のためとして農村へ送られた．「右派」の基準はあいまいで，批判対象は拡大され，運動が終息する58年夏までの1年間に，党内外で55万人を超える人々が「右派」とされた．

　「反右派闘争」は政治に対する意見や批判を自由に述べられない雰囲気を作り出し，民主諸党派との協力関係を形骸化した．また，これまでも資本主義の復活を警戒していた毛沢東に，社会主義的改造が完成した後にも，政治・思想面における階級闘争の必要があることを確信させた．

（2）　大躍進運動・人民公社化運動

　反右派闘争の開始とともに，急激な発展を抑制していくという雰囲気も一変した．1957年9〜10月に開催された8期3中全会で，毛沢東は8全大会の認識を覆し，階級闘争が主要矛盾であるとし，会議は最終的にこれを受け入れた．それとともに毛沢東がかつて作成し，急進的であるとして批判されていた「農業発展要綱」の修正案が採択された．その内容は，国家や工業部門からの援助があまり期待できない状況で，農民自身が集団の力によって各種の増産措置に取りくむことを提起するものであった．これは「大躍進運動」の事実上の出発点となった．

　1957年11月毛沢東は各国共産党労働者党モスクワ会議に出席し，フルシチョフの「15年以内に重要な生産物の生産量において，アメリカに追いつき，追い越す」という発言に対抗して，中国は15年以内にイギリスに追いつくと発言し，急進的な発展をめざすことを外国にも公にした．これは大躍進運動の重要なスローガンとなった．

このような方針にのっとって，57年秋から58年春にかけて全国で6000万人もの農民が動員され，水利建設運動が展開された．これは目覚しい成果をあげ，これに自信を深めた毛沢東は各地で地方幹部に直接働きかけ，大躍進運動を全国的に展開し，また「農業合作社」の合併による大規模化が進められた．

各地の先進的な成功例が報告される楽観的なムードの中で，1958年5月8全大会第2回会議（8全大会の決議に基づく2回目の全国代表大会）が開催された．この会議は「社会主義の総路線」を正式に採択し，大躍進運動の全国的展開を支持するとともに，階級闘争が依然として中国内部の主要矛盾であることを表明した．

大躍進運動は単なる経済面における急進政策ではなく，毛沢東型社会主義といいうる中国独自の社会主義モデル追求の道であった．毛沢東型社会主義とは，社会主義的改造の完成後も階級闘争が依然として存在するという認識を背景に，一部の人々の富裕化を原動力とするのではなく，貧しい大多数の大衆の積極性に依拠し，経済を始めとして政治・思想・文化面における社会主義国家建設をおこなおうとするものである．そして積極性を有効に発揮させる方法として分権化や集団化が構想された．これによって，発展を支える技術も資金も不足している中国において，都市と農村を共に発展させようとしたのである．中国がこのように自力による独自の発展を追求していくようになった対外的要因として，この時期に並行して進んだ中ソ間の矛盾の深刻化を無視することはできない．

大躍進運動において中央政府はさまざまな高い経済目標値を設定し，特に鉄鋼生産は象徴的にとりあげられ重視された．地方の積極性を発揮させるため，全国を七つの「経済協作区」に分割し，地方への権限の委譲が進められた．農業においても高い食糧生産目標が掲げられ，土地を深く耕し，高密度に植える増産方法などが広く推進された．また，「農業合作社」の合併が進められる中で，毛沢東の考えに基づいて「人民公社」が生み出され，全国で「人民公社化運動(8)」が展開された．「人民公社」は急激に広まり，1958年10月末までに総農戸数の99％以上が人民公社に組織された．

人々の積極性と大量の人力に依拠したこれらの運動の弊害は，1958年11月には明らかになった．多くの「人民公社」では基層幹部らが中心になって共産主義への道をいたずらに急ぎ，極端な平等主義，個人や生産隊（公社内の下部組織）の財産の徴発，自留地の没収，家庭副業の禁止，自由市場の閉鎖などがお

28　第1部 歴史

こなわれた．また，鉄鋼増産のために農民の労働力が酷使され，しかも伝統的な技術に基づく，人の背丈より少し高いくらいの小規模な溶鉱炉（いわゆる「土法高炉」）で生産された鉄鋼は，質的にほとんど使いものにならなかった．農民たちは都市へ移動したり，徴発される前に役畜を処分してしまうなどの消極的抵抗をおこない，生産意欲を減退させた．食糧生産は1951年よりも低い水準にまで大幅に減少し，自然災害も重なって深刻な食糧危機がもたらされた．この食糧危機によって少なくとも約2000万人の死者が出たとされる．

　他の経済面でも，各分野での増産運動により，基本建設投資が膨張して経済過熱を引き起こし，経済のバランスが崩れ，混乱をもたらした．地方への急激で過度な権限委譲も混乱に拍車をかけ，量だけを追い求めたために品質低下が起こった．また，鉄鋼増産のために木材が大量に伐採され，自然環境の悪化を招いた．

　1959年8月の盧山会議は中央の指導者たちが政策を修正する絶好の機会であった．しかし，彭徳壊が大躍進運動について毛沢東を強く批判して，毛沢東の怒りを買い，会議の方向性は180度転換した．彭徳懐批判とともに，「反右傾闘争」が展開され，大躍進運動は経済状況がさらに深刻になる60年夏まで継続された．

（3）　経済調整政策の展開

　「大躍進・人民公社化運動」の失敗から立ち直るために，経済調整政策が開始された．この政策を主導したのは劉少奇と鄧小平であった．調整政策の基本精神が最初に提起されたのは1960年7月の北戴河会議であり，「調整・強化・充実・向上」の「八字方針」が打ち出された．経済調整政策が本格的に展開されるようになるのは，62年1～2月にかけて開かれた党中央の工作会議（「七千人大会」）からであった．この会議では大躍進以来の活動の誤りが認められ，毛沢東を含め党の指導者たちが自己批判をおこなった．また，彭徳懐批判は維持されたものの，その後に展開された「反右傾闘争」が誤りであったことも認められた．

　調整政策の緊急課題は食糧危機への対応であり，その解決のために都市人口の農村への強制移住が進められた．大躍進運動に伴う都市の経済活動の活発化や「人民公社」化への反発などによって，農民が大量に都市へ流入し，それが農村の労働力不足に拍車をかけ，都市の食糧不足を激化させていたのである．

中央政府は都市への人口移動を制限するため，1958年1月には都市戸籍と農村戸籍を区分する「戸籍登録条例」を発布するなどしていたが，大躍進運動推進における工業労働力補充のために，契約労働者として農民の都市への流入を認めていた．その結果，都市人口は58年からの3年間で3124万人増加していた．61年6月に都市人口の削減が決定され，3年間で約2600万人が削減された．また，62年2月には，農村戸籍の者は，軍隊に入る場合と大学入学の場合を除いて，都市への移動が禁じられた．

また，農業生産を回復させるために，農業投資が大幅に増加され，「人民公社」のあり方にも修正が加えられた．大規模すぎる点を改善するために，公社より下位の生産隊（おおよそ旧初級合作社に相当，約20戸）を基本的採算単位とし，生産・経営の自主権を与えた．さらに食糧の浪費につながった「公共食堂」の閉鎖や，農民各戸の自留地の回復，家庭副業の許可や自由市場の再開などがおこなわれた．やがて一部の農村では，自留地を多く残し，自由市場を多く設け，自ら損益の責任を負う企業を設立して，個別生産請負制（第6章第2節参照）が実施されるようになり，「人民公社」の形骸化が進んだ．

工業面での調整政策は，鄧小平が主導して作成した「国営工業企業工作条例」（「工業70条」）に沿って実施された．大躍進期の過度な権限の下部組織への委譲を反省し，党委員会指導下の工場長責任制を敷き，統制の強化と生産効率や品質の向上に主眼を置いた．職員や労働者に対して出来高賃金や奨励金などの物質的刺激を与えることも認められた．また，工業基本建設投資が大幅に削減され，経済効率の悪い小規模工場を中心に全国の企業総数の45%が閉鎖された．これらの調整政策と並行して，政治面においても，これまで「右傾」として批判された人々の名誉回復が推進された．

これらの経済調整政策は経済の回復，発展に際立った成果をあげた．1965年には工農業総生産値は1957年の1.8倍となった．経済調整期の主要工業製品の生産増加量は，鉄鋼，石炭，塩，綿紡績などを除いて，いずれも第1次五カ年計画期をはるかに越えていた．また，大慶油田が開発され，自力で原子爆弾の開発にも成功した．農業でも食糧生産量がほぼ57年と等しくなるまで回復し，綿花は57年の水準を大きく超えた．国家財政も58年からの赤字が62年に黒字に転換した．

しかし，他方でこれらの経済調整政策によって新たな社会の階層化が進み，社会的矛盾が生み出された．都市から農村への移住は，農村戸籍の人々の強制

30 第1部 歴史

的帰農だけにとどまらず，都市知識青年（中学卒業程度以上の教育を受けた者）の
農村への移住（「下放」）としてもおこなわれた[9]．

　また都市で安価な労働力を提供していた農村出身者の減少は，都市における
新たな臨時労働者，契約労働者といった底辺層を生み出した．彼らは低賃金，
低福利の状況に置かれた．報奨制度などは賃金の総額規制（全体として支払われ
る賃金の総額はあらかじめ定められている）の下でおこなわれたため，技術者などの
一部の熟練労働者には高賃金が支払われ，それ以外の労働者は低賃金となった．
こうして高賃金の常用労働者，低賃金の常用労働者，その下に臨時労働者，契
約労働者などの底辺層といった社会の階層化が進み，さらにその下に都市と切
り離された農村という社会構造が創出された．

第3節　文化大革命

（1）　社会主義教育運動

　当初調整政策の必要性を認め，自らも「人民公社」の調整政策に取り組んで
いた毛沢東は，調整政策が加速し始めると，その方向性を批判するようになっ
た．1962年9月の8期10中全会において，毛沢東は社会主義国家においても階
級闘争が存在し，資本主義復活の恐れがあることを主張した．また農村におけ
る個人経営の風潮，「反右傾闘争」で批判された人々の名誉回復の流れを厳し
く批判した．

　毛沢東の批判を受けて，1963年2月の党中央工作会議は都市における「五反
運動」（汚職窃盗，投機，浪費，分散主義，官僚主義に反対する運動）と農村における
「四清運動」（経理帳簿，在庫，財産，労働点数の面での幹部の不正点検摘発運動）とい
った社会主義教育運動を展開することを決定した．

　毛沢東は農村における社会主義教育運動の綱領的文章として，「当面の農村
工作の若干の問題についての中共中央の決定」（「前10条」）の作成を主導し，63
年5月に下部に配布した．その中ではこの運動の階級闘争の側面が強調され，
貧農・下層中農に依拠して大規模な大衆運動として展開すべきこととされてい
る．これに対し，鄧小平や彭真が中心になって「農村の社会主義教育運動にお
ける若干の具体的政策についての中共中央の決定」（「後10条」）を制定し，また
64年9月に劉少奇が「後10条」を修正して（「修正後10条」），党中央の指導下に
運動を制御しながら，汚職などの摘発をより効果的におこなおうとした．

1964年末から65年初めにかけて開かれた党工作会議で，毛沢東は会議を主宰していた劉少奇を厳しく批判し，自ら主導して「農村社会主義教育運動のなかで当面提起されている若干の問題」（「23条」）をまとめた．これは改めて社会主義教育運動が階級闘争であることを強調するとともに，「党内の資本主義の道を歩む実権派」を一掃すべきだと初めて指摘した文書であった．毛沢東が劉少奇や鄧小平を打倒の対象と見なしたのはこのころだとされている．このような社会主義教育運動をめぐる流れは，経済調整期に採用された経済政策の継続を困難にした．

（2）　文化大革命の発動と紅衛兵運動

　毛沢東は毛沢東型社会主義の理想を，抗日戦争期の「抗日根拠地」（第1章第3節参照）に求めた．党内の反対勢力を打倒し，党と社会を自身と同じ方向へ向かわせようとした毛沢東にとって，文化大革命はこの理想を実現するための闘争であった．

　文革ののろしとなったのは，1965年11月上海『文匯報』に掲載された姚文元の「新編歴史劇『海瑞の免官』を評す」であった．北京副市長であったこの劇の作者呉晗に対する批判を足がかりに，1966年5月の政治局拡大会議において，毛沢東は当時劉少奇らの勢力が強かった北京市党委員会や中央宣伝部を改組に追い込んだ．

　その会議において出された「五・一六通知」（党内通知に限定され，1年後に公表）は，「党，政府，軍と各文化界に紛れ込んだブルジョア階級の代表分子」，「反革命修正主義分子」との闘争を呼びかけていた．「通知」に基づいて陳伯達，江青，康生，張春橋などによって構成される「中央文化革命小組」（「中央文革小組」）が設置され，文化大革命を直接かつ具体的に指導することになった．文革推進派は続いて人民日報社を支配下において宣伝機関を握り，また軍では毛沢東に近かった国防部長林彪が毛沢東を支持した．

　北京大学の学生で哲学学科党総支部書記の聶元梓らは，「中央文革小組」によってそそのかされ，北京市当局と近かった北京大学学長・大学党委員会書記陸平らを批判する壁新聞を張り出した．毛沢東はこの壁新聞をパリ・コミューンにたとえて激賞し，これは全国へ報道された．これによって北京市内の他の多くの中学・高校・大学などでおなじく党委員会に反対する運動が広がり，党委員会の最高幹部を引きずり出して糾弾するなど，正常な授業が出来ない混

32 第1部 歴史

乱状態となった.

　劉少奇や鄧小平らは「工作組」を派遣して運動を指導下に置こうとしたが,毛沢東は「工作組」の派遣を厳しく批判し,「工作組」は撤収せざるを得なくなった.毛沢東から「反動派に対する造反には道理がある」(『造反有理』)と支持を得た「造反学生」たちはますます激しく活動するようになり　また「紅衛兵」と名乗るようになった.

　1966年8月初旬に開催された8期11中全会で,「プロレタリア文化大革命についての決定」(「16条」)が採択された.「16条」は文革の目的や方法などを初めて明らかにした.「資本主義の道を歩む実権派」を打倒し,社会主義の経済的土台に適応しない上部構造(政治・思想・文化など)を改革することが目的とされ,大衆を思い切って立ち上がらせるという方法をとること　そのために「四大」,すなわち「大鳴,大放,大字報,大弁論」(大いに見解を述べ,大胆に意見を発表し,壁新聞を張り出し,大弁論をおこなう)の「大民主」を打ち出した.また「パリ・コミューンのような全面的選挙制の組織」や教育と生産労働の結合などの理想主義的要素が盛り込まれた.

　この会議の直後,8月18日に「文化大革命祝賀大会」が開かれ　毛沢東が天安門の上から100万人に上る人々を謁見した.この中には数万人の紅衛兵たちも含まれていた.これを機に紅衛兵運動はさらなる盛り上がりを見せ,同様の大会は11月下旬までに8回も開かれた.この大会で林彪が提起した「四旧打破」(旧思想,旧文化,旧風俗,旧習慣を打倒すること)は紅衛兵のスローガンとなり,通りの名前,店の名前が無理やり変えられ,伝統文化や宗教などに関連する建築物,文物が破壊され,服装や髪型も華美だとされるものはすべてブルジョワ的だと批判された.街は壁新聞や批判ビラで埋め尽くされ,さまざまな人々が「反革命分子」という濡れ衣を着せられて,街を引き回され,批判大会に引き出され,つるし上げられた.中にはなぶり殺されたり,批判を苦にして自殺したりするものもあった.その中には文学者の老舎をはじめ,多くの文化人・知識人がいた.中央が革命の「経験交流」[10]を促したことによって,紅衛兵運動は都市を中心に全国各地に拡大した.

　学生たちの運動に触発されて,さまざまな社会的矛盾の中で弱い立場にいた人々が紅衛兵運動に加わった.経済調整期以来,都市の底辺層を形成してきた臨時労働者・契約労働者や「下放青年」たちなどは,それぞれに全国組織を組織して,文革の中で自らの主張を展開した.また「出身血統主義」[11]により悪い

階級の出身者として抑圧されていた若者も，自らの組織を作り，他の組織と対立した．さらに地方の党指導者などが設立させた保守派の紅衛兵組織が，造反派と対立した．

運動の熱狂と混乱の中で，「中央文革小組」や林彪ら文革推進派は，自らの意図に沿って運動を扇動した．1966年10月の中央工作会議で，劉少奇と鄧小平は名指しで批判され，両者とも自己批判をおこなった．彼らが批判の対象になっていることは意図的に漏らされ，会議の直後から，二人を批判する標語が北京の街中に貼り出されるようになった．さらに，他の多くの党中央の指導者たちにも批判が向けられるようになり，次々にそれらの党指導者たちが紅衛兵による批判大会に引き出され，迫害を受けるようになった．

1967年1月，上海で，紅衛兵運動の頂点であり，転機ともなった事件が起こった．張春橋と姚文元が労働者の紅衛兵組織を率いて，上海市の権力を手に入れたのである．毛沢東はこの「奪権」に賛成し，全国で造反派が大連合する「奪権運動」実施を指示した．またそれまで地方の文化大革命には不介入であるべきとされた軍隊についても，真の革命派の「奪権」を援助するよう林彪に指示した．これによって全国で「奪権運動」が展開されることになった．上海では，2月5日に「上海コミューン（上海人民公社）」が樹立された．

（3）　紅衛兵運動の終焉と9全大会

紅衛兵運動が頂点に達した1967年2月，党中央では国務院グループと軍事委員会副主席たち古参の党指導者が，「中央文革小組」に対して激しい批判を突きつけた（「二月逆流」）．報告を受けた毛沢東は古参の党指導者たちを批判し，この結果，党中央政治局に代わり「中央文革小組」が党の日常工作を担当する事態となった．

しかし他方で，毛沢東はこれら党指導者たちの批判をそれなりに真剣に受け止め，文革による混乱の収拾を考えるようになった．まず批判のあった「上海コミューン」の名称について，「上海革命委員会」と名称変更するように指示し，またむやみに党指導者を打倒すべきでないとも指示を出した．さらに「奪権」過程での混乱を収拾するため，造反派の「大連合」に加えて，革命的大衆，解放軍，革命的幹部による「三結合」に基づく臨時権力機構として「革命委員会」の樹立を指示した．現実的にはこの3者のうち圧倒的に解放軍の力が大きく，事実上の軍事管制体制が構築されていった．

34 第1部 歴 史

　文革による国家・社会の混乱は毛沢東が収拾を考え始めても，そう簡単には収まらなかった．1967年7～9月には武闘による混乱は軍隊をも巻き込んで頂点に達していた．この時期に華北・中南・華東地区を視察した毛沢東は，本格的な文革の収拾と党の再建を決意した．毛沢東は改めて革命委員会の設立を促し，闘争をやめて教育的方法をとるように呼びかけた．また軍隊も秩序回復に向けて積極的に動き始めた．闘争を拡大しようとする組織は「極左派」として弾圧された．

　さらに「労働者毛沢東思想宣伝隊」が組織されて北京の各学校に派遣され，紅衛兵に対する武装解除がおこなわれた．紅衛兵たちは，貧農，下層中農の再教育を受けることが必要であるとされ，農村に下放された．これは実質的には紅衛兵の農村への追放であった．このような強制的な収拾の努力によって，秩序は回復へ向かい，1968年9月全国に革命委員会が設立された．

　党指導者に対する批判については，攻撃対象を劉少奇，鄧小平らに絞った．劉少奇は批判大会に引きずり出され，さまざまな迫害を受け，廃人同様にまで追いこまれた（69年11月死去）．68年10月に開催された8期拡大12中全会では，劉少奇は党籍を永久剥奪され，鄧小平も党籍は保留されたが失脚した．

　1969年4月，9全大会が開催された．9全大会では林彪が唯一の党副主席に選出され，さらに毛沢東の後継者であることが党規約に明記された．また中央委員には林彪系の軍人と江青ら文革派が大量に進出した．この大会で強調されたのは「プロレタリア文化大革命の偉大な勝利」と「プロレタリア独裁下での継続革命」であった．すなわち，文革はすばらしい成果を収めたが，資本主義の復活を防ぐためにこれからも繰り返し文革が必要であることを強調したのである．これはなによりも毛沢東自身の総括であった．

（4）　林彪事件と文革の終結

　文革による経済への影響は大きかった．文革期の生産活動については，国務院総理の周恩来が極力維持しようと努力していたが，67，68年の2年間は計画経済が機能しておらず，無計画状態で工業生産は減少を続けた．農業生産も停滞状況で，特に食糧生産は68年には減少し，69年には北方の14の省で自給不可能の状態になっていた．生産の回復は急務であった．

　そこで「林彪事件」が発生した．1971年9月13日林彪の乗った飛行機がモンゴルで墜落した．当時の公式発表は，林彪がクーデターを計画し，失敗して国

外逃亡を図り，墜落死したというものであった．いまだ不明の部分も多いものの，現在では1970年8，9月の9期2中全会において，林彪，陳伯達らが江青，張春橋を追い落とそうとしたと毛沢東に受け取られ，毛沢東の怒りを買ったという背景が明らかになっている．この出来事の背後には，安定した国家運営を望んだ周恩来がいたと推測されている．これによって追い詰められた林彪の周囲が，林彪の意志に反して無理やり逃亡を図ったと見られ，この逃亡劇にも周恩来がなんらかの形で関わっていた可能性がある．

「林彪事件」以後，文革擁護と脱文革の抗争が繰り広げられることになった．脱文革の動きの中心になったのは周恩来であり，1973年3月国務院副総理に復帰した鄧小平であった．鄧小平の復帰は，「林彪事件」後の政治状況において，毛沢東と周恩来が鄧小平の能力を必要と考えたからであった．周恩来と鄧小平は生産に力を入れ，文革のような政治闘争を抑制しようとした．

毛沢東は当面生産に力を注ぐことや安定を優先することには同意したものの，文革の否定は絶対に認めようとせず，「プロレタリア独裁下の継続革命」論を堅持した．また，1973年8月の10全大会では，周恩来ら5人の副主席の中に，かつての上海造反派のリーダーであった王洪文を加えた．彼は中央政治局において，江青・張春橋・姚文元らとともに上海グループ（後に「四人組」として批判された）を形成した．こうした文革派も脱文革の動きに抵抗し，実質的に周恩来を批判する内容の「批林批孔運動」などを展開した．

1975年1月第4期全人代第1回会議において「四つの現代化」実現を提起した後，周恩来は病のため政治の一線を外れ，鄧小平が引き継いだ．鄧小平は周恩来以上に脱文革を全面的に推進しようとした（「全面整頓」）．鄧小平の「全面整頓」に毛沢東は文革を否定されてしまう懸念を抱いた．彼もすでに病床にあったが，鄧小平を批判する運動の展開を認め，76年1月8日の周恩来死去の後には，鄧小平ではなく華国鋒を国務院代理総理に就任させた．これによって鄧小平の「全面整頓」は頓挫することになった．

周恩来の追悼大会以後，4月4日の清明節（祖先の霊を祭る祭日）に向けて，数日前から北京の天安門広場に民衆が集まりだし，清明節当日には数十万の人々が集まって，周の遺影に花輪を捧げたり，詩を朗読したりし，また「四人組」批判のスローガンを掲げた．中央政治局はこれを「反革命事件」と断定し，花輪などの撤去と以後の集会の禁止の措置をとったが，5日にその措置を目にした民衆は激怒して警官や民兵と衝突し，双方に多数の負傷者を出した（第一

36　第1部　歴史

次天安門事件）．この事件の黒幕は鄧小平だとされ，4月7日鄧小平はすべての
職務を解任され，華国鋒が党第1副主席，国務院総理に任命された．

　1976年9月9日毛沢東が死去した．毛沢東の死後，権力を握ろうとする「四
人組」の活動が活発化したが，毛沢東の後ろ盾を失った今，彼らを支えるもの
は何もなかった．10月6日華国鋒，葉剣英，李先念ら中央政治局員は「四人
組」の逮捕に踏み切り，翌日には華国鋒の党主席・中央軍事委員会主席の就任
が発表された．これによって脱文革の流れは決定的となった．

第4節　改革開放への転換

（1）　鄧小平の権力掌握

　毛沢東の後を継いで中国の最高指導者となった華国鋒は，党内に自らの勢力
基盤を何も持たず，毛沢東が選んだという正当性に依拠するほかなかった．そ
れゆえ彼は毛沢東思想の忠実な継承者であり続けた．今後の中心的な任務を国
民経済の発展としながらも，「プロレタリア独裁下の継続革命」論を引き続き
掲げることと，「二つのすべて」（「毛主席の決定したことはすべて断固として守らなけ
ればならず，毛主席の下した指示はすべて変わることなく守らなければならない」）を提唱
した．

　1977年7月の10期3中全会で，鄧小平の党中央副主席，国務院副総理，人民
解放軍総参謀長への復帰が決定された．華国鋒は当初，鄧小平の失脚は毛沢東
が決定したことだと主張し反対したが，党内の復帰待望の声に抗することが出
来なかった．

　鄧小平は復帰直後から「二つのすべて」を批判し，毛沢東思想の核心をこそ
学ぶべきだと主張した．彼が核心として取り出したのは「実事求是」であり，
これを鄧は「実践は真理を検証する唯一の基準である」と再解釈し，これによ
って実質的に毛沢東の呪縛から逃れようとした．鄧小平グループの一員であっ
た胡耀邦はこのような鄧の考えに従って，「真理の基準論争」を巻き起こした．
また胡耀邦は「四人組」によって失脚させられた幹部たちの復帰に尽力した．
これは鄧小平の支持勢力を拡大することにつながった．このような流れは，
1978年11月中央工作会議での華国鋒に対する激しい批判へと結実した．この会
議とその直後の12月に開催された11期3中全会において，華国鋒と鄧小平の力
関係は完全に逆転した．この3中全会は現在中国において改革開放政策への転

換点として記憶されている.

　最終的な文革の後始末は，1980年2月の11期5中全会における劉少奇の名誉
回復を経て，81年6月の11期6中全会における「建国以来の党の若干の歴史問
題についての決議」(「歴史決議」)の採択によってなされた．この「歴史決議」
では，文化大革命は完全に否定され，毛沢東個人については「功績7分，誤り
3分」と評価された．また，この会議において華国鋒は党主席の地位を胡耀邦
に，軍事委員会主席の地位を鄧小平に譲り，名実共に指導権の移譲が完成され
た.

（2）　経済改革政策と対外開放政策

　経済発展を促すための改革は，1962年から一時期実施された「経済調整政
策」や，1965年の「全面整頓」の政策を受け継ぎ発展させる形で進められた.
農業では各家庭を経営単位とした生産請負制や農産物市場の自由化を実施し，
工業では国営企業の経営自主権の拡大や利潤留保制度などを開始した．これら
は生産のインセンティブを高めることによって増産を促がす改革であり，また
経済の一部に市場メカニズムを導入する改革であった．農村では小規模な企業
（郷鎮企業）が各地で発展した．中国経済は，計画経済を維持しながらも，徐々
に市場メカニズムが働く空間を拡大し，計画経済と市場経済の並存する状態に
なった.

　対外開放政策を可能にしたのは国際環境の改善であった．1970年代に対ソ戦
略としておこなわれたアメリカ，日本との関係改善が，70年代末には対外開放
の道を開いた．ソ連との関係にも改善の兆しが見え，中国は「独立自主外交」
を掲げ，経済重視の政治へ移行できた.

　毛沢東の死後に相次いでおこなわれた中国の指導者による海外視察が対外開
放政策の実施を後押しした．特に78年5月から6月にかけての谷牧を団長とす
る西欧諸国視察団は5カ国，15都市を訪問し，中国指導部を西側諸国との経済
面での協力へ突き動かす衝撃を与えた.

　華国鋒は生産力の発展を根本的課題とし，1978年2月に「国民経済発展10カ
年計画要綱」を採用した．これは75年に国務院が中心となって作成したもので，
76～85年までの10年間で，外国からのプラント購入に依存しつつ120に上る重
工業大型プロジェクトを実施しようという野心的な経済近代化計画であった.
しかし実施1年目にして投資が膨張し，1年目の投資額が全期間で予定してい

38　第1部　歴　史

た投資額に達してしまうなど，すぐに無理が明らかになった．その後，バラン
スのとれた発展を重視する陳雲が経済の舵取りを担うことになった．
　次に採られた政策は，1980年北京から遠く離れた広東省と福建省の4カ所に
「経済特区」を設置し，そこに限定して外資への優遇措置をおこない，外資導
入を促す，慎重なものであった．ところがこれらの「経済特区」は急速な発展
を遂げた．
　「経済特区」は急速な発展を遂げたが，投資の大部分を占めた香港や華僑・
華人の資本は短期的な投資にとどまり，また密輸やヤミ取引など手っ取り早い
金儲けの方法が横行した．このような特区の状況に対して，指導者の間では，
急速な発展を評価する人々と，その資本主義的要素を批判する人々とで評価が
分かれた．1983年秋に展開された「反精神汚染」キャンペーンは「経済特区」
を主な批判の対象とした．
　この論争を決着させたのは鄧小平であった．鄧は1984年1〜2月に「経済特
区」の視察に出向き，特区を高く評価してみせた．その後鄧小平の提案をきっ
かけに3月末には上海など14の沿海都市の開放が決定された．こうして対外開
放政策堅持の流れが作られた．

（3）　社会主義と「先富論」

　改革開放政策の推進によって一部の人々だけが豊かになっていく状況が生ま
れており，この状況を社会主義との関係でどのように捉えるのかに大問題であ
った．「経済特区」をめぐる論争も結局はこの問題と関わっていた．この問題
について解決を与えたのは，1985年9月に開催された中国共産党全国代表会議
であった．この閉幕会議において鄧小平は重要講話をおこない，二つの根本原
則として，社会主義公有経済を主体とすることと「共同富裕」とを挙げた．一
部の地域，一部の人を先に豊かにさせることは，さらに多くの人を豊かにさせ，
「共同富裕」の目的に到達するためであるという考え方（「先富論」）が，ここで
「われわれの根本原則」として提起された．これまでも鄧は78年末の党工作会
議を始め，個人的見解として同趣旨のことを述べてきたが，ここでそれが党内
の合意として表明された．
　改革開放が社会主義と矛盾しないことは何度も強調された．1982年9月の12
全大会では鄧小平は「中国の特色ある社会主義建設」を提起し，87年10月の13
全大会では趙紫陽総書記が，中国はいまだ社会主義の初級段階にあるとして

第2章　中華人民共和国史　　*39*

「社会主義初級段階論」を提起し，それぞれ改革開放政策の正当化をおこなった．

　1982年から88年までの7年間，毎年10％前後のGDP成長率が続き，また国民の収入を著しく向上させるなど，改革開放は大きな成果を収めた．しかし，商品の横流しをする「官僚ブローカー」（「官倒」）の存在など，党，政府機関の役人の汚職や腐敗が蔓延し，民衆の不満を招いた．また急激な成長は経済過熱を引き起こし，価格改革の混乱とあいまって1988年には極度のインフレを引き起こした．これによって政府は経済引き締め政策への転換を余儀なくされた．政策の転換に伴って，主導権は趙紫陽から「保守派」の李鵬（国務院総理）らの手に移った．

（4）　民主化運動・政治体制改革と六四天安門事件

　文革末期，元紅衛兵や「下放青年」の中に，毛沢東や共産党への批判をおこない，民主化を求める声が生まれてきた．彼らは「思考する世代」と称された．文革末期の1974年11月，広州において王希哲ら4人の青年が李一哲のペンネームで「社会主義の民主と法制について」と題する壁新聞を発表し，暗に文革における紅衛兵に対する裏切り，共産党の独裁，党幹部の官僚主義や腐敗を告発した．

　このような不満は周恩来追悼から起こった「第一次天安門事件」前後には「四人組」批判として爆発し，1978年11月「天安門事件」の名誉回復がなされる前後には，「北京の春」と呼ばれる民主化運動へと発展した．北京の西単の「民主の壁」を中心に多くの壁新聞が貼り出され，毛沢東や文革に対する批判がなされ，民主化が要求された．これらの運動は「二つのすべて」を掲げて毛沢東思想の継承を主張している華国鋒への批判とつながるため，鄧小平はこの運動を支持し，利用した．

　しかし11期3中全会で実権を獲得した鄧小平は，一転この運動を弾圧する方向へ転換した．運動の中心にいた魏京生は1979年3月に逮捕され，壁新聞を貼ることも規制された．これらの運動が際限なく発展し，共産党の支配体制そのものに矛先が向けられることを恐れたのである．弾圧によって，民主化を求めた紅衛兵世代の人々の一部は，後に体制内での政治体制改革に参加する方向へ転換していった．

　改革開放への転換によって不鮮明になった守るべき枠を明確化するために，

40　第1部　歴史

1979年3月鄧小平は「四つの基本原則」（社会主義の道，プロレタリア独裁，共産党の領導，マルクス・レーニン主義と毛沢東思想を堅持すること）を提起した．さらに80年2月の11期5中全会では，「四大」（大鳴，大放，大字報，大弁論）を公民の権利として認める憲法規定削除を，全人代へ提案すると決定した．鄧小平を始めとする党指導者たちにとって，民衆の自発的な行動は文革の混乱を思い起こさせるものであり，断じて認めることの出来ないものだった．

　しかし，民衆の民主化運動は弾圧したものの，鄧小平にとっても「民主と法制」は重要な課題であった．この課題は11期3中全会でも提起されていたが，1980年8月の鄧小平による「党と国家の領導制度の改革について」の講話は，より具体的に改革すべき問題に言及した．この中で鄧は権力の過度の集中，党と政府の一体化，官僚主義，幹部の特権と腐敗の問題を提起した．

　実際に「民主と法制」に関わる改革を推進したのは胡耀邦であった．1982年9月の12全大会における胡耀邦の政治報告の重点は，経済建設に加えて，「高度に民主的な社会主義国家の建設」であった．新新党約では個人崇拝の禁止が言及され，「党主席」が廃止されて「総書記」となり，「集団領導」が目指された．また，幹部の若返りを進めるために，中央と省レベルに旧幹部の受け皿として顧問委員会が置かれることになった．82年に改正された憲法では，「いかなる組織または個人も憲法と法律を超越した特権を持つことは出来ない」ことを明記し，「法治」を強調した．83年からは官僚主義や腐敗汚職の問題に対処するために「整党」がおこなわれ，このような問題の一掃が図られた．

　このように「民主と法制」のスローガンのもと，胡耀邦を中心に政治体制の改革は徐々に党の側から進められ，1986年初めからは行政機関及び企業に対する党の過剰な干渉を排除する「党政分離」や「党企分離」が着手されつつあった．しかし民主主義や法制という言葉が党中央において強調されたことは，民衆の民主化を求める思いを刺激した．さらに改革開放の進展により，西側の情報が中国に流れ込んでくることによって，それは一層かきたてられた．

　1986年12月から87年初頭にかけて，民主化を求める学生運動（「学潮」）が全国規模で発生した．これはこれまで民主化運動の中核を担ってきた紅衛兵世代より若い世代が中心になった運動であった．またこの運動には多くの党員知識人，学者が指導・協力していた．その代表的な人物は物理学者の方励之であった．彼は欧米との比較から，言論の自由を中心とした民主化を要求した．

　鄧小平はこのような民主化運動に対して厳しい態度をとり，「ブルジョア自

由化反対運動」が展開され，民主化運動は終息していった．さらに運動に寛容であった胡耀邦が批判を受け，1987年1月に総書記の職を辞任することになった．この背景には胡耀邦が推進した改革への批判，特に革命第1世代幹部やその子弟の腐敗，汚職への厳しい追及に対する反発があったとされている．

胡耀邦の辞任は改革開放の推進に大きな打撃であったが，鄧小平の主導の下，改革推進派の趙紫陽が後を継いで総書記代理に就任したことによって，混乱は最小限に食い止められた．趙紫陽は1987年10月の13全大会において，改革開放政策の堅持と共に，政治体制改革の基本的な方向性を明らかにした．また，鄧小平・陳雲・李先念といった長老の引退が決定された．

しかし，前述のように，1988年に入り改革開放は行き詰まり，9月の13期3中全会では経済引き締めへの転換が決定された．民衆は官僚の腐敗，汚職に不満をつのらせ，インフレによって生活の不満も高まった．趙紫陽のブレーンの中には，社会の混乱と趙の権威の低下に直面して，民主化論議をひとまず棚上げし，強力なリーダーシップのもとに近代化を進める独裁型の体制が望ましいとする「新権威主義論」が台頭した．「新権威主義論」をめぐる議論は党内を越え，知識人を中心に社会に広がった．

充満する不満の爆発のきっかけとなったのは，1989年4月15日の胡耀邦前総書記の急死であった．胡耀邦は様々な不満の象徴となっていたのである．これを機に，汚職への不満，生活への不満などは自由化，民主化要求の議論と結びついて，北京で学生を中心に民主化運動が発生した．天安門広場の運動参加者は最高で100万人に上った．

党中央はこの運動に厳しい姿勢をとり，「反党，反革命の動乱である」と公式に規定した．1989年5月20日北京市に戒厳令が布告され，解放軍が北京市付近に進駐した．6月3日午後から解放軍各部隊は天安門広場に向かって進軍し，その過程で民衆の抵抗にあい，双方に大きな被害を出した．4日未明には各部隊は広場に到着し，広場では学生たちは交渉に応じて撤退を受け入れた（第二次天安門事件または六四天安門事件）．混乱は北京にとどまらず，上海や成都などの主要都市が騒然としていたが，これを機にすべて抑えこまれた．これ以後，運動の指導者たちの逮捕が相次ぎ，また国外への亡命も相次いだ．

この事件による負傷者，死亡者数は明らかではないが（当局の発表では学生・市民と軍双方を含む死者は319名），民主化を掲げた学生たちを鎮圧する軍隊の姿が全世界に報じられたのは衝撃的であった．西側諸国は中国を強く非難し，先進

42　第1部 歴史

国により経済制裁がおこなわれ，中国は国際的に孤立状態に陥った．

第5節　社会主義市場経済の発展と矛盾

（1）「社会主義市場経済」の提起

　天安門事件において，趙紫陽は民主化運動の側に立って党内の主導権を取り戻そうとして失敗し，失脚した．鄧小平は即座に後継者として江沢民を推挙した．上海において改革開放推進と自由化反対の両面で優れた手腕を発揮していた江沢民を抜擢し，当時の中央の指導者から後継者を選ばなかったことは，鄧小平の改革開放継続の意志を明確に示していた．江沢民は1989年6月末の13期4中全会で総書記に選ばれ，11月の13期5中全会で鄧小平から中央軍事委員会主席の地位を引き継いだ．

　1991年には国際環境の改善と共に，国内でもインフレが沈静化し，経済情勢が好転し始めた．しかし，1990年9月に上海市浦東地区の大規模開発計画が発表されるなど改革開放継続の姿勢は見せていたものの，政治的には非常に厳しい引き締め状態にあり，それが改革開放の推進にブレーキをかけていた．同時期の東欧の政変やソ連解体は「和平演変」（社会主義体制の非武力的転覆）への警戒心をさらに強めさせた．ここで改めて改革開放と社会主義の関係が問題視されるようになったのである．

　この事態を打開したのはすでにすべてのポストから退いていた鄧小平であった．1992年1～2月にかけて彼は南方の諸都市を視察し，各地で談話を発表した（「南方談話」または「南巡講話」）．この中で彼は，改革開放を加速すべきこと，市場経済は資本主義だけではなく社会主義にも存在しうること，社会主義か資本主義かというイデオロギー論争をやめ，社会主義の目的を生産力の発展におくことなどを訴えた．これは3月に党中央から全国に大々的に伝えられ，特に改革開放の本格的再開を待ち望んでいた地方の人々の熱烈な支持を受けた．

　これを受けて1992年10月，14全大会が開催された．江沢民は，「鄧小平同志の中国の特色ある社会主義を建設する理論」を掲げ，改革開放政策のさらなる発展の方向として「社会主義市場経済体制の確立」を提起した．改革開放政策はその当初から市場の調節機能を取り入れる方向で進められてきたが，初めて公式に「市場経済」の概念を提起し，その確立を目標としたことは画期的であった．この大会は中国における改革開放の流れが不可逆なものであることを内

外に印象付けた.

（2） 経済改革とナショナリズムの政治

　江沢民は鄧小平の後押しを受けながら自らの権力基盤を拡大し，94年9月14期4中全会において名実共に指導的地位を確立した．およそ10年にわたる江沢民政権の特徴は，全面的な経済改革の推進とナショナリズムの強調である．

　改革開放の再開によって，中国の経済成長は一気に加速した．1992年から94年のGDP成長率は毎年10％を大きく上回り，改革開放期においても際立った高度成長期であった．しかしその成長は各地方政府がそれぞれ経済主体となって見境なく成長を追い求めた結果であり，金融秩序の混乱，インフレをもたらした．これに対し，経済のマクロコントロール強化を目指し改革に取り組んだのが朱鎔基であった．朱鎔基は1992年に経済手腕を買われて鄧小平に抜擢され，93年からは副首相として，98年からは首相として金融改革，行政改革，国有企業改革に取り組んだ．

　改革が進む経済に比べて，政治は1980年代への反省から引き締めが続いた．89年に鄧小平は，この10年間の最大の失敗として人民への思想政治教育を挙げ，これを受けて江沢民は愛国主義キャンペーンを開始した．近代史の屈辱を国，すなわち中国共産党への支持へと結びつけようとする意図をもった愛国主義教育は，90年代を通じて政治キャンペーンと学校教育の両面で展開された．94年の「愛国主義実施綱要」の発表，95年の「抗日戦争と世界反ファシズム戦争勝利50周年」関連の種々の活動は，このようなキャンペーンの頂点であった．ナショナリズムの政治的利用は，国民の一部に排外主義的感情を生み出し，ネット上ではそのような感情に基づく言説や，政府の外交に対する弱腰批判などが盛んに現れるようになった．

　国内的にはナショナリズムを強調したにも関わらず，江沢民政権は外交的には国際社会と比較的協調姿勢をとった．大国間のパートナーシップ外交に加え，90年代後半からは地域協力にも積極的に乗り出した．その中で民主化を進め，独立志向を強める台湾に対する強硬姿勢は，1996年の台湾への軍事的威嚇に見られるように際立っていた．

（3）　貫徹できなかった「和諧（調和）」の政治

　2002年11月中国共産党16全大会において，胡錦濤が江沢民から最高指導者と

44 第1部 歴 史

しての地位を引き継いだ. しかし, 江沢民は軍のトップである中央軍事委員会主席の地位を2004年9月まで譲らず, その後も指導部に対する影響力を維持し続けた.

胡錦濤政権が執政において強調したキーワードは「和諧（調和）」であった. 経済の高度成長が続いた結果, 中国は確かに豊かになったが, 多くの矛盾も顕在化していた. 都市と農村や沿海部と内陸部の格差の拡大, 汚職, 腐敗の蔓延, 権力の濫用などを原因として, 各地で集団騒擾事件が頻発していた. 胡錦濤政権はこのような現状に対し, 2004年9月には「調和のとれた社会」の建設, 2005年10月には「科学的発展観」を提起し, さまざまな対策を講じた. これらの諸施策は一定の効果を持った. また外交政策においても, 2005年9月国連設立60周年首脳会議で「調和のとれた世界」の建設を呼びかけ, これが中国の新しい外交方針とされた.

しかしこのような胡錦濤政権の方針は国内的にも国際的にも貫徹されなかった. 「江沢民派」などと称される政治集団が, 胡錦濤政権の方針に対抗したからだと見られている. 六四天安門事件を経て開始された社会主義市場経済の追求は, 中国共産党の中に「政治エリート」と「経済エリート」の結びついた特権集団を作り出した. また中国は経済発展に伴って国際的な影響力を増し続けた. このような状況で, 「調和」を重視する方針が十分な支持を得られなかった結果であるといえよう. 胡錦濤政権のもとで, 社会の種々の矛盾はある程度悪化を抑えられたとは言えるが, 改善されたとは言いがたい. 外交的には, 2008年のアメリカ発の経済金融危機を一つの契機として, 中国は強硬姿勢を強めることになった.

2012年11月中国共産党18全大会において習近平が最高権力者の地位を引き継いだ. 複雑に利害が対立する諸勢力のせめぎあいの中から誕生した習近平政権の前に横たわる困難は大きい. 前政権が積み残してきた社会の矛盾は相変わらず存在し, 経済も構造改革が不可避な状況で, 成長は減速している. 外交的にも, 強硬姿勢がアメリカを始めとして国際的な警戒心を引き起こし, 中国に不利な状況を招いている. 毛沢東時代の30年, 改革開放時代の30年を経て, 今や中国は新たな局面に差し掛かっているといえる. 新民主主義から急進的な社会主義へと進んだ毛沢東時代の最初の10年, 急激な政策転換から六四天安門事件を経て改革開放の方向性を決定づけた改革開放時代の最初の10年のように, 習近平政権のこの10年が新しい時代を決定づける模索の時期となるかもしれない.

注

（1）「新民主主義」という概念は，1940年に発表された毛沢東『新民主主義論』で提起されたもので，帝国主義と封建主義の抑圧をくつがえすためには，プロレタリアートの領導する革命的諸階級の連合（「人民」）による新しい民主主義革命が必要であるとし，その後の新民主主義の段階を後の社会主義革命の段階への過渡期と位置づけた．

（2）「土地改革」は地主制一掃・土地再分配を内容とし，農民を貧農・雇農・中農・富農に階級区分し，貧農・雇農を組織し，階級闘争として彼らに地主を摘発させる方式で進められた．

（3）この運動は，思想面では反米愛国教育，軍隊への志願呼びかけなどとして，経済面では増産節約運動，献納運動などとして展開された．

（4）1951年末から「反汚職，反浪費，反官僚主義運動」が開始され，これは52年からは「三反運動」と呼ばれた．52年初めには，「五反運動」（贈賄，脱税，国の資産の横領，仕事の手抜き・原材料のごまかし，国の経済情報の窃取に反対する運動）が展開された．

（5）「互助組」とは，各農家の単独経営を基礎として村落内で助け合う形態の組織である．

（6）「初級合作社」とは，個人の所有権は保証しつつ，耕地を持ち株として出し合って共同作業をおこない，分配は出資分や労働量に応じておこなう形態の組織である．

（7）「高級合作社」とは，耕地・役畜などの生産手段を集団所有とし，分配は各人の労働量に応じておこなわれる形態の組織である．

（8）「人民公社」とは，「政社合一」（行政と生産の一体化）の組織であり，工業，農業，商業，教育，軍事（民兵）の機能をすべて担うものであった．規模は約2000戸で，一つの「郷」（農村の行政単位）に相当する大規模なものであった．公社内では，集団労働，「労働点数制」による分配がおこなわれ，また「公共食堂」が設置されて，家庭ではなく「公共食堂」において（一部の公社では無料で）食事がとられるようになった．

（9）都市の急激な人口増加のため，食糧不足とともに，新しく卒業する青年の就職先の不足も深刻な状況であった．「三大差異の解消」（農業と工業，農村と都市，肉体労働と精神労働という三つの差異の解消）という社会主義理念の下，政府は都市において，進学・就職できなかった人々に，農村へ行って農業に携わるように奨励した．自ら農村へ行った青年たちは，新聞などで「知識青年中の先進分子」などとして称賛され，多くの青年たちが農村へと向かった．64年に農村へ移住した知識青年は32万人に上り，65年8月までにさらに25万人が加わった．都市とは全く異なる環境の中で，青年たちは生活さえままならず，多くの人的資源が浪費されることになった．

（10）中共中央，国務院は1966年9月5日，各地の革命学生が北京を訪れて革命の「経験

46   第1部 歴 史

交流」をおこなうことを通知し，列車の乗車を無料化し，滞在中の食費を国家負担に
するとした．

(11) 中華人民共和国では，出身階級によって人が区分され，労働者や農民，革命幹部な
どがよい出身階級とされた．ここで注意すべきは，それが本人の階級ではなく，出身
階級によって区分されている点である．つまりそこでは血統が重視されている．この
ように血統に基づいて，出身階級によって人を区分する考え方を「出身血統主義」と
呼ぶ．文革では当初紅衛兵になったのは出身階級の良い「紅五類」（貧農・下層中農，
労働者，革命幹部，革命軍人，革命烈士の子弟）であり，「黒五類」（地主，富農，反
革命分子，悪質分子，右派分子の子弟）は攻撃の対象であった．しかしやがて「黒五
類」の人々も「紅五類」に対抗してそれぞれ組織を持つようになり，両者は激しく対
立した．

(12) 「今世紀内に農業，工業，国防，科学技術の現代化を全面的に実現して，わが国の
国民経済を世界の前列に立たせる」というもので，その後長く中国の主要なスローガ
ンとなった．実際には1964年12月末に開催された第3期全人代第1回会議で，同じく
周恩来によって提起されているので，再提起となる．

(木下恵二)

第 2 部
政　治
―― 一党支配の継続，変容の可能性――

全国人民代表大会（2016年3月）

写真提供：共同通信社

第3章 政治体制

第1節 国家の仕組み

中国の政治体制を語るにあたり，国家体制と党の統治体制を切り離すことはできない．これが中国の政治体制の最大の特徴といえよう．それは，国家と社会のあらゆる機関・組織に共産党の組織系統が埋め込まれており，中国の政治体制が，国家体制とそれに入り込み実質的に動かしている中国共産党による統治との二層構造になっているためである．

中国の政治体制は経済体制改革の進展に適応するために変化した側面が大きい．但し，政治体制や行政機構の改革は党による統治との相性が良い部分に限られており，社会に対するサービスの向上など社会にある多様化した利益の吸収・集約を必要とする，党の統治と摩擦を生む可能性のある方面での改革は進展していない．しかし依然として，中国の権威主義的政治体制が多くの問題を抱えつつも維持されている理由は，国家体制と党の統治体制の在り方が常に調整され，国民にとっての利益が不満を上回っているためであろう．そこで，本章ではまず第1節で制度論から国家体制について述べ，次節で共産党の統治イデオロギーと組織について述べ，第3節で党と国家の関係及び党と軍の関係について述べる．

（1） 中国の政治体制の特徴と問題点（問題提起）

大統領制と議院内閣制

中国の政治体制の最大の特徴は，国家体制と党の統治体制が融合している点にある．しかし，中国は三権分立を否定しているため，国家体制そのものも，他の類型とは大きく異なる特徴を持つ．国家の権力が三権に分けられ，それぞれが相互にコントロールし合う三権分立は，多元的権力観を背景として一定の普遍的価値を持ち，多くの国家で採用されている．その中で，米国などの大統領制とイギリスや日本の議院内閣制は，立法府と行政府の関係に違いが見られ

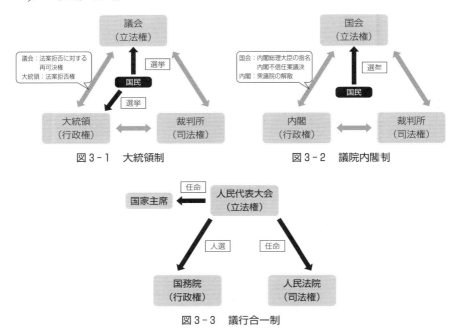

図3-1　大統領制　　図3-2　議院内閣制

図3-3　議行合一制

る．大統領制は議会と大統領がそれぞれ選挙で選ばれるため，立法権と行政権が完全に独立し，三権の間の独立と抑制均衡（check and balance）を基本原則とする．一方で日本やイギリスが採用する議院内閣制は立法府における多数派が行政府を握ることで立法権と行政権が融合し，強い執政部を生み出す（久米ほか［2003］57, 194-196）．いずれの体制も，三権が相互に抑制しうる機能を備えている点は共通している(1)．

中国の議行合一制（図3-3）

他方，中国の政治体制においては，三権は分立しておらず，議行合一制がとられている．憲法の第1章第2条は「中華人民共和国の一切の権力は人民に属する」と規定し，「人民が国家権力を行使する機関は，全国人民代表大会と地方各級人民代表大会である」としている．そして「全国人民代表大会と地方各級人民代表大会は民主選挙により選出され，人民に対して責任を負い，人民の監督を受ける」（第3条）と規定されているため，人民代表大会（以下，人大と略す）に対して他の行政府や司法による抑制均衡が働くメカニズムは無い．人大

が責任を負い監督されるのは，「人民」という曖昧な集合体であり，実体は無きに等しい．行政権を有する国務院に代表される国家行政機関や司法権を持つ人民法院との関係は，「国家行政機関，審判機関，検察機関はすべて人民代表大会により作られ，これに対して責任を負い，その監督を受ける」（第3条）とされ，いずれも人大に対する抑制監督機能は無い．その理由は，第2条が規定するとおり，国家の一切の権力が人民に属するためである．この点が，政治的自由にとっては権力が制限されていることが本質的に重要であるとするモンテスキュー以来の三権分立理論とは対照的な点である．

（2）　立法－人大の特徴と選挙
人大の役割と課題

　全国人民代表大会（以下，全人大と略す）の役割は憲法第62条及び63条に規定されており，重要なものは以下のとおりである．憲法の修正及び実施の監督，刑事・民事・国家機構とその他の基本法律の制定と修正，中華人民共和国主席・副主席，最高人民法院長，最高人民検察院検察長の選挙，中華人民共和国主席の推薦に従い国務院総理の人選を決定すること，国務院総理の推薦に従い国務院の主要な人選を決定すること，国民経済と社会発展計画及び計画執行状況の報告に対する審査と批准，国家予算と予算の執行状況の報告に対する審査と批准などである．かつて全人大は「ゴム印」と揶揄されたが，近年では監督機能が作用し，経済政策や環境政策に対する不満が人事や予算案への反対票となって表れるケースも見られる．2015年3月の全人大では予算案に対する反対票と棄権票の合計が前年よりも8％増え，全体の13％を超えた．2013年3月の全人大では全国的な環境悪化の責任を追及された周生賢・環境保護部長の再任について投じられた反対票と棄権票が全体の7.38％にも上った．

　全人大は毎年3月に北京で開催されるが，開催期間は2週間と短く，専業の議員ではない3000人近い[(2)]人民代表が2週間で上記の機能を果たすことは困難である．そのため，常設機関として全人大常務委員会が設置されているが，その人選に関しては民意の付託は無い．全人大常委会の職権としては，憲法第67条が憲法の解釈，憲法の実施の監督，全人大が制定した法律の部分的補充と修正，法律の解釈，国務院及び地方各級の国家権力機関が制定した中で憲法や法律に抵触する法規や命令などを撤回することなどを定めている．

　人大と人民政府，人民法院，人民検察院は一つのユニットになっており，省，

52 第2部 政治

自治区，直轄市とその下級に相当する自治州，県，自治県，市，大きな市の管轄する区に設けられ，さらにその下級に相当する郷，民族郷，鎮には人大と人民政府のみが設けられる（「中華人民共和国地方各級人民代表大会和地方各級人民政府組織法」）。

　全人大と全人大常委会の機能には実施において主に三つの課題がある。第一に，「憲法の解釈」と「法律の解釈」が司法権の独立を阻害することである。全人大常委会が憲法の解釈と法の解釈をおこなうとされるが故に，裁判所も裁判官も自身の法解釈を積極的におこなうことがないため，中国においては「司法権の独立」も「裁判官の独立」もあり得ないのである（高見澤［2014］214-216, 220-222）。第二に国務院による行政法規や地方政府による地方性法規などを撤回することは実際には困難なことである。国務院や地方政府との関係において，権力機関は法規を撤回する強制力を発揮することはできないのが現実であり（人民網「中国における立法制度」），権力機関の権力の至高性は保証されていない。第三に法律の部分的補充と修正に際して当該法律の基本的原則と抵触する場合があり，法定の職権を超越してしまう事例があることである（人民網「中国における立法制度」）。第二，第三の課題は法治国家における法整備において重大な問題である。

人大の性質と構成

　全人大と地方各級人大は議会（立法府）ではなく，人民がその権力を行使する「国家権力機関」であるため，一般的な立法府とは多くの点で異なっている。第一の特徴は議会と行政の役割を兼ね備えた議行合一制をとっていることである。議行合一制による「権力機関」の原型はソ連における「ソヴィエト」と更には1871年のパリ・コミューンに遡ることができ，プロレタリア独裁を実施するための制度である。議会のみならず行政の機能も備えるために，人民代表の構成は選挙前に予めある程度決められており，上級や同級の政府の各部署，党の各部門，軍，公安，司法・検察関係者に枠が割り当てられている（衛［1994］281, 286）。

　その結果，図3-4の示すように，人大の階層が上級になるにつれて代表の構成において党政機関工作者の比率が増え，選挙民の構成と隔たっていく。この隔たりは，人民代表が選挙民の利益を必ずしも代表しないことを意味する。こうした状況を助長しているのが階層的な間接選挙の存在である。県級以下の

第3章 政治体制 53

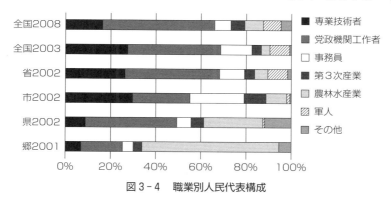

図3-4 職業別人民代表構成

県・市の管轄する区・郷鎮級人大が直接選挙により選出される一方で，全国・省・市級人大はそれぞれ一級下の人大代表により選挙される．このため，上級人大になるに従い，反映される民意は希薄化されていくのである．

(3) 行政－国務院と地方各級人民政府
構　成

国務院は中央政府であり，最高の国家権力機関の執行機関，最高国家行政機関である（憲法第85条）．国務院は全人大に対して責任を負い，工作を報告し，その閉会期間中は全人大常委会に対して責任を負い報告をおこなう（憲法第92条）．そして国務院は総理，副総理若干名，国務委員若干名，各部部長，各委員会主任，審計署審計長（会計検査署会計検査長），秘書長により構成される（憲法第86条）．2013年の第12期全人大で選出された国務院の構成員は科学技術部部長の万鋼（致公党中央主席）を除いて，すべて共産党員である．

国務院は日本の省庁に相当する部・委員会機構，国務院弁公庁，直属特設機構，直属機構，弁事機構，直属事業単位により構成されている．2015年現在，部・委員会機構は外交部，国防部，教育部，公安部，国家安全部，観察部，民政部，司法部，財政部など20の部と国家発展改革委員会など三つの委員会と審計署，中国人民銀行から成る．この構成は，経済体制改革により市場化・グローバル化が深化する中，これに対応するため政府の機能を変化させてきた結果である．

54 第2部 政 治

職 権

憲法の定める国務院の主な職権は以下の通りである（憲法第89条）. 憲法，法律に基づいて行政措置を規定し，行政法規を制定し決定と命令を交付する. 全人大と全人大常委会に対して議案を提出する. 各部・委員会の任務と職責を規定し，これらの工作及び地方各級国家行政機関の工作をそれぞれ統一的に領導する. 国民経済と社会発展計画及び国家予算を編成し，執行する.

国務院は最高国家行政機関であるが，議案提出も職権の一つであり，立法にも多くかかわっている. 2013年に策定された「第12期全人大常委会立法計画」の中で，条件が成熟しており任期内に提出・審議される予定の法律草案47件のうち，既に採択された8件を除く39件中，国務院が提出したものは27件にも上り，全人大の各委員会が提出した9件を大きく上回る. 議行合一制は，最高権力機関である人大に立法と行政の機能をもたせ，プロレタリア独裁を実現しようとしたが，同時に最高権力機関に，本来は行政機関に所属する人材を招き入れることになった. その結果，行政機関に立法機能も委ねてしまう状態を引き起こしている.

国務院機構改革と行政機構改革

近年では2003年と2008年に国務院の機構改革がおこなわれ，習近平政権は①経済・社会の発展促進，②マクロ経済・社会面での管理強化，③権限及び責任の所在が不適切な状態の解消，④官僚の腐敗などへの制度的対応を目的として（佐野［2013］），2013年3月の第12期全人大第1回会議で「国務院機構改革・機能転換法案に関する決定」を採択し，大規模な改革をおこなった. その結果，鉄道部と衛生部を廃部，国家人口・計画生育委員会を廃止し，国務院構成部門は弁公庁を除いて25部門に削減された. 地方各級人民政府には，国務院の各部・委員会の下部に相当する部局が設置され，中央政府での機構改革は各地方政府にも波及するため，削減に関する抵抗勢力は多かった.「国務院機構改革・機能転換法案に関する決定」の主たる目的は「機能転換」にあり，経済活動に対する政府の介入を減らすこと，社会に対する政府の関与を減らすこと，地方への権限移譲などをその内容としている. しかし，地方への権限移譲は地方政府の投資過熱や権限肥大化を生みかねないため，バランスが問われる（佐野［2013］31）. また，地方政府においても行政機構改革を実現した際に，各機関の統合が行政レベルごとに一致しない場合も多く，各部門が上級部門との

第3章　政治体制　55

連携が取れず余分な労力がかかるなどの問題が生じている（竺［2014］）.

　中央に再度，目を転じると，機構改革が必ずしも順調に良好な結果を生んだわけではないことが分かる．機構改革の中でも長期にわたり進まなかったのが鉄道部の解体である（中野［2013］）．鉄道部は人民解放軍の影響が強く，編成上は国務院傘下にありながら，国務院のコントロールがきかない機関であった．また，全国規模に拡大する高速鉄道網整備により多額の資金を持ち巨大な利権を抱え，官僚の腐敗の温床となっていた．そこで2000年以来，政府は「網運分離」に向けた検討を開始するも改革は進まなかった．2011年2月に前鉄道部長の劉志軍が職権乱用・汚職・収賄により解任され，同年7月に浙江省温州市でおこった高速鉄道事故で鉄道部は大きな批判を受けた．これを契機に国務院は鉄道部に対して指導を強め，2013年には鉄道部を解体し，管理業務は交通運輸部に統合し，営業業務は中国鉄道公司を立ち上げ，担当させることになった．しかしこの中国鉄道公司を率いる総経理は解体時の鉄道部長の盛光祖であり，鉄道部の権力が消滅したわけではない．

（4）　司法－人民法院，検察院とその特徴，三権分立の限界

職権と構成

　人民法院は国家の審判機関であり（憲法第123条），最高人民法院は最高審判機関である（憲法第127条）．人民法院は法律・規定に照らし合わせて独立して審判権を行使し，行政機関及び社会団体と個人の干渉を受けない（憲法第127条）．最高人民法院は全人大と全人大常委会に対して責任を負い，地方各級人民法院はそれを成立させた国家権力機関に対して責任を負う．人民検察院は国家の法律監督機関であり（憲法第129条），人民法院同様に，法律に照らし合わせて独立して検察権を行使し，行政機関及び社会団体と個人の干渉を受けない（憲法第131条）．最高検察院は全人大と全人大常委会に責任を負い，地方各級検察院はそれを成立させた国家権力機関と上級人民検察院に責任を負う（憲法第133条）．人民法院と人民検察院はともに行政機関及び社会団体と個人の干渉を受けないとされるが，同時に国家権力機関（人大）に責任を負うため，人大の影響を回避することはできない．また，2013年から最高人民法院院長を務める周強は，現在は最高人民法院党組書記，湖南省共産党委員会書記を兼任し，最高検察院検察長を務める曹建明は，2008年より最高人民検察院党組書記を兼任している．ともに最高人民法院・最高人民検察院の党組書記を兼任していることから，共

56 第2部 政治

産党の指導の優位性は明らかである.

裁判の制度——「判決を下す者は審理せず，審理する者は判決を下さず」

　中国の裁判の制度には民主集中制を実現するため，集団指導体制が採用され，裁判官が独立して裁判をおこなうことはない．これを支える三つの特徴的な制度があり（田中［2013］216-217），司法に対する信頼性を損なう大きな原因となっている．一つ目は院長・廷長審査制度である．これは，判決の内容を院長または各裁判廷の責任者である廷長がチェックするシステムをいい，特に法的な根拠はなく，慣行として実施されている．二つ目は裁判委員会審査制度である（「人民法院組織法」第10条）．裁判委員会の任務は，裁判経験を総括し，重大な案件あるいは疑義のある案件については討論することとされる．三つ目は党委員会審査制度である．これは，「人民法院と同級の地方党委員会が，重要な事件を中心に必要とみなされた範囲の案件の判決について，審査を承認する制度である」（田中［2013］217）．上記の制度に支えられ，人民法院における第一審，第二審ともに合議廷でおこなわれ（「人民法院組織法」第9条），合議廷の判決の決定権は上級機関の指導に委ねられる．そのため，「判決を下す者に審理せず，審理する者は判決を下さず」と言われる．

法　源

　法源とは裁判官が裁判をおこなう際に基準となるものである．通常，法源の第一は「憲法」であるが，中国では憲法は裁判の根拠として明示すべき法令のリストに入っていない（高見澤［2014］215）．それは第1節第2項で述べたように憲法の解釈権を有するのは全人大と全人大常委会のみで，裁判官は憲法解釈をおこなうことができないからである．もう一つ，法源に関する問題は，国の法律と並行して共産党の党内法規が存在し，時には相互に矛盾することである（田中［2013］17-18）．

問題点

　司法の抱える問題点として上記以外に挙げられるのは地方保護主義である．裁判における地方保護主義とは，民事訴訟において人民法院が地元企業に有利な判決を下すことを指す．これは人民法院が人大に責任を負い，且つ同級の党組織の影響を受けることに起因する．例えばA市の大手製造業のE社を相手に

第3章 政治体制　57

日本企業Ｃ社が著作権侵害でＡ市において提訴した民事訴訟の場合，Ｂ社はＡ市において経済の核であり，大きな雇用を創出しているため，Ａ市人民政府やＡ市人大はＢ社の利益を守ろうとし，Ａ市人民法院はその意を汲んでＢ社に有利な判決下すことも考えられる（経済産業省［2014］）．

　最高人民法院は「人民法院改革第4次五年改革綱要（2014-2018）」において「行政区を越えた法院の設立を模索する」と提起し，重大な案件や環境資源保護，企業破産，食品や薬品の安全など地方保護主義の影響を受けやすい案件を，行政区を越えて審理する法院の設立を予定している．これは，地方保護主義を打破する手段となろう．

第2節　共産党の組織と活動

（1）　党の指導部－党の指導者，中央政治局

　2014年年末現在で，共産党の党員数は8779.3万人となっている．この中から図3-5のように党代表大会に出席できる代表，中央委員及び候補委員，中央政治局委員が選出される．党規約は「党の最高領導機関は党の全国代表大会とそれが選出する中央委員会である」（「中国共産党章程」第10条（三））と定めているが，「中央委員会の閉会期間中は中央政治局とその常務委員会が中央委員会の職権を行使する」（「中国共産党章程」第22条）ため，党中央政治局常務委員の7名が実質的な最高指導グループとなる．

　現在の中央政治局常務委員の顔ぶれとその兼任する職は，表3-1のとおりである．表に示される通り，習近平は国家・党・軍の最高指導者としての地位にあるだけではなく，国家安全委員会主席，経済・外交・改革という重要な党中央の領導小組のリーダーとしてポストを多く兼任している．国家安全委員会，中央インターネット安全保障及び情報化指導小組，中央軍事委員会国防および軍隊改革深化指導小組は習近平時代に入り新設されたものであり，胡錦濤時代に比べ習近平への権力の集中が目立つ．

図3-5　中国共産党の組織

58　第2部　政　治

表3-1　中央政治局常務委員

序列	姓名	職位	兼任職（下線は党のポスト）
1	習近平	党総書記	国家主席，国家中央軍事委員会主席，中央軍事委員会主席，国家安全委員会主席，中央改革全面進化領導小組組長，中央財経領導小組組長*，中央外事領導小組組長，中央インターネット安全保障及び情報化指導小組組長，中央軍事委員会国防および軍隊改革深化指導小組組長
2	李克強	国務院総理	国務院党組書記，中央財経領導小組副組長，中央改革全面進化領導小組副組長，国家安全委員会副主席，中央インターネット安全保障及び情報化指導小組副組長
3	張徳江	第12期全人大常委会委員長	国家安全委員会副主席
4	兪正声	第12期全国政協主席	中央新疆工作協調小組組長**
5	劉雲山		中央書記処書記，中央党校校長，中央精神文明建設指導委員会主任，中央改革全面進化領導小組副組長，中央インターネット安全保障及び情報化指導小組副組長，中央党の大衆路線教育実践活動領導小組組長
6	王岐山		中央紀律検査委員会書記，中央巡視工作領導小組組長
7	張高麗	国務院副総理	国務院党組副書記，中央財経領導小組副組長
参考	孟建柱	政治局委員	中央政法委員会書記

(注)　＊従来は国務院総理が組長を務めた.
　　　＊＊従来は中央政法委員会主任が務めた.
(出所)　21世紀中国総研編『中国情報ハンドブック〔2014年版〕』及び『人民日報』（2014年2月28日，2014年3月16日，2014年6月14日），大公網（2014年6月13日），南都週刊（2013年7月26日）より筆者作成.

（2）　生き残りのための実践イデオロギーの変遷

　中国共産党が1949年の中華人民共和国の建国以降，一貫して執政党であり続けてきた理由の一つは，国民からある程度の支持を得て執政党であり続けるために実践イデオロギー[5]を変化させてきたことにある．中国の今日の「成功」は憲法前文が示すように，中国共産党が各民族を導き，「マルクス・レーニン主義，毛沢東思想の指導の下」勝ち取ってきたものである．しかし，それだけではなく，それぞれの時代において共産党は実際の行動を規定する実践イデオロギーを変化させてきた．それは，鄧小平理論，江沢民による三つの代表論，胡錦濤による科学的発展観と習近平による「中国の夢」（ナショナリズム）の提唱と実践である．

　毛沢東は，社会主義社会の実現をめざし，継続革命論を唱え文化大革命を起

こしたが，結果的に国民経済は混乱し，立て直しが必要となった．毛沢東の死後，最高指導者となった鄧小平は，1987年第13期1中全会において趙紫陽が打ち出した，経済建設を中心とし，四つの基本原則（社会主義の道，人民民主専制，中国共産党の正確な領導，マルクス・レーニン主義と毛沢東思想）と改革開放の堅持を二つの基本点とする「一つの中心，二つの基本点」を高く評価した．この方針は1989年の天安門事件により打撃を受けたものの，1992年に鄧小平は「南方談話」で「社会主義の本質は生産力を開放し，発展させ，搾取と両極分化をなくし，最終的にはともに豊かになることである」とした．党は経済発展と国民生活水準の向上を提供することによりその支持を獲得し続けることを実践イデオロギーとして選択したのである．1992年の第14回党大会では計画経済に代わり「社会主義市場経済」の構築が目標として掲げられ，公有制は維持されたものの，現実には社会において非公有制経済の占める割合が増えていった．1999年3月の第9期全人大第2回会議は憲法を改正し，非公有経済が中国の社会主義市場経済の重要な構成要素であることを明確化した．現実と憲法における非公有制経済の位置づけの変化は各社会階層の地位を大きく変容させていった．

　従来，共産党は憲法において「中華人民共和国は労働者階級が指導する」と規定し，党規約において「中国共産党は中国労働者階級の前衛である」とすることで，労働者階級の前衛である党が中国を指導することには正当性があると理論づけていた．しかし，非公有制経済の領域が拡大し，私営企業家や外資系企業社員など新たな社会階層が出現すると，党を労働者階級の前衛としてのみ位置づけることは，すなわち党が社会に生じるさまざま階層の利益を代表できず，社会の中で党の影響の及ばない領域が拡大することを意味するようになった．このような状況に危機感を持った党は，2002年の党第16回大会において党規約を改正し，党が中国労働者階級の前衛であると同時に，「中国の先進的生産力の発展の要請を代表し，中国の先進的文化の前進する方向を代表し，中国のもっとも広範な人民の根本的利益を代表する」とした江沢民の「三つの代表」思想を加え，階級政党から全民政党へと大きく舵を切った．「もっとも広範な人民の根本的利益を代表する」ことは，党が私営企業家などの新たな社会階層をその中に取り込むことを意味している．

　鄧小平，江沢民はともに経済発展を最重要課題とし，その果実を国民に提供し続けることで支持を確保してきたが，その負の側面として，経済格差・腐敗汚職・環境問題・土地開発を巡る紛争など多くの社会問題が噴出した．胡錦濤

は経済と社会，環境などの調和をはかりつつ，持続可能な均衡発展を目指す
「科学的発展観」を2003年に提唱し，成長一辺倒からの脱却を目指したが，成
功には至らなかった．ミンシン・ペイは江沢民及び胡錦濤時代の共産党の政策
について，経済発展に専念するあまり，他の不可欠な公共財の提供がおざなり
になったと批判し，経済発展と政治的抑圧のセットで国民に対応し続けたこと
を誤りと見ている（Pei［2003］86-87）．

　経済発展を第一とする方針に加え，実践イデオロギーのもう一つの柱となり
つつあるのがナショナリズムである（高原［2014］9-10）．2014年8月に習近平
は新たな党の基本路線の重大な発展形である「一つの中心と二つの基本点」に
関する重要講話を発表した（「習近平総書記的"一個中心，両個基本点"」2014年8月8
日）．一つの中心は「中国の夢」であり偉大なる中華民族の復興を実現するこ
と，二つの基本点は改革の全面的な深化と大衆路線の堅持であるとしている．
一つ目の柱である経済発展が大きな問題をはらむ中，国民に対して訴求する実
践イデオロギーとして，もう一つの柱であるナショナリズムに重心を移してき
たと考えられる．但し，このナショナリズムのベクトルは単に中国に向けられ
るのではなく，共産党の指導する中国に向けられることも指摘しておきたい．

（3） 党組織の変化

構成の変化

　党の実践イデオロギーの変化は当然，入党者のリクルート基準の変化に繋が
り，党員の構成にも影響する．

　1945年以来の党員数の変化は図3-6のとおり，党員数の伸びは緩やかにな
っている．その理由は，党員の高齢化が進み亡くなった党員が多くいることと
新規入党者自体が減っていることにある[6]．後者については，2014年6月に新た
に「中国共産党発展党員工作細則」が制定され，新規入党者に対する基準と手
続きが厳格化されたことも関係すると考えられる．党員のリクルートメントに
際しては，高学歴と若年化が重要で，2014年の入党者のうち38.8％が大専卒で，
82.3％が35歳以下である．

　こうした方針の変化は党員の構成には反映されにくい．若年層と高学歴者を
選んで入党させているものの，図3-7が示すように，結果としては学生・知
識分子や企業で働く管理職や専門技術者・党政機関工作者の増加は緩やかで，
むしろ離・退職者を多く含むその他の人々の割合が微増している．

第3章 政治体制 61

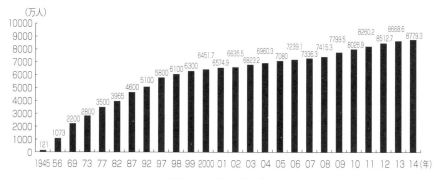

図3-6 党員数

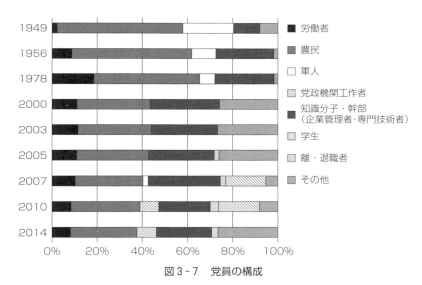

図3-7 党員の構成

　この傾向は年齢構成にも同様に表れている．図3-8が示すように，35歳以下の層が増えると同時に60歳以上の層が増え，これが年に数十万単位で入党者の増加分を相殺していくのである．
　次に現在の党員の入党時期について見てみよう．1977年以降の入党者が79％にも上り，4/5を占めていることが分かる．つまり，改革開放が実施され純粋イデオロギーであるマルクス・レーニン主義や社会主義を実践イデオロギーが凌駕し始めた時期以降に入党した経済発展に肯定的な世代以下が中心となっ

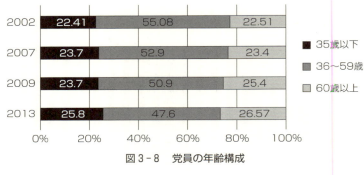

図 3-8　党員の年齢構成

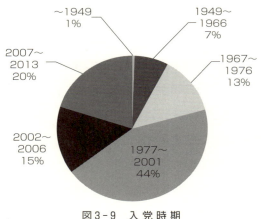

図 3-9　入党時期

ているのである．

（4）　党組織の抱える課題と生き残り戦略

　本項では，実践イデオロギーの変遷に伴い変質した党組織が抱える課題と執政党としての生き残り戦略について述べる．

　まず，主な課題として挙げられるのは，党員の中での共産主義・社会主義社会の実現といった純粋イデオロギーへの意識が希薄化していることである．図3-10は，筆者が協力者と共に2009年に上海でおこなった有効回答数767票のアンケート調査をもとにしたものである．入党理由について，党員が選択した自らの入党理由と他人の入党理由の双方おいて，個人的利益を挙げるものが表れ

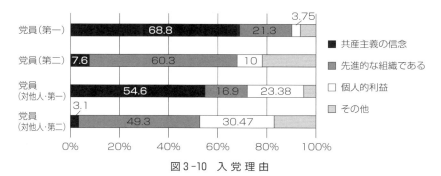

図3-10 入党理由

ている．特に，党員が他の党員の入党理由を考える時には，個人的利益が第一の理由と第二の理由共に二番目に多くなっており，純粋イデオロギーを信仰する意識がありつつも個人的利益も追求する入党者の存在を示している．イデオロギーとしての社会主義・共産主義が求心力を失いつつある傾向は知識エリート層においても見られる（小嶋［2012］）．

次に新勢力の党への取り込みに関する課題である．2001年の江沢民の「七一」講話以降，共産党は「政治社会に対する党の影響力の維持・拡大のため，「三つの代表」論に依拠して新興の社会経済エリートを党内に引き入れ，組織的基盤を拡大し続けるという姿勢」を継続して見せている（鈴木［2012］105）．その結果，中央組織部の発表では2012年末の時点で，非公有制企業のうち，党組織を設ける条件を備えている企業の99.95％，社会団体のうち，党組織を設ける条件を備えているものの99.21％で党組織が設けられるまでに新階層の中で党は発展してきた（人民網，2013年6月30日）．しかし，第17回党大会に向けた拙速ともいえる組織作りは，結果として党組織の量的不足と組織活動の低迷という困難を招いている（鈴木［2012］118-119）．

他方，共産党の生き残り戦略として挙げられるのが，反腐敗・汚職運動と学習型政党としての調査研究工作の強化である．習近平指導部は2012年の発足以来，反汚職キャンペーンに取り組んできた．習近平は「仮に良くない風紀を断固として正そうとせず，問題を放置するならば，党と人民大衆の間に見えない壁が隔て，我々はよりどころを失い，血脈を失い，力量を失う」とまで述べ，強い危機感をもっていた（習近平「中国共産党第18期中央規律検査委員会第2回全体会議上での重要講話」）．その結果，摘発された次官級以上の幹部は100名にも上り，

周永康（前政治局常務委員），徐才厚（前中央軍事委副主席），令計画（前党中央統一戦線部長），蘇栄（全人民政協副主席）ら閣僚級以上の高官まで党籍剥奪や免職となっている．もう一つは共産党独自の利益集約の形と言える「調査研究」工作である．党は選挙を通じた利益集約・利益表出に消極的であるが，国民からの支持を得るには何らかの利益集約機能が必要である．そこで共産党はリスクに対処する能力を高め，党の先進性を保ち，党の執政地位を強化するために学習の強化が緊急課題であるとして「学習型政党」建設を打ち出し，その一環として多くの部門での調査研究工作をおこない（朱［2012］），政策提言を励行している．

第3節　党政関係と党軍関係

（1）　党政機関の変遷[8]

　党政関係の変遷は，行政機構改革の方向性に大きく影響している．1970年代末から80年代にかけては行政機構の簡素化が主題であったが，80年代以降は市場化に対応した行政機構改革をおこなうために党の関与の程度が問題となった．これが，政企分離，党政分工，党政分離という形に現れてきた．しかし，89年の天安門事件で党政分離は頓挫し，その後，市場経済化とグローバル化に対応するための行政機構改革はおこなわれるものの，機能を基準とした部門統合による簡素化・効率化が主となり，党政関係は分離よりもむしろ一部では連携が進む状況にある（黄・陳［2012］）．

　毛沢東時代には，一元的指導体制の下で，共産党が政策決定から行政活動に到るまで直接関与をおこない，国家機関・企業などは党に対する絶対的な服従を要求された．文革収束後，「党政分離」を含む政治体制改革が提唱されたのは，個人崇拝と個人への過度の権限集中を原因の一つとする文革に対する反省と，経済体制改革及び社会主義現代化建設という当時の国家目標を推進するには政治体制改革が不可欠との認識からである．党は「党政分工」の改革を推進し，党への過度の権力集中を改め，強力な行政システムを構築しようとした．1982年には党規約が改正され，「党は憲法と法律の範囲内で活動せねばならない」として党政分離が規定された．

　1986年9月，鄧小平は経済体制改革を貫徹するための政治体制改革の必要性を強調し，党の指導は揺るぎないものであるとする一方で，党政は分ける必要

があり，この問題は議事日程に上げねばならないと主張した．当時の中国は，1986年の世界的不況の影響を受け，工業総生産を大きく減速させていた．その要因の一つが国有企業の不調であった．趙紫陽は，この世界不況を梃子にして政企分離を足掛かりに党政分離に着手したのである（中居［2012］295-299）．87年10月の党第13回大会は政治体制改革を重要課題として取り上げ，党政分離の実施などをその基本内容とし，全党を挙げて積極的に取り組むよう求めた．この中で重要な成果としては，党による行政介入の手段であった党グループが完全に廃止されたことが挙げられる．

　しかし，89年6月に起こった天安門事件により，党は政治的安定を最優先し，党の指導強化に力を入れたため，政治体制改革および「党政分離」は頓挫することとなった．同年8月に党は「中央関与加強党的建設的通知」を採択し，「企業の基層組織において党は政治核心的地位にある」として企業の経済活動に関する実権を取り戻した．更に1992年の第14回党大会では，行政機関における党グループの設置が決定され（唐［1997］28），行政機関に対する党の支配が再び制度化された．

　1993年，1998年にも国務院機構改革が実施され，2002年に中国がWTOに加盟すると，国際ルールに適応するために経済部門を中心にさらに重点的に国務院機構改革が進められた．しかし，この時期には党政分離によって行政の効率化を図る，という論点は見られなくなっていた（渡辺［2015］）．

（2）　党政関係の現在

憲法と党規約

　第1節の「国家の仕組み」で述べているように，中国においては全人大が国家最高権力機関であると憲法は規定している．また，「一切の国家機関と武装力，各政党と社会団体，企業事業組織は憲法と法律を遵守せねばならない」こと，「いかなる組織あるいは個人も憲法と法律を越えて特権を有してはならない」としている（憲法第5条）．しかし，同時に憲法はその前文で中国各民族人民が共産党の指導の下で中国を「富強で民主的かつ文明的な社会主義国家に築き上げる」ことを規定している．これは共産党が憲法及び最高権力機関を越えて実質的に国家を指導することを表している．また党規約第46条は「中央および地方国家機関，人民団体，経済組織，文化組織とその他の非党組織の領導機関には党組（党グループ）を成立することができる」，「党組は指導核心の役割を

66   第2部 政 治

発揮する」と規定している．実際に国務院では監察部を除き，すべての部・委
員会に党組が設置されている．

党と権力機関

　全人大常務委員会の委員長の張徳江は党中央政治局常務委員であり，副委員
長である李建国は党中央政治局委員であり，党が全人大常委会を指導できる体
制となっている．これは地方政府においても同様で，特別行政区と台湾を除く
31直轄市・省・自治区のうち22の省・自治区で省・自治区党委書記が人大常委
会主任を兼任し，党が権力機関を指導できる形にある．残りの2直轄市・3
省・新疆とチベット自治区においても党機関の指導幹部が人大常委会主任とな
り，そのうち2直轄市・新疆ウイグル自治区では人大常委会党組書記を兼任し
ている．指導部の構成だけではなく，代表構成にも党の指導的地位は現れてい
る．人民代表に占める党員の割合は非常に高く，全人大では2006年で73.5%，
2001年で73.0%，97年で71.6%となっている（史［2009］290）．選挙において共
産党員が圧倒的支持を得て当選することは，法的に党の支配の正統性を確保す
るために重要であるため，党は選挙委員会を組織し，選挙区割り・定員割当・
候補者選定・選挙民登録など選挙過程のすべてを指導し，予定された代表を確
実に当選させるシステムを構築している．

党と行政機関——人事と領導小組

　前述したとおり，国務院の各部・委には党組が設置され，科学技術部，国家
安全部，民政部，司法部を除いては部長あるいは主任が党組書記を務めており，
党が行政機関の各部署を掌握し，指導していることを示している．また，党中
央は党中央や政府に部門を越えた協議機構として領導小組を設置している．国
務院の職掌範囲に関係する領域では，中央財経領導小組，中央全面深化改革領
導小組，中央外事領導小組などが挙げられる．1950年代には国務院の各弁公室
が中央領導小組の事務機構であったことから，政府部門への対口管理を支持す
るシステムであるとの分析もある（周［2015］）．地方においては，複数の部署
に関連する問題について部署を越えて組織された領導小組が指示することで，
それぞれの部署内の党の指導系統を通じて迅速に問題が解決されることもある
（頼・劉［2011］）．しかし，超法規的な存在である領導小組による問題解決は法
治国家として正しいのか，疑問が残る．

第3章　政治体制　67

表3-2　党中央政法委員会の構成

職務	氏名	その他の職務	職務	氏名	その他の職務
書記	孟建柱	党中央政治局委員	委員	曹建明	最高人民検察院検察長
副書記	郭声琨	公安部部長	委員	耿恵昌	国家安全部部長
委員	周　強	最高人民法院院長	委員	呉愛英	司法部部長

　地方では2008年に始まった「大部制」改革の下で，広東や武漢の一部の地方政府において区政府部門と区党委員会の関連した部門を統合した機関を設置するという党政分離とは正反対の方向で機構の簡素化を進める例が現れている．この党組織と行政機関が一体化する試みが，今後どれほど広まるか，注目すべきである．

　党と司法機関──中央政法委員会の存在
党の司法機関に対する指導的な地位を表す機関として，社会安定の維持を主な任務とする党中央直属機関である中央政法委員会が挙げられる．1980年に成立した中央政法委員会は，党政分離を掲げる機構改革により1988年に解消されたが，天安門事件の影響を受け1990年3月に党中央は中央政法委員会を復活させる決定を下した．現在の主な構成は表3-2のとおりである．
　この構成は，最高人民法院，最高検察院と国務院傘下にある公安部，国家安全部，司法部がすべて党中央政法委員会の指導下にあることを示している．

　党と検察機関──規律検査委員会の存在
　習近平政権の反汚職活動の主体となっているのが党中央規律検査委員会（以下，中規委と略す）である．もともと国家行政を監察する部門としては，国務院の下に監察部がある．しかし，1993年に党中央文件第4号で党中央と国務院が中規委と監察部を「合署弁公」することを決定した．現在も，国家監察部と中規委は一つの組織になっており，ウェブサイトも共通のものが一つあるのみである（http://www.ccdi.gov.cn/）．中規委書記は党中央政治局常務委員である王岐山で，監察部部長の黄樹賢は副書記であることから，実質的には国務院の行政機関である監察部は，党中央の組織である中規委の指導下にあることが分かる．検察院との関係においても中規委の決定の方が重要視される．例えば中央政治局委員であった薄熙来は2012年3月に重慶市党委書記の職を解任され，中規委の任意の調べを受け，同年9月に党籍を剥奪された後，2013年7月に検察によ

り起訴され，8月に初公判が開かれ，11月に二審で無期懲役が確定した．周永康・元政治局常務委員も同様の過程を経ており，中規委による取調べと党中央による決定が検察院の審議と法院での裁判に大きく影響することを示している．

（3） 党軍関係の変遷

紅軍と人民解放軍

「中国人民解放軍」が正式に創設されたのは1947年3月であるが，軍事組織としては1920年代後期に農民の武装遊撃隊として発生した「中国二農紅軍」を前身とするものである．現在の人民解放軍と党との関係は，紅軍の形成された過程と大きく関係している．川島弘三が指摘するように，「紅軍は，コミンテルンの指示の下，中国共産党の「暴動路線」が執行される過程で，党の「地方工作」における「農村工作」によって，組織され，指導され，生起した農民の武装組織」である（川島[1988] 3）．そのため，紅軍は単なる戦闘のための組織ではなく，共産党の組織建設の一端を担う重要な戦力として「政治工作」を重要な任務とする組織であった．軍における党の政治工作部門の比重の高さは現状にも大きく影響している．

中国共産党中央軍事委員会と中華人民共和国中央軍事委員会

82年憲法から現行憲法に至るまで，中華人民共和国中央軍事委員会（以下，国家中央軍委と略す）が人民解放軍を含む全国の武装力を指導すると規定している．しかし，83年に国家中央軍委が成立して以来，その構成員は党中央軍事委員会と全く同じであり，国家中央軍委が軍を指導するということに即ち，実質的には党中央軍委が軍を指導することを意味する．

「党の軍隊」として始まった人民解放軍だが，建国以来，国軍化が推進される時期もあった．1949年9月に採択された「共同綱領」において，人民解放軍が中央人民政府人民革命軍事委員会の統率を受けると規定され，毛沢東がその主席となった．また54年憲法は，人民解放軍を含む「中華人民共和国の武装力量」の任務を「人民革命と国家建設の成果を守り，国家主権・領土の保全と安全の保護」と規定し，党の政治工作を排除した．そして，54年9月に，国家主席が統帥権を掌握し国家主席を委員長とする国防委員会が発足し，国務院に国防部が設置されたことは，軍に対する指導権を党から国家に移管し国軍化する動きの存在を示している．しかし，軍の指揮・編成体制を統一し正規化す

第3章 政治体制 *69*

る国軍化をおこなうためには，現実として分散化・分権化している軍を，強力に一つにまとめる過程が必要であり，それを可能にするには党の団結に依存するほかは無かった（川島［1988］79）．国防委員会の発足と時を同じくして，党中央政治局は中央政治局と書記処の下に党中央軍委を成立させ，軍を指導することを決定した．党中央軍委と国防委員会の構成員は同一で，国軍化の動きは即座に党軍化へと変ったといえる．国防委員会は75年に解消され，82年に憲法で国家中央軍委が軍を指導することが規定され，83年に鄧小平を主席とする国家中央軍委が成立した．ここで党中央は国家中央軍委と党中央軍委を「一つの機構，二つの看板」とすることを決定した（蔣［1999］303）．これは現在に至るまで，党の軍に対する指導を保証する重要な制度の一つとなっている．

軍中党委員会制度と政治委員制度

党中央軍委の軍に対する指導を保証するもう一つの制度に軍中党委員会制度がある（川島［1990］148-153）．軍の中で，団（連隊）および団に相当する単位以上には党委員会が設けられており，それぞれの党委はすべて上級党委に服従するため，軍内には党中央軍委をピラミッドの頂点とする党組織の指導系統が形成されている．また，中央軍委の下には中央軍委の決定事項やその他の細目事項を執行する幕僚機構がある．主な幕僚機構としては，総参謀部，総政治部，総後勤部があるが，これらの系統はすべて同系統上級組織の指導を受けると同時に，同級の軍中党委の指導を受ける．軍事工作，政治工作，後勤工作などすべての系統が最終的には中央軍委に集中し，党中央委員会に達するのである．

（4） 党は軍を統制できているのか──国軍化と党のコントロール

党が軍を指導する体制と併行して，軍を近代化・正規化する国軍化も進行している．文革が収束し，党の活動の重点が経済建設に移ったことにより，国防建設も限られた資金と資源を有効に利用して経済建設に資することが求められるようになった．そこで，85〜87年にかけて100万人の兵員削減を中心とする軍事改革と軍再編が始まった．具体的には大軍区の統合，歩兵主体の軍から各兵種からなる合成集団軍への改編，幹部の削減，非戦闘部門の民間への移管などがおこなわれた．88年には，正規化した軍には厳密な秩序と明確な責任の所在が求められるとの理由から階級制度が復活した．元々階級制度が廃止されたのは，正規軍建設を否定し，遊撃戦争を主体とする毛沢東軍事路線によるもの

であり，階級制度の復活は毛沢東軍事路線の否定と軍の正規化・近代化建設を意味するものである．

　このような国軍化は，必ずしも軍の党からの乖離を意味するわけではない．軍が正規化され組織として整備されれば，党としても統括しやすくなるという側面もある．鄧小平の後継者として89年11月に党中央軍委会主席，翌90年3月に国家中央軍委会主席に就任した江沢民は，国軍化と党の指導の強化を並行して進め，①軍の質的建設，②軍に対する党の指導の確認，③多くの昇格人事，④法制化をおこなった．江沢民時代に新たに始まった改革は「法に依拠して軍隊を治める」ための法制化の進展である．97年に制定された「国防法」は，国家の武装力は党の指導を受け，武装力の中の党組織は党規約に従って活動すると規定しており，国軍を党が指導することが明確にされている．

　江沢民が党総書記から退いた後も約2年にわたり党中央軍委会主席の座にとどまったため，胡錦濤の党中央軍委会主席就任がその分遅れ，軍歴のない胡は軍の掌握に困難があったとされる．他方，習近平は軍歴を持ち，胡錦濤が党総書記と同時に党中央軍委主席を退いたため，総書記就任と同時に軍の最高ポストにも就任した．習近平は現在，反腐敗を梃子に軍に対する影響力を強めている[11]．しかし習近平政権下においても軍改革にあたり問題となるのに，軍の近代化・効率化と党の指導の貫徹との関係である．人民解放軍はその成立の過程からして陸軍偏重であり，また政治工作にかかわる「非戦闘要員」が多いという問題を抱えている（塩沢[2014]）．2015年9月に軍の30万人削減が発表され，11月には7大軍区を四つの「戦区」に改編し，各戦区に統合作戦指揮機関を編成することを柱とする軍改革が発表された．30万人削減の意味するところは軍縮ではなく，非戦闘要員を中心に陸軍を削減し，軍機構を合理化し軍事力の増強を図ることである．また統合作戦指揮体制への転換は総参謀部，総政治部，総後勤部，総装備部の4総部の枠組みを見直し，中央の指揮権を強化することを意味する．軍の専門化，精鋭化，情報化を実現するには職業軍人の育成とプロフェッショナル化により効率性を向上させることが不可欠であるが，これは党の指導と矛盾が生じやすい．抵抗勢力を排除しつつ，効率性と党の指導の貫徹を両立させることが今後の課題となろう．

　注

（1）　アメリカの大統領制においては，大統領は議会に対して法案拒否権を持ち，議会は

第3章 政治体制 *71*

法案拒否に対する再可決権を持つ．大統領は裁判所に対して判事を任命し，議会は判
事任命同意をおこなうが，裁判所は大統領と議会に対して違憲審査権を持つ．日本の
内閣議院制においては，国会は内閣に対して内閣総理大臣の指名と内閣不信任決議を
おこない，内閣は衆議院の解散権を持つ．また国会は裁判所に対して弾劾裁判をおこ
なえるが，裁判所は国会に対して違憲立法審査権を持つ．内閣は裁判所に対して最高
裁判所長官の指名やその他の裁判官の任命をおこなうが，裁判所は内閣に対して違憲
審査権を持つ．

（2） 第12期の全人大代表の数は2987名．

（3） 憲法第3章第5節第95条では「省，直轄市，県，市，市が管轄する区，郷，民族郷，
鎮は人民代表大会と人民政府を設立する」，「自治区，自治州，自治県は自治機関を設
立する」と規定している．しかし，憲法第112条では「民族自治地方の自治機関は，
自治区，自治州，自治県の人民代表大会と人民政府である」としているので，結果的
には「中華人民共和国地方各級人民代表大会和地方各級人民政府組織法」の規定と同
じになる．

（4） 日本国憲法76条3項においては「すべて裁判官は，その良心に従ひ独立してその職
権を行ひ，この憲法及び法律にのみ拘束される．」と規定され，これを裁判官の独立
という．

（5） 高原（［2014］4）は，フランツ・シューマンの説に依り，中国のイデオロギーをマ
ルクス・レーニン主義という純粋イデオロギーと行動原則を提示する実践イデオロギ
ーに分けて考えるとよいと述べている．

（6） 党員の高齢化については，例えば2010年末には307万名が入党したが，純増は220万
名で，党籍を剥奪された3.2万名を除く差額の83.8万名の大部分は死去したためであ
る（『人民日報』2011年6月24日）．新規入党者数は，2013年は240.8万人で前年より
も25.5％下回り（「新華網」2014年6月30日），2014年は205.7万人で前年よりも更に
14.5％減少した．

（7） 私営企業家を中心とする新階層の党への取り込みに関しては鈴木隆（2012）序章～
第3章を参照した．

（8） 党政関係の歴史の項目については，唐（1997）および渡辺（2015）13～37頁を参照．

（9） 監察部は中国共産党中央規律検査委員会と，職員は別々に抱えるものの職務の対象
がほぼ同じであるため，合同で職務を遂行する「合署弁公」をおこなっている．この
ため，監察部独自の党組は設置されていない．

（10） 科学技術部長の万鋼は致公党中央主席で全国政協副主席である．公安部長，民政部
長，司法部長はいずれも党第18期中央委員である．いずれも党組書記ではないが，党
内で重要な地位にある人物である．

（11） 2012年に軍総後勤部副部長であった谷俊山は汚職の疑いで軍の役職を剥奪され，現

在起訴されている．2014年6月には前党中央軍委会副主席の徐才厚を収賄で党籍剥奪とし，2015年4月には同じく前党中央軍委会副主席の郭伯雄を汚職の疑いで中規委が取り調べ始めた．

（中岡まり）

第4章 政府主導の政治改革と民主化への展望

はじめに

　中国政府主導の政治改革戦略は以下のような特徴を持つ．まず，近代化の実現は中国の国家目標であり，経済成長，社会発展と民主化の三大課題が含まれている．中国政府は近代化の実現を長期目標としたうえで，事実上経済成長，社会発展と民主化といった順位で発展戦略を進めている（唐［2012］第3章）．第1段階と第2段階では，政治改革の主な目標は民主化を推進するというより，行政改革によって経済発展を促進することである．次に，中国政府は欧米型民主主義を否定し，中国式民主主義を主張している．欧米式民主主義は競争選挙，複数政党制，政治的自由の保障，法の支配，三権分立などを中心とするが，中国式民主主義は民意の吸い上げ，権力内外の政策合意を強調する傾向が強い．第三に，中国政府は政治的自由と権利の緩やかな拡大を容認するが，急激な自由化による政治求心力の低下や社会秩序の混乱を恐れ，政治改革の漸進路線を強調すると同時に，下からの民主化運動を抑制し続けている．

　民主化の第3の波（ハンチントン［1991］）では，数多くの国々では，権威主義体制が崩壊し，欧米式民主主義体制が導入された．民主化は国際潮流であった．他方，民主化の経験は示しているように，貧しい国々でも，深刻な経済危機はしばしば大規模な抗議活動，権力の分裂を誘発し，社会的不満は民主化運動に合流し，権威主義体制を崩壊させ，民主化を成功させる可能性は大いにある．ただ，貧困や格差が原因で社会対立は激しいために，民主化過程はしばしば大規模な暴力抗争ないし流血事件を伴う．また，民主化は成功してからも，民主主義の諸機構はよく安定せず，そのガバナンス能力が低い．それと比べれば，豊かな国々では，経済発展や制度化の水準が高く，中産階級が社会の主流を占め，市民社会が成熟する．こうした国々では，民主化の過程は混乱が比較的に少なく，民主主義体制は機能する可能性が高い．

　言い換えれば，移行のコストと民主主義の質を基準とする場合，各国の民主

74 第2部 政 治

化は良いパターン（低コストと良質の民主主義）と悪いパターン（高コストの硬着陸と悪質の民主主義）に分けられる．何もかもの民主化は必ずしも高度な経済発展などの条件を必要としないが，民主化の軟着陸，民主主義の成熟化は高度な条件を必要とする．そこからみると，中国は民主化という時代の流れに遅れをとっているが，民主化の軟着陸と民主政の成熟化に必要とされる環境・条件の整備に関しては一定の成果を収めている．上述した視点から，本章に中国政治改革の現状を以下のように整理分析する．第一に，改革開放時代に入り，脱イデオロギー化，制度化，分権化，緩やかな自由化が進んできた結果，中国の政治体制はすでに全体主義から権威主義への第1次体制転換を経験した．また，権威主義体制の下で，中国は市場経済を導入し，30年以上にわたって急速な経済発展を実現してきた．第二に，中国政府は下からの民主化運動を打制しているが，政治的自由化は紆余曲折の道を辿地ながら，緩やかに拡大している．最後に，中国の市民社会はいまだに政治体制から大きな制約を受けているが，徐々に成長しており，下からの政治参加の拡大，NGO の発展やソーシャル・メディアの活躍はそれを表している．

第1節　全体主義から権威主義への政治変容

比較政治学では，全体主義と権威主義を区別する主な基準は，辰密なイデオロギーの有無，政治権力の集中度と限定された多元主義の有無である．改革開放時代に入ってから，脱社会主義イデオロギー化，分権化と制度化，緩やかな自由化が進展し，政治体制は毛沢東時代の全体主義から改革開放時代の権威主義へと変わってきた．

（1）　世代交代と派閥政治の変化

1935年の遵義会議以降，毛沢東は最高指導者の地位を確立し，そして1940年代の延安整風運動によって王明らの権力ライバルを一掃した．1943年の政治局会議は，中央書記処が重要方針を議論する際に，毛沢東が最終決定権を有することを決めたほか，1945年の第7回党大会は毛沢東思想を党の指導思想として確立した．その後，毛沢東は中国革命を勝利に導き，国家の独立と統一の偉業を成し遂げたため，党の執行部や党内の派閥を君臨するような絶大な権力をもち，建国の父としても巨大なカリスマ性を有していた．毛沢東個人への権力集

中，特に個人崇拝は全体主義的な政治体制の構成要素である．

　1950年代，毛沢東は政治運営に対し自信に溢れ，自らの手で社会主義強国を建設するという意気込みが高かった．しかし，中央指令型計画経済や国有体制の下で，労働者は勤労意欲が欠如し，競争のメカニズムが機能しなかった．また，革命世代の指導者や幹部は実権を握っていたが，彼らは経済建設の知識と経験が欠如し，管理能力が低かった．さらに，大躍進運動などの失敗は党内の対立を先鋭化させていった．1960年代初め以降，毛沢東は近代国家の建設に情熱を燃やして前向きの政治をおこなうというより，事実上どうやって政治権力を維持していくかという守勢の政治を強いられた．彼は1976年に死ぬまで，権力体制を整え，近代化に向けて再出発することができなかった．

　1976年9月，毛沢東の死去によって，派閥力学，そして政治権力構造は大きく変わった．後継者の華国鋒は軍部の支持を得て，左派の四人組を逮捕し，党主席，総理と軍主席に就任した．しかし，華国鋒は個人のカリスマ性も権力基盤も弱かった．1970年代末から，鄧小平は最高実力者になり，後には近代化推進の功績で改革開放の総設計師とも称えられた．ただ，その鄧小平も毛沢東のように各派閥を君臨する立場にはなかった．鄧小平のほか，陳雲，李先念らはそれぞれ独自の派閥を有し，政治に対し大きな発言力を持っていた．趙紫陽元総書記の証言によると，鄧小平は改革政策や党内人事で保守的な長老の反対に直面した時，彼らの意見や利益に配慮し，ある程度妥協や譲歩をおこなわざるを得なかった（趙 [2009]）．

　毛沢東，鄧小平は創業者としてのカリスマ性を有する．それと比べれば，江沢民，胡錦濤，習近平らはテクノクラート世代であり，エリートコースを辿り，権力の頂点に上り詰めたために，もはや創業者のようなカリスマ性をもたない．また，時代背景や環境の違いは人脈づくりにも影響を与える．革命世代の指導者はそれぞれの根拠地で敵と戦った．そこで結ばれた人間関係の結束力は強い．建国以降，革命世代の指導者は中央と地方の権力を握り，また人事異動が少なかった．1980年代以降，中国政府は指導幹部に関する任期（2期10年），昇進や人事異動の制度を整備した．中央指導者はスピード出世を果たしたとは言え，昇進の段取りを踏まえなければならない．それは個人の人脈作りにも不利である．

　派閥的力学の変化が原因となって，党内の権力構造は個人独裁から寡頭政治へと転換し，政治運営は徐々にコンセンサスを重視するようになった．アメリ

カの北京大使館は聞き取り調査をもとに中国最高指導部の運営に関する報告書をまとめ，本国に打電した．内部告発サイト・ウィキリークスは2010年に同報告書を公開した．それによると，党の最高執行部である政治局会議とその常務委員会会議を国有企業の取締役会，胡錦濤総書記を最高経営責任者（CEO）に例えている．胡錦濤は最多投票権をもち，政治局の議論をリードするが，全員はそれぞれ発言権，投票権をもち，会議は極めて民主的という．

（2）　分権化と制度化

　毛沢東時代の政治権力構造は「党の代行主義」が特徴づけられ，各級共産党委員会が政治指導の範疇を超え，本来行政，司法，立法などの国家機関が担当すべき事項に深く侵入し，国家権力を直接行使していた（唐［1988］）．また，党中央は意思決定権，人事権，与論統制，中央集権型の計画経済体制を担保として，地方に対して厳密な指導・統制をおこなっていた．高度な中央集権体制は，毛沢東に対する個人崇拝，「教義」とされる社会主義のイデオロギーに加えて，全体主義的な政治体制を形成していた．

　党中央は1980年代初期から「党政分工」，つまり制度化によって党組織と国家機関や他の組織との分業関係を制定し始めた．1987年の共産党第13回全大会は「党政分離」を政治体制改革のカギと位置付けた上で，「党の指導とは政治指導である．つまり，政治原則，政治方向，重大政策決定について指導をおこない，国家の政権機関に重要幹部を推薦することである．国務に対する党の政治指導の主な方式は，党の主張を法定の手続きによって国家の意思に変え，党組織の活動と党員の模範的役割によって広範な人民大衆を導き，党の路線，方針，政策の実現を図ることである」と述べた．

　人民代表大会はかつて民主主義の「飾り物」であり，いつも「満場一致」で党中央，国務院の決定を採択したが，近年，その役割が強化しつつある．まず，法治国家の建設が進み，重大政策決定が立法の形でおこなわれるようになる．その結果，人民代表大会は重要政治舞台の一つとなりつつある．第二に，人民代表大会は運営制度の改善，機構と人員の充実化および「党政分離」の推進によって，法案，議案に対する実質的な審議をおこない，修正権ないし否決権を発動したりして，独自の立場を強めている．第三に，政治腐敗が深刻化し，様々な社会問題が発生する中で，人民代表大会は国民の期待，世論の支持を背景に，質問書や質疑書の提出などで政府，司法機関の不正，腐敗を追究し，一

定のチェック機能を果たそうとしている.

　中央集権体制の下で，中央は人事権，意思決定権および資源の配分権を中心とし，地方に対して強い統制力を持っていた. 改革開放期に入り，中国は経済の活性化を図るために，経済・財政分野を中心に地方への権力委譲を進め，各地方は独自の利益主体としての立場，自主権を強め，政策過程への影響力が向上した. さらに，改革はすべて成功するとは限らない. 失敗，混乱のリスクを抑えるために，中国は一部の地域で「先行実験」をおこなう形で改革を進めてきた. その結果，地方はしばしば改革のイニシアティブを取り，中央は支持，黙認の態度をとらざるを得ない.

（3）　脱社会主義イデオロギー

　毛沢東時代の政治はイデオロギー指向型である. 社会主義イデオロギーは政治経済体制を形作り，政策を方向付けていった. 文化大革命は終焉するまで，共産党は社会主義に対して強い信仰心を持ち，非社会主義の主張を決して容認しなかった. 改革期に入り，党中央は階級闘争中心論から経済建設中心論への路線転換をおこなった. その結果，経済の合理性，政策運営の効率化を重視するプラグマティズムの傾向が強まり，脱社会主義イデオロギーは徐々に進展してきた. それは市場志向の経済改革の空間を大きく広げた. 市場メカニズムの導入と拡大，民間経済の容認と奨励，積極的な外資勧誘，国有企業の民営化および財産権の保護などは脱社会主義イデオロギーの成果でもある.

　脱社会主義イデオロギーは政治の分野でも起きている. 経済自由化が進展するにつれ，民間企業家の規模や影響力は拡大している. 2000年2月，江沢民は「共産党が先進的生産力の発展要求，先進的文化の前進方向，中国の最も広範な人民の根本的利益を代表すべき」という「三つの代表論」を提起し，経営者の入党を認めるべきことを主張した. 今まで，共産党は自らを労働者階級の政党と標榜してきただけに，「三つの代表論」は共産党が新興勢力を取り込み，階級政党から国民政党へと脱皮しようとする動きといえよう.

　西側諸国では，自由，民主主義，人権，正義，平等などは普遍的な価値とされている. 中国政府は欧米型民主化を警戒しながら，少なくとも建前上こうした価値，理念を受け入れようとする動きもある. 中国政府は1990年後半に国際人権規約に署名し，2004年3月に「国家は，人権を尊重し保障する」という文言を憲法に挿入させた. 2007年6月，温家宝総理は外務省の高官を前に，「科

学，民主，法制，自由，人権は必ずしも資本主義が独占するものではなく，人類が長い歴史過程で追い求める共通の価値であり，共に文明を作り上げる成果である」と述べた．ここでいう「共通の価値論」は，欧米型の普遍的な価値に近いものである．また，胡錦濤の訪米演説や習近平の国連演説も共通の価値論を取り上げた．ただ，「共通の価値論」について左派から強く反発されているほか，どうやって実現していくかという方法論，アプローチはいまだに権力内外のコンセンサスを形成していない．

第2節　政府主導の政治改革と緩やかな自由化

　1980年代以降，中国政府はしばしば政治改革を推進し，また一定の成果を上げてきたが，国内外では，中国の政治改革は大幅に遅れているといった批判が多い．

　政治改革の目標を行政改革，緩やかな自由化と欧米式民主化といった三つの次元（唐［2012］第4章）に分けることは上述したギャップを理解するカギである．つまり，西側諸国や中国の民主化活動家は欧米式民主化の断行を強く求めている．それに対して，中国政府は欧米式民主化を拒否し，一党支配を前提に緩やかな自由化を容認し，経済発展を促進するための行政改革を積極的に推進する．行政改革の成果に関する分析（Yang［2004］）はほかの研究に譲るが，ここでは，選挙改革，草の根の自治，報道改革と情報公開を例に緩やかな自由化の成果と問題点を分析する．

（1）　選挙改革と「草の根」民主主義

　民主主義国家では，選挙権の行使は最重要の政治参加とされている．中国では，スピードが極めて緩慢であるが，人民代表の選挙改革は模索されてきた．県と県以下の人民代表の選挙は1980年から直接選挙，差額選挙（定員数と同じ候補者数を立てる以前の等額選挙とは異なり，定員数を上回る候補者を立てること）を導入した．都市と農村部に関する選挙権格差（八倍と設定された）は縮小され，2010年選挙法改正で解消された．

　1982年憲法は村民委員会と居民委員会を住民自治の基層組織に位置付けた．1987年の「村民委員会組織法（試行）」は村民委員会の直接選挙を定めた．一部の地域では，有権者が自由に村民委員会の候補者を推薦する「海選」，一つの

第4章　政府主導の政治改革と民主化への展望　79

ポストに複数の候補者を立てる「差額選挙」，有権者の投票によって正式な候補者を確定する「予備選挙」のほか，選挙演説，秘密投票，開票作業の公開なども模索された．1998年，全人代常務委員会は村民委員会組織法を改正し，村民委員会選挙に上述した自由競争のメカニズムを導入した．選挙改革によって，総人口の60％を占める8億（2003年）の農民は民主主義の実践に参加し始めた．国内外の専門家は村民委員会の直接選挙を「草の根」民主主義の萌芽として評価した．

　もともと，中国指導者の中には徐々に自治の範囲を村から郷鎮，県，省へとレベルアップしていく民主化戦略を描いているものもいた．例えば，1980年代半ば，彭真・全人代副委員長は村民自治を8億の農民が民主主義の訓練を受ける場として捉え，下から上への自治の拡大を力説した．農村選挙の進展を受けて，直接選挙の拡大への期待と要求が一時期高まった．中央弁公庁・国務院弁公庁の通達（2000年12月）は，都市部の社区居民委員会の直接選挙を指示した．また，四川省，広東省は郷・鎮長（経済が発達する地域は「鎮」，遅れている地域は「郷」と呼ぶ）の直接選挙を試みたことがある．ただ，近年，村民委員会選挙への宗族や暴力団の介入，選挙買収といった深刻な問題も発生する中で，中国政府が統制力の低下を恐れ，直接選挙の拡大に消極的な姿勢を見せ，選挙改革は停滞状態に陥っている．

　村民委員会選挙改革がおこなわれた後に，一部の地方は以下の形で村党書記の選出方法の改革を模索し始めた．第1段階では，村民が党支部の委員候補を推薦する．第2段階では，郷・鎮党委員会が委員候補者の資格を審査し，推薦票の得票数を参考にして，正式な候補者名簿を決める．第3段階では，党員が郷・鎮党委の承認を得た正式な候補者名簿から，差額選挙の方式で党支部の委員を直接選出する．第4段階では，党支部委員たちが書記を選出する．村民は推薦の段階で，党員は選挙の段階でそれぞれ一票を投じるために，同選挙制度は，「二票制」「公推直選」とも言われている．こうした党内選挙は上級党組織の介入が認められるものの，これまでの任命制と比べれば，村民と党員の意向が反映されやすい．2007年の第17回党大会はこうした模索を評価し，党支部の構成員を選出する際に，民意の重視と党員投票を強調した．

　中国政府は各級指導幹部の選出に関し差額選挙を導入し，党代表や人民代表にある程度の選択の幅を認めている．1987年の第13回党大会では，党中央は保守派指導者の筆頭格である鄧力群（当時，中央書記書記）を中央政治局委員の

80　第2部　政治

候補者に昇進させる予定であった．しかし，鄧力群は差額選挙で落選したために，昇進の道を絶たれた．1993年，党中央が決めた貴州，浙江の省長予定者が人民代表の投票で落選させられた．特に，上級機関が任免権を有する副職は党内または人民代表大会の差額選挙で落選させられる事例が増えている．

（2）　報道改革と情報公開

情報へのアクセスは政治意識，政治参加能力の向上につながる．この30数年間，テレビ，パソコン，インターネットなどは普及し，情報の量が急速に増えてきたほか，情報の質も報道改革（唐［2001］第3章）や情報公開によって徐々にその改善を見せている．

改革以前，中国のメディア機関は政府の「事業部門」と称し，その運営費は財政予算から支出された．党委宣伝部はメディアの人事権を握り，取材・報道活動を厳しくコントロールしていた．改革期に入り，中国のメディアは「企業型経営」，「独立採算制」を導入し，激しい市場競争に直面し始めた．その過程で，読者，視聴者は市場再編，報道改革の方向性に重大な影響を及ぼしている．例えば，中国の新聞を宣伝向けと市場・市民向けの2種類に分けるとすれば，市場・市民向けの晩報，都市報などは生活密着型の情報を提供することで個人購読者の需要を起こし，市場の占有率を伸ばしている．宣伝向けの新聞は改革が遅れているために，販売部数を大きく減らしてきた．特に，『人民日報』の販売部数はピークの1979年の600万部強から2001年に177万部へと減ってきた．

国際情報競争も中国の報道改革を促す要因となっている．対外開放によって，国内外の情報は迅速，大量に流れており，中国当局はかつてのように国外の情報を遮断することがもはや不可能である．2003年のSARS事件が示しているように，中国当局は政治の都合で情報操作をおこなっている間に，国外のメディアは事件を迅速に報道する．そうすると，中国当局は受身的な立場に強いられる．発信能力，ソフトパワーを高めるために，中国当局は突発事件の速報体制の構築に取り組み始めた．2003年7月1日，中央テレビ局は24時間放送の新聞頻道（ニュース・チャンネル）を正式に開設し，国内外のニュース，報道特集を放送している．四川大地震の際に，中央テレビ局は24時間体制で震災現場の状況を生中継し続け，国際社会からも注目された．

改革開放路線が拡大する中で，情報公開は徐々におこなわれてきた．ソ連のグラスノスチ（公開化）からも刺激をうけ，1987年の13回党大会は「重大問題

は人民に知らせるべき」とのスローガンを掲げ，政治透明性の改善を主張した．全人代常務委員会は会議傍聴制度を導入し，政治局会議開催に関する報道が定例化し，関係機関は新聞法の制定に取り組んでいた．1989年の天安門事件によって，情報公開はいったん大きく挫折した．1990年代後半，政治腐敗を防ぐために，中国政府は再び情報公開制度の整備に乗り出した．

　まず，1998年4月，中共中央辨公庁と国務院辨公庁の共同通達は村民の参加と監督を目的とし，以下の項目を公開事項として列挙した．① 村の公共プロジェクト，② 村の財産と財務収支，③ 土地の収用と宅地申請の審査と許可，④ 計画的出産の枠，⑤ 各種の経済負担，⑥ 集団所有地の利用と集団所有企業の請負，⑦ 救済資金と救済物資の配分，⑧ 村幹部の活動計画，⑨ 村幹部の給与などである．その後，中国政府は情報公開のレベルアップを図り，2000年12月に郷鎮政府，2001年11月から県級政府，2004年4月から市級政府に関する政務公開制度の整備を指示した．また，党中央は「全国政務公開領導小組」を2003年初に発足させた．同小組は毎年会議を開き，次年度の政務公開の取り組みの重点を決める．

　情報公開条例の制定は情報公開に関する一つの到達点である．2002年10月14日，広州市政府常務会議は「知る権利」の実現を保障し，政府活動の透明度を高めるために，全国初の地方情報公開条例を制定した．その後，一部の地方政府は広州市に追随し，情報公開制度を制定した．地方の模索を経て，国務院は2007年4月に「国務院情報公開条例」を決め，2008年5月1日から施行することを発表した．情報公開条例は政府が積極的に公開すべき情報の項目を列挙し，情報請求権を明記した．申請者は非開示の決定に対しては，行政不服を申し立て，行政訴訟を起こすことができる．

第3節　市民社会の成長と下からの政治参加

　本章は国際的な経験から経済発展や制度化を民主化の軟着陸の環境として強調した．他方，民主化の諸条件はよく整えていても，民主化は自動的に生まれてこない．市民社会の成熟化，下からの参加要求の拡大は最終的に民主化を成功させるカギとなる．中国の市民社会は政治から制約を受けており，紆余曲折な道を辿りながら発展を遂げている．

（1）　市民社会論と NGO

　近年，ポーランドで自主労働組合「連帯」や教会組織が民主化に大きな役割を果たしてから，国家から自立した民間組織，特に市民団体や住民組織，教会などは民主化の担い手として捉えられている．

　1990年代半ばまでの中国では，社会団体はほとんどが官製であり，政府も民間も NGO とは何かをほとんど知らなかった．1995年，世界女性大会が北京で開催され，数多くの外国 NGO がそれに参加し，NGO に関する政府と民間の認知度が高まった．ただ，中国政府は政治的な警戒心から NGO に対し政府主管機関と民政機関の二重管理体制を実施している．すなわち，社会団体の設置は必ず主管機関を通して民政部門に申請し，その活動は主管機関と民政部門の管理・監督を受けなければならない．現在，各級政府の民政部門に登録した社会団体は45万，届けを出した社会団体は25万に達したが，ほとんどが官製 NGO であるか，または官製の色を強く帯びた NGO である（賈［2011］）．

　政府機関とのパイプや信頼関係をもたない限り，社会団体の設立は認められない．そのために，民間団体の大多数は企業法人として登録し，または正式な登録をせず活動している．こうした民間団体は「草の根」NGO とも呼ばれている．専門家によると，未登録のものを入れると，草の根 NGO の数は官製，準官製 NGO のそれをはるかに超えている．中国政府は草の根 NGO に対し，登録を認めないが，基本的に干渉，取り締まりもしないという「三つの不」の方針を採っている．草の根 NGO のほとんどは同好会や公益，自治の組織であり，政府から見ても望ましい活動を展開している．

　民間団体は反体制活動と関わりを持たない場合，比較的自由に活動している．例えば，「自然之友」は環境保護団体であり，約900人の会員をもつ．設立者の梁従誡は著名な学者ということもあり，「自然之友」は財務，人事，行政面に関し政府の干渉を受けず，独自に環境保護活動を展開している．温州市は民間企業主導の経済発展が知られている．同地方では，業界団体は人事や財務の自主性が高く，業界内の自治活動を展開すると同時に，経営面で行政に対し積極的な働きかけをもおこなっている．また，温州商人は全国各地で商売を展開し，行商先で温州同窓会を作り，地元政府に対し陳情活動を展開している．ほかの地域は温州ほどでないが，利益団体としての業界団体は発展し始めている．

　近年，当局は NGO の設置と活動に関する規制緩和を模索している．例えば，広東省と広州市は国務院民政部の許可を得て，2011年に社会団体登録の手続き

を次のように緩和した．今まで，一業界につき一団体という規制があったが，これからは政府の補助がなければ複数の業界団体の設立が認められる．また，これまでは政府主管機関の承認を得てから民政局に団体設立の申請・登録手続きをおこなうが，今後，社会サービス，経済，科学技術，スポーツ，文化の分野では，民間団体は民政局に登録を直接申請することができる．そのほか，民政局は審査の手続きを簡素化し，許可までの時間を短縮した．広東省の新方針は全国的な導入の先行実験と位置付けることができる．

　もちろん，NGO の発展は決して一直線ではなかった．NGO は大胆な政治活動を展開すると，政府の干渉が増える．リベラルな知識人たちが発起人となる天則経済研究所は，「天則双周学術討論会」の主催者としても知られる．この討論会はホットな時事問題をテーマとし，専門家，学者をゲストの講師に招く．報告後に自由討論の時間があり，過激な意見もしばしば出る．オープンな研究会であるために，外国のメディア関係者もよく討論会に出席する．政府は天則経済研究所の活動を警戒し，再登録の拒否などで政治的圧力をかけたりするという．近年，集団抗議活動が頻発化し，NGO がそれへの支援活動を展開することもあり，中国政府は NGO や市民社会に対し警戒心を強め，税務調査や脱税摘発の名目でリベラルな知識人や反体制活動家が運営している NGO に政治的圧力を加え，場合によって法人資格をはく奪している．

　ある高官は市民社会を西側諸国が設計した落し穴と捉え，次のような対策を提示した．第一に，党委と政府は公共サービスの提供を社会団体に任せるのではなく，自らおこなうべきである．第二に，草の根 NGO の発展ではなく，官製団体の発展と改革に力を入れるべきである．最後に，NGO，NPO の管理を強化し，党委と政府が主導する社会管理システムに組み入れるべきである．

（2）維権運動

　集合行為や社会運動は政府や企業を相手に要求を主張し，抗争，闘争，対抗の性格を強くもつ．運動を成功させるために，リーダーシップ，コミュニケーション手段の確保，動員のネットワーク，メディアへの働きかけが必要とされる．中国当局は抗議活動を公共秩序へのかく乱，政治権力への対抗行動として捉え，次のような抑圧的な対策を講じてきた．まず，結社自由の制限によって，他地域や他企業に不穏な動きが拡大すること，抗議活動が横の連携をとることを断ち切る．次に，メディア統制によって，抗議活動に世論支持の調達を不可

84　第2部 政 治

能にする．さらに，圧力，個別的な説得，部分的な譲歩によって参加者の離脱を図る．最後に，リーダーや積極的な参加者を厳罰に処し，大衆を威嚇することによって，抗議活動の再発をけん制する．長期間にわたって，こうした政府の対策は成功を収めてきた．社会的不満が広く存在したにもかかわらず，集団抗議活動は数が少なく，また規模も小さかった．

　しかし，国民の権利意識の向上，インターネットの普及と弾圧コストの増大によって，2003年ごろから集団抗議活動が活発化し，中国社会は不安定期を迎えている．中でもインターネットの普及は極めて重要である．2011年末現在，インターネットのユーザーは5億1300万人（38.3%の普及率が）に達した．そのうち，3億5600万人は携帯インターネットユーザー，2億5000万人はミニブログ（中国版のツイッター）のユーザーでもある．デジタルカメラ，パソコンを持ち，インターネット，携帯電話を使えば，だれでも社会に対して発信することができる．

　インターネットは厳しい規制を受けながらも，結社や報道の自由の部分的な代替手段としての役割を果たしている．まず，新興メディアがいち早く事件を伝え，社会の暗部を暴露し，独立の立場から鋭い政治批判や体制批判を展開することで，不満の共有化が進んでいる．第二に，チャット・サイト，携帯電話のショートメールによるコミュニケーションのネットワーク，ミニブログは同窓会，同僚，同郷，趣味といった団体のメンバーシップとも重なり，しばしば不満の連携，抗議活動の動員に活用される．第三に，抗議行動がいったん始まると，新興メディアはリアルタイムで抗議行動の動向を文字，写真，映像の形で国内外に伝える．国内外の世論が注目するなかでは，当局による露骨な弾圧のコストを高めた．最後に，抗議活動が成果を収め，新興メディアがその経験を伝えると，それに共鳴する大衆は抗議活動の手法を複製しようとする．例えば，厦門の住民運動は「集団散歩」の形で抗議デモをおこない，パラキシレン製造工場の建設を阻止した．その後，上海市民は「集団散歩」でリニアモーターカーの建設に抗議した．

（3） 下からの民主化要求

　中国当局の強い統制力を前に，人々は主として体制内の改革派の立場を取り，民主化の要求を全面的に打ち出すというより，制度の改善，自由と権利の拡大を求めている．他方，リベラルな知識人，民主化活動家らは天安門事件以後，

大規模な運動を起こす力がないが，しばしば政治のタブーに挑戦し，言動の空間を少しずつ広げてきた．

2003年，党中央は私有財産の保護強化や「三つの代表論」を憲法に盛り込むために，憲法改正に向けて検討を始めた．6月下旬，北京思源社会科学研究中心と青島大学法学院は青島市で中国憲政討論会を開催した．中国政法大学元学長の江平，民主化運動で中央宣伝部長から解任された朱厚沢のほか，四十数名の参加者はほとんど改革派の幹部，知識人および反体制派活動家であった．シンポジウムは党の指導を定める憲法前文の削除，私有財産の保護，普通選挙の導入，新聞・言論・出版・結社・宗教自由の実現，軍隊の国家化などを改革の中期目標として主張した(3)．

2006年3月，中国経済体制改革研究会が有名なリベラルな知識人を招き，西山会議と称する座談会を開催した(4)．賀衛方・北京大学教授は，「民主主義国家では，政党は団体登録をおこなわなければならないが，中国共産党は登録しなかったにもかかわらず，絶大な権力を振るっている」「憲法35条の政治的権利，特に，結社の自由，デモ・示威の自由，宗教の自由などはあまり守られていない」「司法の独立が確立されていない．近年，司法に対する党の介入が増えている」「複数政党制，新聞の自由，個人の自由，（民主化の）台湾モデルなどに関する議論は許されていないが，中国は将来的に必ずやその道を歩んでゆく」「共産党は二つの派閥に分かれてほしい．軍隊は国家の軍隊に変わるべき」と述べ，激しい政治批判や欧米型民主化の主張を展開した．

2008年末，300名以上のリベラルな知識人や反体制活動家達は「世界人権宣言」発表60周年のタイミングを捉えて，「〇八憲章」を発表し，国内外で署名活動をおこなった．同憲章は基本理念，19項目の主張，結語などに分け，共産党一党独裁体制の見直し，三権分立，人権保障，言論・宗教の自由などを求めた(5)．2010年，中国政府は国家政権転覆扇動罪でリーダー格の劉暁波に対し懲役12年の判決を下した．同年10月，ノーベル賞委員会は，「中国における基本的人権のために長年，非暴力的な闘いをしてきた」ことを理由に，劉暁波にノーベル平和賞を与えた．

リベラルな知識人や民主活動家は大胆な政治改革を求め続けている．2012年12月28日，70名以上の知識人が中国政府に対して提案書を発表し，憲法に基づく政治，選挙による民主化，表現の自由，市場経済の深化，司法の独立，憲法効力の保障といった6項目を中心に政治改革の推進を呼び掛けた．発起人は北

86　第2部　政治

京大学法学院の張千帆教授であり，同法学院の賀衛方教授，張思之弁護士，江
平・中国政法大学元校長らが提案書に署名した．2013年初，南方週末の記者た
ちは当局による元旦社説の書き直しに強い不満を持ち，報道自由への干渉に対
し抗議活動をおこない，一部の市民は新聞社の周辺で集まり，記者たちへの要
求を応援した．

む　す　び

　1980年以降，中国政府は欧米型民主化を否定し，政治改革の重点を経済発展，
政府効率の向上に置き，そして一党支配の維持を前提に自由と権利の緩やかな
拡大を容認してきた．その結果，民主化への大きな突破がないが，経済発展の
促進と民主化軟着陸の環境作りで次のような成果を上げている．
　第一に，中国は，「経済改革の推進が政治改革を要請し，政治改革の実施が
経済改革を支えていく」という循環を保ってきた．政府機構改革，規制緩和，
国有企業改革，事業部門の改革，地方分権および幹部人事制度改革などはその
例である．また，政治改革はいずれも小出しであったが，その実施が一定の期
間に経済発展に一定の空間を提供してきた．今後，政治改革が継続的におこな
われる限り，経済発展の可能性が提供される．
　第二に，村民委員会選挙改革，基層自治，情報公開，公聴会制度，行政訴訟
制度などの例からみられるように，政治的自由と権利は緩やかに拡大している．
また，法治国家の推進，集団指導体制の提唱，人民代表大会制度の改革，社会
団体の自立性強化などによって，政治運営は民主的なメカニズム・手法を取り
入れ，合意が強調されている．
　第三に，民主化軟着陸の環境・条件が幾分かと改善された．一人当たりの
GDPは2011年に5000ドルを超え，中所得国の水準に達している．中間層は社
会の主流になっていないが，急速に台頭しつつある．教育水準が向上し，情報
化も進んでいる．「草の根」NGOや「公共知識人」に代表される市民社会が形
成過程に入っている．市場経済化や自由化によって，人々の自立性が向上して
いる．制度化が進み，政府のガバナンス能力も向上している．
　ただ，現段階では，民主化の軟着陸は必要とされる「初期条件」の整備は必
ずしも十分でない．経済水準はいまだに中所得国の段階にとどまっており，ま
た構造調整の難題に直面している．階層間，都市・農村間，地域間の貧富格差

が大きく，利害調整のメカニズムが有効に確立されていない．権力と資本の癒着が深刻であり，役人の特権が目に余る．期待と現実とのギャップ，社会の不条理さは数多く存在し，相対的剥奪感や政治的不満が強い中で，民主化運動は発生すると，大きな混乱を伴う可能性が高い．中国は経済近代化や民主化軟着陸を実現するには，相当長い時間がかかり，多くの試練を乗り超えなければならない．

注
（1）　習近平在第七十届聯合国大会一般性辯論時的講話．http://news.xinhuanet.com/
　　　 2015-09/29/c_1116703645.htm（2015年9月30日最終確認）．
（2）　『求是』2011年5月号．
（3）　シンポジウムの内容総括に関しては，http://www.bignews.org/20030719.txt（2003
　　　 年9月20日最終確認）を参照．
（4）　西山会議の紀要は http://www.washeng.net/（2006年6月5日最終確認）を参照．
　　　 ただ，賀衛方発言に関しては，筆者は誌面の関係で，原文の翻訳でなく発言の要旨を
　　　 整理した．
（5）　「中国が司法改革　腐敗構造，断つ狙い」『朝日新聞』朝刊，2008年12月24日．

（唐　亮）

第5章　国家統合

第1節　国家統合と中央・地方関係

（1）　中華帝国の継承者としての中華人民共和国

　大部分の日本人は，自分が何人であるか悩んだり，国がばらばらに分裂するかどうかを心配したりしなくてよい．ところが，中国はその悩みと心配が強い国である．中国政府は，独立したモンゴルを除き，歴史上最大の版図を誇った清朝中期の領域をほぼ継承している．この版図には，漢族が多数を占める地域，西南，モンゴル，新疆，チベットといった非漢族地域が含まれ，広大な国土に多様な民族が住んでいる（毛里［1998］1-2）．むしろ中国とは異なる文明が一つの国家に組み込まれてしまった国であるという方がよいかもしれない．

　実際，漢民族主体の明朝では上記の地域や台湾は，国土の一部ではなかった．また，清朝の統治領域に含まれるといっても，そのつながりは近代国家における領土概念とは異なる緩やかなものである．しかも清朝はかつて自らチベット仏教を信仰し，ムスリムを保護し，モンゴルの騎馬兵力を使って帝国支配を実現しようとしたのである．ところが，清末新政により進められた近代化を拒むチベットや弱体化したモンゴルは軽蔑や排斥の対象になってしまった（平野［2007］334-340）．

　このように複雑な民族状況の下，辛亥革命の後，清朝の版図を分裂させないため，孫文は「五族協和」という概念を導入して国をまとめようとした．こうしてできた中華民国も後継の中華人民共和国も，異文明を包摂する帝国規模の国家であるにもかかわらず，均質的な国民概念をもって，日本のような近代国家モデルを追求したのである．その結果，どちらの中国も，近代化志向の「先進的」漢族がリードする国家という色彩を強くし，少数民族との間の関係を緊張や違和感に満ちたものに変質させてしまったのである．

　しかも，漢族が主体の地域でも，地域によっては大きな文化的・言語的差異があり，また上海や広東のような先進的地域と遅れた西部地域との間には巨大

第5章 国家統合 *89*

な経済・情報・機会の格差がある．そして中国は，英国とポルトガルの植民地として統治領域の外にあった香港とマカオを回収して「一国家二制度」方式で国家の中に取り込んだ．さらに中国が統一を目指す台湾は，事実上の「国家」として存在し，中国主導の国家統一を断固として拒否しているのである．

（2） 中央集権と地方主義

中国の国家統合に注目するなら，まず中央・地方関係を理解しなければならない．中国は少数民族を主体とした民族区域自治を導入した地方にある程度の自治を認めているほかは，地方自治の観念を原理的に否定している．中央と地方の国家機構の職権区分は，「中央の統一的指導の下に，地方の自主性と積極性を十分に発揮させる原則に従う」（「中華人民共和国憲法」第3条4項）と規定されている．したがって，法律・制度上地方行政は国家行政の一部分にすぎず，中央政府の指揮監督に服することになっている．行政区画単位に置かれている権力機関とされる人民代表大会も，地方における国家権力機関と位置づけられている．中国の地方行政区画は表5-1のようになっている．

中央政府は，一つ下の省級までを管理し，省級政府以下もそれぞれ一級下の政府を管理する（「下管一級」）．ただし，中国では党が政府を指導する建前から，各級地方政府は上級政府と同級の党組織を加えた二重の指導を受ける．地方自治が存在しないため，例えば中央は省レベルのトップである党の省委員会書記と省政府の省長について事実上の指名権を握っており，地方が中央に背くことを抑止している．さらに省政府は中央のみならず同級の党系統からも指導を受ける立場にある．したがって，中国の中央・地方関係は，権力構造において，制度上中央の権限が非常に強い．中央と地方は必ずしもゼロサムの関係にある

表5-1　中華人民共和国の地方行政区画

省級（34）	直轄市（4）	省（23）	自治区（5）	特別行政区（2）
地級（333）		地区，自治州，市	地区，自治州，市，盟	
県級（2,854）	県，自治県，市轄区	市（区・県を設ける），県，自治県，市，林区，特区	市（区・県を設ける），県，自治県，市，旗，自治旗	
	郷，鎮	民族郷，郷，鎮	民族郷，郷，鎮	

（出所）　中国地図出版社編［2014］5．括弧内の数字は行政区画の数．2014年10月現在の状況である．なお，香港とマカオは返還前の時点ですでに特別行政区としてカウントされており，また台湾は省の数に入れられているが，実際には中国の統治下にない．

90 第2部 政 治

わけではないのである（磯部［2008］340-342）．

　ところが，広大な中国を完全に中央集権的に統治することが困難であること
もまた事実である．改革開放以降，地方主義が強くなり，「上に政策あれば，
下に対策あり」という言葉が象徴するように，中央が打ち出した政策でも地方
が現実に合わせて変えてしまうことがしばしばある．特に上海や広東のような
豊かな沿海地域には，可能な限り自律性を求める傾向がある．ただし，地方に
とって全国的な統一性が維持されることのメリットもあり，地方主義が必ずし
も中国を分裂させるとは限らない．また，中国人民解放軍は省をまたぐ七つの
大軍区（2016年以降，五つの戦区）を管轄し，統一的な勢力として国家統合を保障
する働きを持っている．

（3）　経済発展と地方主義の深刻化

　地方主義は経済の領域において特に顕著である．改革開放政策が進むにつれ，
中央政府の一部権限が地方政府に委譲され（「放権譲利」），中央政府の財政基礎
が弱体化した．1995年に朱鎔基副総理は，「中央が貧乏になると，中国は分裂
するだろう」と発言したことさえある．当時中国が分税制の導入などにより中
央の財政力を強化しようと務めたのは中央の地方に対する指揮権を維持し，国
家統合を維持するためであった．

　このほか各地方は自らの利益を中心に動き，食料，原材料，生産品などをめ
ぐる地方間で対立を起こすことがあり，こうした現象は「地方保護主義」ある
いは「諸侯経済」と呼ばれたことがあった（天児［2000］26）．例えば，中央政
府がマクロコントロールにより投資を抑制しようとしても，地方政府が利益を
考慮してそれに完全に従わない傾向にあることも指摘されている．また，中央
が指示した目標や指標を達成したように見せかけるため，地方の指導部が経済
や環境保護の統計・実績をごまかしたり，ねつ造したりしているとの情報に接
することも多い．このように，中国では中央集権的な権力構造と地方主義的な
実態が混在している．

第2節　少数民族問題

（1）　多民族国家・中国

　地方主義に加え，多民族国家であることも，中国の国家統合を脅かしている．

中国では多数派（約92%）である漢族以外に少数民族が55族あるとされている．少数民族といっても，チワン族を筆頭として，100万以上の人口がある民族が18を数えるし，数千人しかいない少数民族もある．

　民族学的な観点によると民族の分類数はもっと多くなり，中国が1950年代に民族識別工作をおこなった際には400余りのグループから申請があった．当局は政治的要請，すなわち民族自治区域をどこに設定するかという行政上の要請から最終的に少数民族を55に分類した．民族を識別して自治を与えることは，政府への支持を調達する効果を持つ．しかし，中国は西北と東北にあり，かつて帝国を建国したことさえある「大民族」，例えばモンゴル族や満族と，漢族と雑居する西南の少数民族，特にそれまで自覚が無く，「民族」に昇格したばかりのエスニック・グループとを，平等に同じ民族として扱ってきた（毛里

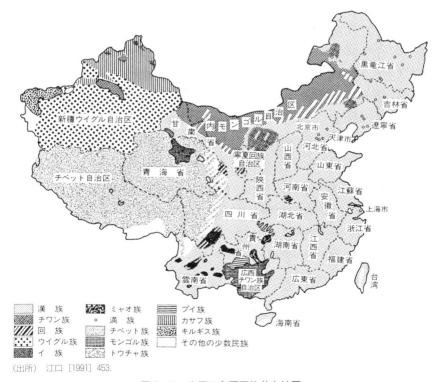

（出所）江口［1991］453．

図5-1　中国の主要民族分布地図

92　第2部　政治

[1998] 61-66)．つまり，この政策はある民族にとっては権利保護的であるが，別な民族，例えばかつて支配者だった満族にとっては抑圧的に作用する可能性がある．

　中国は自らを多民族国家であると自認しているし，かつて，中国共産党（以下，共産党）は民族の自治権導入と連邦国家樹立を構想したこともある．しかし，建国後，共産党は民族の自決権を否定し，「統一した多民族国家」の政策に転換し，あくまで単一制国家の中で少数民族地域を位置づけ，統治領域内の諸民族を一体とした統一体である「大家庭」や「中華民族」であるという表現を多用するようになった．

（2）　少数民族優遇策と経済格差問題

　中国は，集居する少数民族に対して，一定の地域を画定し，自治を与える「民族区域自治」と呼ばれる制度をとり，主として以下のような優遇策を与えている（毛里［1998］59-60）．①現地の実情に会わない上級の命令などを適宜変えられ，執行しなくても良い．②民族幹部を養成・抜擢し，首長・人民代表大会主任などには当該地区の主要民族を充てる．③国家の統一的計画の下で行政区内の資源の優先的開発，利用ができる．④自治機関の職務執行に関しては，現地で通用する言語を使用できる．⑤民族語教育をおこなうことができる．

　少数民族は，一部例外を除いて一人っ子政策が適用されなかったし，大学進学においても優遇措置を得られる．しかし，優遇措置を受けているとはいえ，少数民族地域のほとんどが交通の不便な貧しい地域であり，市場経済の浸透により，漢族地域との間の経済格差はかえって拡大したため，両地域の格差を「中国国内の南北問題」であると発言した指導者もいたほどである．

　こうした問題に対応するため，中央は構造的に貧困地区が多い少数民族地域に多額の財政支援をしてきた．また，1990年代以降社会安定の維持と地域間の均衡的な発展を目指す「西部大開発」政策もおこなわれている．ところが地域格差解消のため推進されている「西部大開発」は，「民族」を単位としないメカニズムである．つまり同じ地域内であれば，少数民族よりも開発や市場化への適応に長けた漢族にとってのメリットの方が多い場合があり，また現地の環境破壊も深刻化していると伝えられる．

　多くの経済的機会は漢族に偏在しているのである．新疆ウイグル自治区の場

合は石油を豊富に産出するが，その利益が必ずしも現地に還元されず，同自治区の住民は不満が強いと言われる（佐々木［2001］241-258；王［2006］272-297）．2006年の青蔵鉄道開通により対外開放が進むラサでは，世俗化が進み，チベット族の間で文化的な被剥奪感が強まっているとされる．市場経済化や開発政策は，必ずしも漢族と少数民族との格差を埋める働きをするとは限らず，うまく処理しないと，むしろ格差の拡大や不満の増大を招いてしまうことさえあるのである．

（3） 国家統合への脅威──四つの少数民族問題

これに加え，一部の主要少数民族の少なからぬ人々が自分たちを中国人であると考えず，中国の統治に強く反発している．もともと非漢族の諸民族と漢族とは地理的に離れて居住していたケースが多かったが，近代以降漢族の進出が強まり，両者間の緊張が高まっていった．共産党は政権獲得以前では少数民族に対して融和的に対処していたが，建国後は次第に抑圧的となり，文革時期には少数民族政策そのものがなくなってしまった．中国は反発する少数民族を武力で鎮圧し，多大な犠牲者を生んできた．また，漢族の少数民族地域への移住もまた軋轢を生む結果をもたらしている．つまり，漢族主体の中央政権と少数民族との関係は，すでにひどくこじれてしまっている．

これら少数民族の自治区域は，中国にとっては国家統合の面でも対外戦略的な面でも重要な地域であり，その面積は，中国国土の約64％に達する．特にチベット族，ウイグル族，モンゴル族，および朝鮮族は，中国の国家統合に深刻な影響を与えるグループである．彼らはかつて自分達の国を持った経験があったり，あるいは国境の向こう側に同一民族が建てた国や亡命政府があったりする．そしてこれらの地域の一部では「分離主義」がくすぶっている．これらの地域では中央政府による分離主義取り締まりが人権問題となって国際問題化しやすいし，絶望的状況下での抵抗は暴動やテロリズムの形を取ることがある．

チベット独立運動は，1959年の「チベット動乱」をきっかけに深刻化した．チベット人の精神的指導者であるダライ・ラマ14世はインドに脱出してダラムサラにガンデンポタン（「チベット中央行政府」）を移し，亡命政府とした．亡命政府は，チベット人居住区域（現在チベット自治区に加え，青海省の大部分，四川省の西半分，および甘粛省・雲南省の一部）の高度な自治を求めている．これに対し，中央はチベットの宗教管理を進め，ダライ・ラマ14世の肖像を掲げることを禁

94 第2部 政 治

止している．また中国側に残ったパンチェン・ラマ10世は，1989年に死去し，その生まれ変わり（転生霊童）として，ダライ・ラマが指名した子供と，中国がパンチェン・ラマに指定した子供が併存するに到ったが，中国は前者を拘束してしまい，その子供は行方不明のままである．

こうした背景の下，チベットでは暴動が繰り返し発生している．2008年3月にラサや他のチベット族居住地域で発生した暴動は，同年8月の北京オリンピックを控え，聖火リレーへの妨害行為を招き，国際的な関心を集めた．これをきっかけに，中国政府と亡命政府との間で長く途絶えていた対話が回復されたが，北京オリンピックが終わった後にまた中断された．チベット人の絶望感はさらに強まっており，僧侶による抗議の焼身自殺が後を絶たず，人権問題として国際社会の関心を呼んでいる．

新疆ウイグル自治区の主要な民族は，ウイグル族であり，この地域には「東トルキスタン独立運動」がある．ラビア・カーディル世界ウイグル会議議長の国際的な知名度は高いが，やはりチベットと違い，ウイグル族をまとめ上げ，国際社会に影響を与えるようなカリスマ的指導者はいない．また国境を接している中央アジア諸国は，ウイグル族の独立運動を支援していない．ただし，民間レベルでは少なからぬ国外からの支援がある．

新疆の抱える問題は基本的に民族問題であるが，特に2001年9月11日に米国で発生した同時多発テロ事件以降，中国は問題を原理主義やテロリズムの問題にすべて還元してしまい，独立主義者を一律に「三悪勢力」（分離主義者，テロリスト，宗教過激派）であると決めつけることで，少数民族抑圧の問題を国際的な批判からそらそうとする傾向にある．むしろ中国は，上海協力機構（SCO）やその他国際的なテロ対策の枠組みを，独立運動取り締まりに役立てようとしている．

モンゴル族は，同じ民族が1924年にソ連の影響下でモンゴル人民共和国（1992年にモンゴル国に改称）という国家を打ち立てており，その結果同一民族が中国の内モンゴル自治区とモンゴル国（中国名：旧外モンゴル）とに分断されている．モンゴル人にはチンギス・ハンという民族共通の世界史的英雄が存在するため，一定の民族的な求心力があり，これら内外モンゴルを合併しようという動きが消えていない．ただ現在自治区におけるモンゴル族の人口は1割程度に過ぎないし，モンゴル国は内陸国であり，中国かロシアを経由しなければ海外との接触が持てないため立場が弱く，中国を挑発するような民族主義的行

動を避けている.

このほか朝鮮族問題もある. 朝鮮族問題は中国ではまだ表面化していないものの, 中央の警戒心は強い. 延辺朝鮮族自治州に多い朝鮮族は, 北朝鮮に多くの親戚・縁者がおり, また北朝鮮と国境を接しているため, 北朝鮮が不安定化すると難民流入など直接的影響を被る. また将来朝鮮半島が韓国主導で統一された場合, 香港以外では初めて先進国（地域）と国境を接し, 韓国, 米国, 日本の影響を国境越しに直接受けることになる. また, 韓国人が一般に朝鮮族を「在外同胞」の一部と見なしていることも, 中国にとっては懸念材料となっている.

第3節　香港・マカオ問題

（1）「先進的植民地」と「遅れた返還先」

少数民族地域とは異なり, 香港およびマカオの大部分の住民は, 漢族である. しかし, 両地域は長年外国の植民地であり, 中国の統治権が及ばなかったため共産党の統治を逃れた人たちの「避難所」となってきた. すなわち中国人アイデンティティがあっても, 共産党統治下の中国と統合することに抵抗を感じる人たちを多数抱えた地域であった. マカオ暴動 (1966) や香港暴動 (1967) に見られるように, 文革の影響を受けた現地左派は, 一時期社会秩序を破壊する挙に打って出たため, 共産党はますます現地住民に嫌われた.

「借りた時間, 借りた場所」（ハン・スーイン）という言葉が象徴するように, 香港は, 英国がアヘン戦争以降香港島と九龍半島を獲得した後, 期限付きで租借した土地（新界）が大部分を占めるため, 1997年に中国に返還しなければならなかった地域である. それでも, 英国人は香港をほぼ完全に近い自由放任経済（レッセフェール）で経営し, 植民地であるにもかかわらず, 本国よりも一人当たりのGDPが高くなるという逆説的発展を達成した. マカオや香港の中国との経済格差は一人当たりのGDPだとかつて何倍もあった. したがって, 豊かで自由な香港住民は貧しく不自由な中国への返還を望むはずがなかった. だからこそ返還への過渡期に入るずっと以前から, 中国は香港の民主化に反対し続けたし, 返還後も民主化にブレーキをかけ続けているのである.

それでも, 英国は1997年に香港を, ポルトガルは1999年にマカオを中国に返還することを決め, 中国は両地域を中国本土とは異なる制度の下で統治するこ

ととした．特に中英両国は，返還プロセスを秘密交渉でおこない，交渉過程から当事者である香港住民を排除した．現地住民の意思を確認すれば返還反対が必至であり，中国が完全にメンツを失うためであった（中園［1998］50-64，119-127）．

これに対し，中国政府は香港の現状を50年変えず，「特別行政区」として「高度の自治」を与える「一国家二制度」を実施して香港住民の経済・社会生活の現状を維持することで香港住民の反発や懸念に対処した．しかし「一国家二制度」とは，民族主義と国家統一をすべての矛盾・利害に優先させる統一形態であるため，様々な矛盾・利害を表出させる機能を持つ民主主義とは根本的に相容れない．それでも，返還決定当初，中英両国と香港住民は，協調的に返還の過渡期を乗り切ろうと協力を始めた．

（2）　民主化改革と返還

ところが，1989年6月の天安門事件は，8年後に中国への返還を控えた香港に衝撃を与え，事件後海外への移民や資金流出が発生した．香港のコンフィデンスを維持するために，英国から最後の総督として香港に派遣されたクリストファー・パッテンは，直接選挙の事実上の全面導入や小選挙区制導入などを柱とした一連の民主化改革案を，立法評議会を通じて成立させ，中国の意向を無視して強行した．

中国はこれに反発して，返還後の香港のミニ憲法とも言える「香港特別行政区基本法」（「基本法」）を一方的に制定し，返還過程を中国主導で強行した．反共産党勢力の強い香港で民主化が進めば，香港が掌握できなくなり，ひいては「政権転覆」の基地になりかねないと中国は判断したと考えられる．そして，返還後パッテンの民主化改革のほとんどを反故にした．例えば中国は臨時立法会議員を一方的に任命し，返還前に民主的選挙で選ばれた立法評議会議員は，返還後その身分を奪われた．そして，その後は選挙制度を親中派に有利に作り直して，中国に対して民主化を要求する勢力（「民主派」）が議会内で多数を占めることができなくした．また，「選挙または話し合いを通じて選出」（基本法第45条）するとされていた香港特別行政区行政長官も，親中派で固めた「選挙委員会」が選出することとなり，事実上純粋な中国の官選ポストにしてしまった．

ただし，香港返還過程では中英間で民主改革の手続きと進度をめぐって深刻

な中英対立が発生したとはいえ，大きな混乱は発生しなかった．マカオの場合，1966年のマカオ暴動以降ポルトガルは中国との力関係が弱く，中国に対して妥協的であり，中英間のような問題は発生しなかった．返還過程の安定性を保障したのは，中国の改革開放政策が進展することで，返還前から香港・マカオと中国の経済的統合が進められたためである．両地域に隣接して深圳・珠海経済特区が設けられ，香港から製造業の大部分が広東省に移転した．

　返還後の香港では，「一国家二制度」の下，中国大陸とは異なる政治制度（自由で競争的な選挙など），通貨制度（香港ドル），法体系（コモン・ロー），公用語（英語と広東語）などが維持されている．しかし，中央の影響力は増大し，香港の「一国家二制度」は試練を迎えている．

　民主化と自治化の進展遅延に対し，香港住民の不満や異議は根強い．香港の言論の自由を制限すると見られた「国家安全条例」は，2003年に提起されたにも関わらず，住民の強い反発を受けて，撤回せざるを得なくなった．董建華初代行政長官の支持率がパッテンを越えることは最後までなかったし，その後任として英国が養成したテクノクラートの曽蔭権（ドナルド・ツァン）を選ばざるをえなくなったことは，中国にとっては「屈辱的」でさえある．

　他方で中国との相互依存はさらに進んでいて，香港は中国との経済統合を進めるよりほかに選択肢がない．2003年には香港に有利な「経済貿易緊密化協定」（CEPA：モノの貿易，サービス貿易および貿易・投資の円滑化促進を眼目とする）が中国と締結され，香港経済の中国依存はさらに強まった（竹内［2007］53-61）．加えて，これまでの移民とは異なり，中国大陸を背景として香港で経済活動をしようという中国からの「新移民」が増え，かつての反共的な香港住民の構成そのものが変化しつつある．

　ところが，中国との一体化は，返還以前から居住する香港住民の中国に対する反発を強めていった．CEPA以降急速に流入した中国資本は香港の不動産市場を歪めて，貧困層の拡大をもたらした．また年間三千万人を越える中国人観光旅行者は，そのマナーの悪さや日常品の買い占めが頻発したことなどから香港住民のひんしゅくを買った．

　そして，2014年8月には2017年から実施される香港行政長官選挙制度の「改革案」が中国全国人民代表大会常務委員会から提起されたが，それは香港住民に一票を与えた「普通選挙」に見えるものの，現実には立候補要件が厳しく，中国政府が候補者を事実上選抜することが可能であった．これに反発した香港

98 　第2部　政　治

住民が香港の繁華街を平和的に占拠する抗議活動（いわゆる「雨傘革命」）が2014年秋におこなわれた．

　この抗議活動は，「真の普通選挙」を要求して，11週間余り続いたが，最終的には運動が疲弊をきたし，当局による強制排除で幕を閉じた．しかし，中国主導の制度改革に対する反発は持続し，2015年6月の香港特別行政区立法会が圧倒的多数でこれを否決したため，行政長官占拠の制度改革は宙に浮いたままである．このように，「一国家二制度」の枠組みにおける香港住民の地位は向上していない．また，「雨傘革命」には「中国嫌い」の要素があり，一種の民主化運動であったものの，中国大陸では香港に対する共感が少なかった．むしろ，中国大陸住民と香港住民との間には，感情的な対立さえみられるようになっている．

第4節　台湾問題

（1）　未完の国民形成

　台湾もまた，香港・マカオと同様に漢族が絶対多数を占めており，中国よりもはるかに豊かな社会である（表5-2参照）．しかし，台湾問題は香港・マカオより複雑であり，中国の国家統合問題の中で最も深刻な問題である．それは，植民地であった香港・マカオとは異なり，台湾が中国とは別個に独自の国家制度，統治領域，人民，軍隊，外交関係を持つ事実上の「国家」であり，しかも「中国人としての国民形成」が失敗に終わり，新たな「台湾人としての国民形成」が進行しているためである．

　中国は，台湾が歴史上一貫して中国の不可欠の一部分であると主張しているが，行政上中国王朝の一部として確定したのは清朝時期である．ところが，日清戦争（1894-95）で日本に敗れた清朝は，下関条約（1895）で台湾と澎湖諸島を日本に割譲した．つまり，台湾住民は清朝に遺棄され，その後の50年間を大日本帝国の臣民として過ごしたのである．台湾が経験した50年におよぶ日本の植民地統治は特別な意味をもつ．19世紀後半から20世紀前半にかけての50年は，中国が西洋の衝撃を受け，日本の侵略に抵抗することで中国が国民形成をした時期であった．人間ならいわば「人格形成」に相当する致命的に重要な時期に，台湾住民は大日本帝国の一員として，日中戦争において日本の側に立たされ，中国人としての歴史を経験・共有できなかったのである．

第5章 国家統合 *99*

　日本が連合国に無条件降伏した際，蔣介石率いる中華民国政府は連合国の一員として1945年10月に台湾を接収した．しかし，中国国民党（以下，国民党）の台湾統治は官僚の腐敗と現地人軽視により人心を失って失敗し，1947年2月には暴動が発生し，当局はそれを軍隊で鎮圧した（「二・二八事件」）．そして，1949年に国共内戦に敗れて国民党政権は台湾に撤退し，米国の支持を受けて中国大陸の共産党政権と対峙の姿勢をとって権威主義的支配体制を固めていった．その過程で，共産党取り締まりが行きすぎた「白色テロ」などが起き，多数派である台湾本省人（日本時代からの台湾住民）にとって，政権を握る少数派の外省人（1945-50年代の大陸からの移住者）の支配は耐え難い苦痛をもたらし，自らを中国人であると認めることに強い心理的な抵抗を感じるようになった．このように台湾における中国人としての国民形成の失敗は共産党ではなく，まず日本時代の助走を経てから国民党によってもたらされたのである．

（2）　平和統一政策と台湾の民主化・台湾化

　中国は，建国以来この台湾を主として武力をもって統一し，社会主義化しようとした（「台湾解放」）．しかし，米国との国交正常化を実現する過程で，鄧小平は「平和統一，一国家二制度」政策を打ち出して平和攻勢をかけた．ところが，当時の蔣経国総統（＝大統領）は中国の呼びかけを無視して，1980年代後半に戒厳令解除や野党結成を認めるなど，限定的な政治的自由化を開始した．そして1988年1月に急死して李登輝副総統が総統の地位に就いた．李登輝は本省人であり，台湾出身者が台湾の指導者になったのは，400年余りの台湾の歴史において初めてである．

　李登輝は，本省人を主体とする野党民主進歩党（以下，民進党）との間で競争

表5-2　中国大陸・香港・マカオ・台湾の基礎データ

	中国大陸	香港	マカオ	台湾
人口	13億5750万人	714万人	59万人	2,340万人
面積	959万6,960km^2	1,108km^2	28km^2（東京都世	3万5,980km^2
	（日本の約25倍）	（東京都の約半分）	田谷区の半分）	（九州よりやや小）
GDP／1人	13,200	55,100	88,700	46,000

（出所）　The World Factbook, Central Intelligence Agency, https://www.cia.gov/library/publications/the-world-factbook/（2015年12月20日最終確認）．
　　　人口はすべて2015年7月現在の数字であり，万人以下を四捨五入した．1人当たりのGDP（米ドル）は名目ではなく購買力平価（PPP）を元に計算しているため，実感に近いものとなっている．なお，1人当たりのGDPはマカオのみ2013年の数値であり，他はすべて2014年の数値である．

と協力を巧みに進めながら，民主化を進め，1996年には総統の直接選挙を実現
して民主化を完成させた．この過程で，民主化は，必然的に，それまで外省人
の政治エリートに独占されていた政治的に重要な地位を，選挙によって本省人
エリートに獲得させ，もともと中国大陸を統治するために作られた中華民国政
府の様々な制度を，廃止したり，抜本的に見直したりさせる政治変動をもたら
した（若林［2001］178-182, 219-229）．言論の自由化が進んだことにより，数十
年間くすぶっていた台湾独立運動も表面化し，定着した．
　この過程で，中国は，台湾が統一に向かわず，独立に向かっているとして，
対話を中断し，1995～96年に軍事演習を大々的におこなって武力の威嚇をかけ
た（第三次台湾海峡危機）．そして中国は台湾への武力行使を念頭において引き続
き軍備拡張を進めている．中国の国力が増大し，台湾を外交的に追いつめるよ
うになり（台湾の承認国は2015年12月現在で22カ国），台湾住民の中国への反感も強
まってきている．皮肉なことに，今や共産党は台湾の恰好の敵役となって台湾
住民の「台湾人としての国民形成」を後押しする役回りをするようになった．

（3）　離れる政治・近づく経済

　台湾の政治大学選挙研究センターが毎年おこなう世論調査によると，「すぐ
に独立すべき」と「すぐに統一すべき」という人はともに少数派に過ぎず，80
％以上はとりあえず「現状維持」を支持している．しかし，これは中国が台湾
独立に対して武力行使をすると公言してきたためであると考えられる．同調査
によると自分を「台湾人であって，中国人ではない」というアイデンティティ
を持つ人は2014年には60％を越え，逆に「中国人であって，台湾人ではない」
と考える人は2000年以降10％以下のままである．しかも，中国人アイデンティ
ティを持っている人々にとっての「中国」とは「中華民国」や「文化的・伝統
的中国」であり，共産党の統治する中華人民共和国とは考えられない．
　国民党の李登輝政権（1988～2000）と民進党の陳水扁政権（2000～2008）は「台
湾人としての国民形成」を後押しした．選挙を繰り返し経験することで，台湾
社会は民主的で独立した政治共同体となった．1996年から2004年に到るまで，
3回に及ぶ総統選挙では，中国よりの立場をとる候補者は常に敗れ，台湾の独
自性を強調する政党の候補が勝ち続けた．最悪の事態を想定して，2005年に中
国は「反国家分裂法」を制定して台湾を強く牽制した．同法によると，中国は
独立に対しては非平和的手段の行使を辞さないとしている．

台湾海峡の安定を求める米国は，中国の対台湾武力行使に反対し，台湾に武器を売却して中国との軍事バランスを維持し，最悪の場合には武力をもってでも阻止する意図を表明している．つまり，中国は台湾との統一を武力で強行すれば，論理上中国は米国との武力衝突さえも覚悟しなければならない深刻な情況にある．そこで台湾独立派の陳水扁総統は任期中に，「住民投票法」を成立させて「国防強化」や「台湾名義で国連加盟」の是非を問う住民投票をおこなうなどして，中国を刺激した．このため，中国は自らの立場を現状維持に近づけ，台湾こそが現状変更を試みる「トラブルメーカー」であるという印象を米国に与えることに成功した．

　再度の政権交代で成立した国民党の馬英九政権は，ポジションを現状維持に戻したため，2008年に中台は対話を回復し，中台間の直航便を定期化するなどして，関係は比較的平穏に推移するようになった．中台の交流機関である海峡両岸関係協会（海協会，中国側）と海峡交流基金会（海基会，台湾側）の交渉も10年ぶりに再開し，直航便が定期化され，中国人の台湾観光旅行等が解禁され，経済を中心に23の協定が結ばれるに到った．

　ところが，中台の社会的接触が増大することで，上述したようにかえって台湾人アイデンティティもまた強まり，中国に対する警戒感も強まった．しかも，このタイミングで馬英九は，国民党内最大の台湾派である王金平立法院長に権力闘争を仕掛けて党内を分断してしまい，しかも中国の習近平国家主席との初の首脳会談を実現するため，台湾の地位に関するディスコースを中国が主張する「一つの中国」に近づけた．

　馬英九のこうした対中接近路線に反発する民意が臨界点に達したのが，2014年春に起きた「ヒマワリ運動」である．これはある中国とのサービス貿易協定を立法院で与党が強行採決したことに反発した学生等が，国会に相当する立法院を占拠した運動である．結局，馬英九政権が彼らに妥協したことで事態が収拾されたものの，対中接近路線への懸念はこの運動をきっかけに拡大し，同年の統一地方選挙および2016年の総統・立法委員選挙で国民党は惨敗し，民進党が政権に返り咲いた．選挙の直前に，習近平と馬英九による首脳会談がシンガポールで開かれ，世界の注目を集めたが，馬英九の対中融和路線は選挙によって否決される形となった．

　他方中国の市場経済化は，香港・マカオ地域と同様に，中台を統合する役割を果たしている．すでに，100万人近い台湾住民が中国大陸においてビジネス

102　第2部　政　治

や留学などで長期滞在をしていると言われており，2003年に中国は台湾にとっ
て最大の貿易相手先となった．今や台湾経済は中国なしには立ちゆかなくなっ
ている．しかし，台湾は中国と別個の民主的な政治共同体であり，国家として
の要件をほとんど有している．中国が単に豊かな強国になるだけでなく，民主
化を進め，台湾住民がいっしょになってもよいと思うほど魅力的な国に変貌し
ない限り，経済的統合が政治的統合をもたらすとは限らない．

第5節　統一を優先する政治的コスト

　中国政府は現在統一国家として「あるべき領域」を，実際に完全に統合して
いない．地方政府は，中央の政策を骨抜きにする場合が多いし，一部の少数民
族地域には，「まだ中国人になれない」，あるいは「決して中国人になりたくな
い」人々がおり，香港やマカオでは「中国人だが共産党と相容れない」人々が
多数存在する．そして台湾では「もはや中国人であることをやめた」人々が多
数派である．

　これならより分権的な統治体制の方が，かえって国家として安定するのでは
ないかと考える方が自然である．では中国が民主化して各地の民意を汲み取り，
「高度の自治」を少数民族地域や先進地域にも認めれば，彼らの不満は軽減さ
れ，人権状況も改善され，地域に即した多様な発展が望めるのではないか，具
体的には中国に連邦制を導入すれば，台湾との統一の障害も減り，中国におけ
る最大多数の最大幸福が達成されるのではないか，という議論もある（厳家其
［1992］370-375）．

　ところが，それは現実には極めて困難である．逆説的だが，中国が独裁的・
中央集権的国家だからこそ香港やマカオに「一国家二制度」の導入が可能だっ
たのである．もしも中国が民主的・分権的国家なら，香港・マカオ・台湾以外
の地域から，同様な「高度の自治」の要求が提起された時，対処が難しい．恐
らくそれは単に高度な自治にとどまらず，国家の分裂をもたらす可能性さえ否
定できない状況に転化する可能性がある．事実，ダライ・ラマ14世が要求して
いるのは独立ではなく「高度の自治」であるが，中国は決してこれを受け入れ
ようとしない．そのような要求を抑圧することが可能な統治形態であるからこ
そ，中国は「一国家二制度」の導入地域を恣意的に決定できるのである．香港
返還が，香港住民の頭越しに英中両国の秘密交渉により決められたことも，中

国による民意不在の政策決定を物語っている.

　中国は，現在「不完全な国民形成の下での国家統一」という現実に対して，国家の統治制度を変更するのではなく，国家統一に社会を従わせ，その中で不満軽減を図っている．市場経済化が進むと，中国大陸の香港・マカオ・台湾との統合が進むであろうが，大陸内部の経済格差は拡大して社会は不安定化する．また，中国は民主化しない限り，香港との関係が不安定なままであり続けるだろうし，台湾問題を打開するチャンスをつかむことさえできないであろう．しかし国民形成が不完全なままで民主化すると，少数民族地域から様々な要求が噴出して国家の分裂を招いたり，逆にナショナリズムが噴出して独立傾向の強い台湾への強硬姿勢を招いたりしかねない．このように，中国は，国家統合において深刻な矛盾を抱えた国家なのである．

（松田康博）

第3部
経　済
―― 急速な成長，拡大する格差 ――

浦東地区の高層ビル街

撮影者・段瑞聡

第6章　中国の経済成長

第1節　高度成長のパフォーマンス

　現在の中国経済は減速しているものの，1978年から2015年までの実質GDP
成長率の平均は9.7％に達しており，世界的にも類のないパフォーマンスを遂
げてきた．さらに，1992～2007年という16年間に限っていえば，その成長率は
10.7％にも上っている．一方，日本の高度成長期は1950年代半ばに始まり，
1970年代初頭に終わったというのが通説であるが，1955～1970年という15年間
の経済成長率は年平均で9.7％であったことから，日中両国の高度成長の特徴
がよく似ているとも言える．日本は1968年に世界第2位の経済大国になったが，
中国経済の長期にわたる高成長の最大の帰結も「経済大国」中国の登場であっ
た．

　図6-1は1978年以降の中国が世界経済に占めるシェアの推移をアメリカと
日本との比較で示したものである．それによると，1978年に中国経済は世界シ
ェアの1.7％であったのに対して，アメリカは27.6％，日本は11.7％をそれぞ
れ占めていた．しかし，1990年代後半に入ると，中国のシェアが緩やかに上昇
し，2000年代を通じて急速に拡大している．2010年に中国は日本を抜いてアメ
リカに次ぎ世界第2位の経済大国になり，2014年には世界経済の13.3％を占め
るようになった．また中国の一人当たりGDPも1980年の469ドルから2014年
の7589ドルへ拡大し，世界ランキングの第80位として中所得国の仲間入りを果
たした．

　また，中国経済のパフォーマンスは世界貿易からも見ることができる．2004
年に輸出額が初めて日本を抜いて，ドイツ，アメリカに次いで第3位となった．
そして，2014年に中国の輸入額がEUとアメリカに次いで第3位であるのに対
して，輸出額はEUを抑えて，初めて世界第1位となった．また貿易総額の世
界ランキングはEUに次いで第2位であり，国別ではアメリカを抜いて第1位
に躍進している．

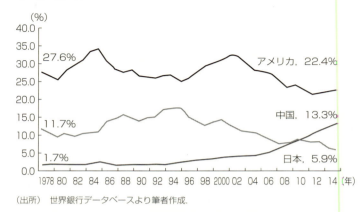

図6-1　世界経済に占める中国と日米のGDPシェアの推移

　こうした中国経済の高度成長は，中国を代表格とする新興国のBRICSが世界経済の地殻変動を進行させた．世界銀行のデータによれば，ブラジル，中国，インド，ロシアなどが初めてBRICsと呼ばれた2001年のGDP規模はアメリカの4分の1しかなかったが，2014年には世界経済の30.6%を占めるようになり，主要7カ国（G7）の経済規模に肉薄している．そのうち，2001年の中国のGDP規模はほかの3カ国より10%低かったものの，2014年にはほかの4カ国（南アフリカも含む）の合計よりも60%大きくなっている(2)．

　世界経済の長期統計の権威であった故マディソン教授によれば，中国は1820年頃のGDP規模は32.9%を占めているが，その後長期にわたって半植民地化，対日戦争，内線にともなう政治的動乱が続いた結果，1952年のGDP規模はわずか世界の5.2%しかなかったという（Maddison [2007]）．歴史的な視野でみると，1978年の市場化改革と対外開放政策を実施したことにより，中国経済はいま再び世界の経済大国として復活したように見える．

　しかし，このように好調を続けた中国経済であるが，2012年からの経済成長率は7%台に低下し，今後もさらに減速していくと見込まれている．高度成長を実質GDP成長率8%以上と定義すれば，中国の高度成長の時期は2011年を最後に終わっていたという見方ができる．中国政府も2015年3月の政府活動報告で，経済成長率の目標を7%前後に引き下げ，「中国の経済状況が新常態（ニューノーマル）に入った」と公式に宣言した．「新常態」とは，これからの中国経済は高成長でなく，内需拡大と産業構造の高度化という構造改革を通じて，

経済の質と効率を重視することによって，持続可能な経済成長を目指すことである．

　中国経済が高度成長から安定成長を目指す転換期を迎えている現在，これまでの30数年間にわたる「改革開放期」とはどのような時代であったのかを振り返る必要がある．1978年以降中国はなぜ高い経済成長率を実現することができたのか？　本章の目的はマクロ経済学の枠組みによって，その高度成長の特徴と要因を分析すると同時に，その制約条件を明らかにして，今後の中国経済にとって，安定成長を目指す課題とは何かを明らかにすることである．

第2節　経済成長の足跡

　1978年以降の経済成長期に関する明確な時期区分の定説はないが，本章では，便宜上その時期区分を① 1978～1991年，② 1992～2001年，③ 2002～2007年，④ 2008～2014年という四つの時期に分けることとする．この四つの時期により，経済成長の足跡の特徴を概観し，中国経済の現状を確認しておこう．図6－2は1978年以降35年間の実質GDP成長率の推移であるが，次のような事実が読み取れる．まずこの四つの期間における平均GDP成長率は第1期の9.3％から第2期の10.4％を経て，第3期は11.2％へと上昇し続ける一方であったが，第4期は最も低い8.8％へと低下しているのが特徴である．つまり，これまでの前3期は経済成長の加速期であって，第4期目は2008年に起きたリーマン・ショックを機に，中国経済は高度成長から安定成長を目指す移行期に入っていることが示唆されている．

　次に各時期をより具体的にみると，第1期は「上昇と降下の激しい変動期」という特徴を持っている．1980年代の成長率は大きく上昇と低下を繰り返しているため，成長率の標準偏差が3.4％で，全期間にわたって最も大きかったことがわかる（表6-1）．この時期はちょうど1980年代前半において，人民公社が解体され，農産物買い付け価格の引き上げ，農業生産の請負制，農産物市場の形成などの農村改革がおこなわれていた．そして，1984年10月の中国共産党第12期中央委員会第3回全体会議（「中共12期三中全会」）において，「経済体制改革に関する決定」がおこなわれ，1980年代後半から改革の重点が農村部から都市部へ移されることになった．都市部の改革は主に中央政府から権限や利得を地方政府，国営企業への「権限譲利」と「双軌制（dual tracking system）」と呼

110　第3部　経済

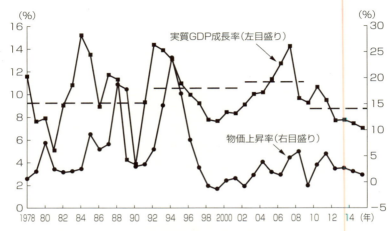

(注) 標準偏差はデータの分布の広がり幅（ばらつき）をみる一つの尺度である．標準偏差が小さいことは，平均値のまわりの散らばりの度合が小さいことを示す．
(出所) 国家統計局『中国統計年鑑2015』及びGDP速報値（2016年1月19日）より筆者作成．

図6-2　実質GDPの成長率と物価上昇率の動向

ばれる市場経済化が推し進められることになった．しかし，都市部での諸改革は必ずしもスムーズにいかず，経済の混乱をもたらした時期でもあった．1988年に18.8％のインフレに見舞われたことに加えて，1989年の「天安門事件」は西側諸国の経済制裁を受けたため，1990年の成長率はこの35年間において最も低い3.9％まで落ち込んでいた．

　第2期は「景気過熱から軟着陸へ」の1990年代である．1980年代末の低迷期から抜け出したきっかけは1992年1月から2月にかけて鄧小平が南方地域を視察した際に出した「改革開放をもっと加速せよ」という「南巡講話」である．この「南巡講話」を受けて，各地方政府は一斉に地域内の投資拡大に走り出した結果，経済成長率は1992年から14.3％，13.9％，13.2％と連続3年間の急成長を達成した．しかし，過熱した投資拡大は1994年に24.1％という前例のない高いインフレを起こした．このような「高成長と高インフレ」が並行するのは1978年以降唯一の時期であった．図6-2で示しているように，1990年代後半は「軟着陸」に成功し，それ以降の経済成長は基本的に「インフレなき」高成長が実現されたのである．

　第3期は「驚異的な高度成長」の2000年代前半である．この時期の成長率は2003年より常に前年度を上回る二桁の高成長を達成している．図6-1でも示

第6章 中国の経済成長 _111_

表6-1 年平均GDP成長率とその標準偏差

	年平均成長率（%）	成長率の標準偏差（%）
1978-1991年	9.3	3.4
1992-2001年	10.4	2.6
2002-2007年	11.2	1.9
2008-2014年	8.8	1.2
1978-2014年	9.8	2.7

（出所） 国家統計局『中国統計年鑑2015』より筆者作成.

したように，世界経済に占める中国のシェアが飛躍的に拡大したのはこの時期からである．この背景には中国経済がグローバル経済の中に組み込まれることがある．1990年代後半からグローバリゼーションが急速に進展したことを受けて，2001年12月に中国は1986年以来の長い交渉の末，ついにWTO（世界貿易機関）への加盟が認められた．この加盟の意義は中国の対外開放政策の完成ともいうべき画期的な出来事であると評価されている（丸川 [2013]）．これにより，中国は1990年代以降急速な進展を見せるグローバリゼーションの波にうまく乗って，海外からの直接投資（FDI）の拡大と中国経済による輸出能力の拡大（「世界の工場」として定着）という「FDIと輸出」と「FDIと経済成長」の好循環構造を形成し，高い成長を実現することができた．リーマン・ショック直前の2007年のGDP成長率は14%になり，この35年間において，最も高い伸び率を記録した．

　第4期は「高度成長の終焉へ」の転換期とも言うべきである．2008年のリーマン・ショックにより，経済成長率は前年度より4.6ポイントも下げて9.6%へと急落した．中国政府は4兆元の大型景気刺激策を実施した結果，2010年にV字回復を果たし，外的なショックを短期間で克服した．しかし，この景気刺激策は輸出の本格な回復がないまま，公共投資，インフラ建設など投資主導型でおこなわれ，鉄鋼，セメントなど多くの工業分野で生産過剰の問題や地方政府の巨額な債務問題を深刻化させるようになった．

　しかもその資金調達で利用されているのが規制の緩いあるいはまったく規制を受けないシャドーバンキングであるため，膨張したシャドーバンキングのまん延はシステミックリスクを招き，中国の金融システムの安定を揺るがす懸念が広がった．このように，景気刺激策は外的なショックを克服したものの，そ

112 第3部 経 済

の後遺症は中国経済に内的ショックを与えたのである．2013年3月に発足した
習近平政権はこの内的ショックに対処するため，短期的な大型投資による景気
刺激策をおこなわず，過剰生産能力の廃棄などの構造調整策を強化し，金融制
度などの分野での資源配分の役割を重視する改革方針を実施するようになった．
　しかし，その一方，これまで中国の「人口ボーナス」が労働集約型の経済成
長を促進する要因とされてきたが，労働人口数は2012年に前年度より345万人
も減った9億3727万人となり，労働人口数の減少による「人口オーナス」期に
入っている．しかも，高齢化が急速に進み，2014年に65歳以上人口の比率が初
めて10％を超えた（第10章図10-1を参照）．このように，人口動態の変化による
「人口ボーナス」の終焉とともに，景気刺激策の政策効果も終わることにつれ
て，2012年から3年間7％台にとどまっており，経済成長率は次第に低下し，
中国の高度成長が終わった．

第3節　高度成長の要因

（1）　供給サイドからの分析

　本節では，これまでの高い経済成長率は何よってもたらされたのか．また何が
高度成長の制約要因となってきたのかを明らかにしてみる．経済学では，その
要因を供給側としての成長会計（Growth accounting）と，需要側としての総需要
寄与分析という手法で考察することができる．中長期的なマクロ経済の成長を
もたらすのは労働人口の増加，資本ストックの増加，技術進歩（TFP）という
三つの源泉による供給能力で決まる考え方である．またこの三つの成長の源泉
の寄与度を図る方法は成長会計である．ただ，成長会計は用いるデータ，推計
方法等によって結果に違いが出ることは良く知られており，特に中国の場合は
資本ストックのデータが公式に存在していないため，その推計結果がかなり異
なってくることに注意する必要がある．
　表6-2はPenn World Table version8.1を用いた京都産業大学 岑智偉教授
による推計結果を示している．この表からも容易にわかるように，全期間にわ
たって，資本の寄与率が最も大きく，特に1990年代は60％を超えており，リー
マン・ショック以降は78％近く寄与していることがわかる．資本投入の貢献度
の大きさは陳・姚（2010）の分析からも1978～2007年の全期間にわたって，資
本投入が労働とTFPの合計よりも経済成長に貢献度が大きいとしている．ま

第6章 中国の経済成長 *113*

表6-2 実質GDP経済率の成長会計

	成長率（％）			成長率に対する寄与率（％）		
	GDP	労働	資本	労働	資本	TFP
1978-1991年	8.36	2.75	6.57	14.24	44.59	41.17
1992-2001年	8.88	0.98	9.52	4.77	60.73	34.50
2002-2007年	9.62	0.74	9.51	3.33	56.09	40.58
2008-2011年	7.09	0.39	9.72	2.37	77.68	19.94
1978-2011年	9.58	1.68	9.24	7.58	54.65	37.77

（注）　資本分配率＝0.567　労働分配率＝0.433
（出所）　岑智偉（2015）「中国成長会計の試算 mimeo」より筆者作成.

た，同様に範・宋・王（2013）も資本投入の貢献度は1980年代，1990年代，2000年代以降それぞれ，52.3％，58.0％と71.3％に達しているとの分析結果がある．

他方，TFPは1980年代に41.2％から1990年代に34.5％へ低下したが，2000年代に再び40.6％に寄与しており，中国経済の長期成長にとってTFPが第2位の要因である．しかし，2008〜2011年は19.9％へと大きく低下していることから，2008年以降成長率の下方屈折はTFPの寄与が決定的な影響を与えたことである．TFPは高成長のときには高くなり，低成長のときには低くなる傾向が知られているが，世界銀行・国務院発展センターの共同レポート（『China 2030』）は現在の経済構造における既存技術がもたらす経済成長が限界に達するため，2030年までに徐々に減速すると指摘している．これは中国にとって多くの技術は先進国からの技術導入もしくは「模倣」によるものが大きいと考えられ，安定成長を目指す新たな経済構造にとって，技術の高度化を図り，自主開発のイノベーションが不可欠である．

そして，労働投入の寄与が成長率に決定的な影響を与えるものでなかったことも明らかである．労働投入の寄与率は1980年代の成長率に最も大きいが，それ以降低下傾向にあり，2008〜2011年にわずか2.37％である．したがって，労働投入要素は労働の「量」以外に，むしろ労働移動と労働の「質」が経済成長にとって重要であることが示唆される．これに関連して，Perkins（2009）は生産要素の投入という供給面からみた「労働力の投入」の貢献の増加は，産業間の職業移動と教育の普及にあると指摘している．

中国の経済成長は製造業を中心とした工業化であるため，需要と生産性が上昇することのほかに，低生産性部門の農業部門から移動する労働力を吸収しつ

つ高い生産性部門が拡大していくという労働資源の移動によって支えられてきたのである．吉川（1982）は日本の高度成長のメカニズムを「人口が農村から都市へ流れ，これが成長の主導部門であった工業部門へ労働力を提供した」という供給サイドの要因からも説明している．中国の高度成長にもこのようなメカニズムが機能していると思われる．

この点について，図6-3と表6-3の産業別労働者移動の特徴から確認してみる．中国の全体の労働者は1978年の4億152万人から2014年に7億7253万人

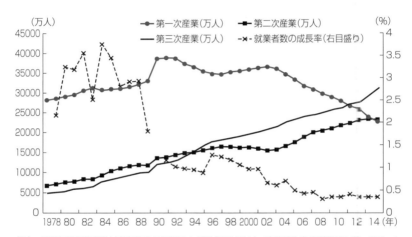

(注) 1990年の労働者数は前年度より9520万人が増えているが，統計の改定の問題だと思われる．ただし，ここでは，1990年の対前年度伸び率17.0％を除外した．
(出所) 国家統計局『中国統計年鑑2015』より筆者作成．

図6-3 産業別の就業数の推移と就業者数の伸び率

表6-3 各時期の労働者数の増減数

時　期	就業者数の成長率（平均）	就業者数（万人）	第一次産業（万人）	第二次産業（万人）	第三次産業（万人）
1978-1991年	2.81	25,339	10,780	7,070	7,488
1992-2001年	1.06	6,645	−2,301	1,879	7,067
2002-2007年	1.06	2,284	−6,717	4,871	4,129
2008-2014年	0.53	1,425	−6,100	2,019	5,507
1978-2014年	1.85	22,770	−5,528	16,154	16,474

(注) 1990年の労働者数は前年度より9520万人が増えているが，統計の改定の問題だと思われる．ただし，ここでは，1990年の対前年度伸び率17.0％を除外した．
(出所) 国家統計局『中国統計年鑑2015』より筆者作成．

へと「量」的には増え続けているが，伸び率は低下し続けている．就業者数の平均成長率は1.85％であったが，第4期の2008～2014年はわずか0.53％にとどまっている．その背景には1980年代に入ってから，人口抑制のために実施されている「一人っ子政策」の影響を受けて，人口の高齢化が進む一方で，生産年齢人口の伸びは次第に鈍化してきていることと言える．

　「ペティ＝クラーク法則」が示すように，工業化の初期段階においては，労働者の多くが第一次産業に従事しており，所得水準が低く潜在的な余剰労働力が大量に存在している状況にある．それをみると，第一次産業の就業者数は1978年以降増え続けていたが，1991年を境にいったん低下した後，人口の自然増加で2001年までゆるやかな増加傾向に転じていた．しかし，2002年の3億6000万人から2014年の2億2000万人にまで大きく減少している．それと同時に，第二次産業の労働者は1978年から1998年のアジア金融危機までは増え続けてきた．その後の2002年までは減少傾向があったものの，2000年代に入り再び増加し続けていた．これは工業化の進展につれて，生産性の低い農業部門から非農業部門への人口が急速に増加し，都市部や沿海地域の農村部でも内陸部から大量の若年中心の出稼ぎ労働者を形成している．

　他方，第三次産業はほぼ一貫して増加し続けており，労働者数は1978年の4890万人から2014年に3億3134万人へと2億6474万人の増加をしている．特に2012年から第二次産業の減少傾向とは対照的に，第三次産業の増加傾向が目立つものである．表6-3で示したように，労働移動の側面から，高度成長の主導力であった第二次産業から，第三次産業へと，中国経済のサービス産業化が進んでいる傾向が見とれる．

　労働移動とともに，労働の「質」向上も中国経済の成長を促進するうえで重要な要素である．経済成長論の分野において，人的資本の充実は労働力の増加よりも重要とされており，その形成の基礎となるのが教育である．1993年9月に世界銀行が発表した「東アジアの奇跡」では，戦後の日本や東アジア諸国の奇跡的な経済成長の要因の一つとして，初等教育や中等教育などへの教育投資など，基礎的な政策は各国で着実に実施されていたことを指摘している（世界銀行［1993］）．中兼（2013）によれば，1978年以降初等教育を中心に普及し，1990年代末大学入学者は一気に拡大し，大学の一般化が見られるようになった．[4]ただ，本書10章で述べられているように，大学の一般化が大学生の学力を低下させ，また膨大な卒業生が就職難につながっているという側面もある．労働力

の減少と高齢化の増加という人口構造の変化に対して，中国は良い労働の「質」（人的資本）の向上がより重要視され，いかに活用できるかがカギとなる．

また，総資本形成は総需要の水準を決定する一方，資本ストックの成長によって供給能力を増大させてきた．図6-4は総資本形成がGDPに占める比率を示しているが，日本は高度成長期が終わり頃の1970年に38.8％に達しており，韓国も高度成長期の1960年に11.4％から1979年に33.9％へと大きく上昇していた．他方の中国は計画経済期に実施されていた重工業化優先戦略により，もともと投資率が高かった．ただ，改革開放以降の投資率が1978年の37.7％から2013年に47.7％へと10ポイント上昇しており，国際比較しても高い水準にあるのが特徴的である．中国はなぜこのような旺盛な企業投資が維持できているのか？　投資資金の源泉をみれば，前述したFDIによる海外資金よりもはるかに国内資金によって支えられている．唐（2015a）のISバランス（各経済部門の貯蓄と投資を差し引いた貯蓄投資差額）を用いた分析では，家計部門の膨大な資金余剰が金融部門の金融仲介を通じて，企業部門の旺盛な投資資金に供給されていることが明らかにされている（図6-5）．また，1990年代以降企業収益の拡大によって，企業貯蓄率が上昇し続けた結果，膨大な内部留保は融資の返済よりも企業の旺盛な投資に使われてきた．

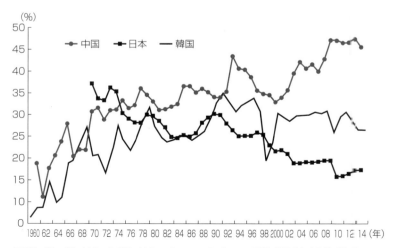

（出所）The World Bank「World Development Indicators2015（WDI）」より筆者作成．

図6-4　総資本形成比率の国際比較（対GDP比）

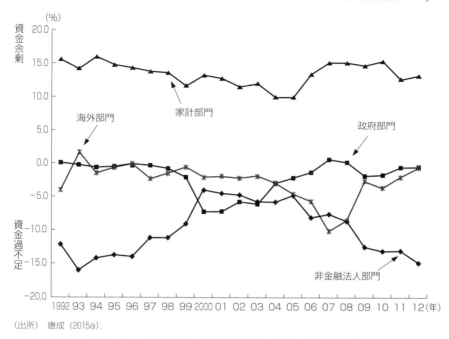

(出所) 唐成（2015a）．

図6-5　各経済主体の投資貯蓄差額の推移（対GDP比）

（2）需要サイドの分析

他方，需要サイドでは，国内で新たに生み出された生産物への需要の合計として国内総支出（Gross domestic expenditure; GDE）の動きが，各支出項目の動きによってどの程度影響を受けているのかを総需要寄与分析という手法がある．すなわち，需要サイド（支出面）からみたGDPは次の式のように示される．

GDP＝最終消費支出（家計最終消費支出＋政府最終消費支出）＋総固定資本形成（民間投資＋政府資本形成＋在庫投資）＋純輸出（輸出－輸入）

表6-1と同じく，表6-4は1978年から2014年の期間を四つに分割し，それぞれの期間について，寄与率を求めた結果をパーセントで示している．その特徴は次のように指摘することができる．まず，全期間にわたって，最も寄与率の大きい項目は最終消費支出であり，平均の寄与率は58.4％に達しており，国内総支出成長率の半分以上が最終消費支出によって説明されてきたのである．

118　第3部　経　済

表6-4　1978年以降の GDP 成長率の要因分解

| | 実質 GDP 成長への寄与率（%） | | | |
	最終消費支出	総固定資本形成	純輸出	合計
1978-1991年	66.8	24.1	9.1	100.0
1992-2001年	57.9	37.3	4.8	100.0
2002-2007年	47.0	48.1	4.9	100.0
2008-2014年	53.7	57.2	−10.9	100.0
1978-2014年	58.4	37.7	3.9	100.0

（出所）　国家統計局『中国統計年鑑2015』より筆者作成.

　ただ，最終消費支出の寄与率が徐々に低下し，第1期（1978～1991年）の66.8％から第3期（2002～2007年）47.0％までへと大きく低下している.

　次に，この最終消費支出項目をより詳しくみよう. 最終消費支出は政府部門と家計部門から構成されているが，ケインズ型の消費関数に従えば，家計部門は消費需要が所得水準によって決定される. 1978年以降所得の伸びとともに，家計部門の消費水準は徐々に高まってきている. 例えば，一人当たりのエンゲル係数（消費支出占める食料費支出の割合）は1978年に農村住民と都市住民がそれぞれ67.7％と57.5％から2014年に33.6％と30.0％へ大幅に低下している. このような生活必需品の支出割合の低下は，すなわち教育・娯楽，被服，医療保険，居住，耐久消費財などの支出割合の上昇を意味するものである. もちろん，住宅投資または耐久消費財の購入は所得水準のみならず，自律的要因で決定される側面も強い.

　1998年に中国は住宅制度改革によって住宅の私有化と商品化，そして市場化を進めた結果，住宅価格は時に高騰し，持つと持たざるものの間で格差が顕在化するようになったが，全体として住宅需要がかなり高くなっている. 例えば，都市住民が一人当たりの住宅建設面積は2002年の24.5平米から2012年の32.9平米に増加している. 一方，農村住民の一人当たり居住面積も1978年の8.1平米から2002年の26.5平米，2012年の37.1平米まで大きく拡大している.

　次に，耐久消費財の普及率を表6-5の100世帯当たりの世帯所有量の推移をみてみよう. それをみると，都市部では，2010年頃ほとんどの世帯は家電の普及率が浸透しているものの，農村部では，白物家電やエアコンの世帯所有量がまだ低いものである. 例えば，カラーテレビの所有量は都市部では116.6台から2005年に134.8台へ増加するものの，それ以降はあまり伸びっておらず，す

表6-5　100世帯当たりの耐久消費財の所有量の変化

	2000年		2005年		2010年		2014年
	都市	農村	都市	農村	都市	農村	全国平均
カラーテレビ	116.6	48.7	134.8	84.0	137.4	111.8	119.2
冷蔵庫	80.1	12.3	90.7	20.1	96.6	45.2	85.5
洗濯機	90.5	28.6	95.5	40.2	96.9	57.3	83.7
エアコン	30.8	1.3	80.7	6.4	112.1	16.0	75.2
移動電話	19.5	4.3	137.0	50.2	188.9	136.5	215.9
パソコン	9.7	0.5	41.5	2.1	71.2	10.4	53.0
自家用車	0.5	—	3.4	—	13.1	—	19.2

（出所）　国家統計局『中国統計年鑑2015』より筆者作成.

でに家庭に浸透している．他方の農村部でも，所有量は2000年の48.7台から2005年の84.0台へ倍増し，2010年に111.8台を持つようになり，都市部と同じく浸透するようになった．また，エアコンの所有量は都市部が中心に大きく伸びっており，冷蔵庫や洗濯機は都市部よりも農村部の所有量が2000年を通して，急速に増加していることがわかる．さらに，都市部の自家用車は2000年の0.5台から2012年に21.5台へと大きく普及率が上昇し，携帯電話はいずれも2000年代後半から驚異的に増加している．以上のように，2000年代以降家電や自動車といった耐久消費財が広く都市部家庭，一部の農村部家庭に浸透してきたといえる．このことは，消費の拡大と多様化によって耐久消費財市場が拡大し，その需要が増加してきたことを意味している．

　こうした耐久消費財の需要拡大を支えているのが機械・電子などの主要産業であり，1995年以降ずっと輸出の最大産業でもある．つまり，輸出と国内の需要拡大に対応するための設備投資の拡大が同時進行におこなわれたのである．このことはまさに2000年代以降中国の重工業化が急速に進んでいる理由でもあろう．今後の都市化率のテンポが拡大すれば，インフラ建設のために膨大な鉄鋼，セメントなどの生産拡大，都市部の家電製品の買い替え需要，農村部の家電普及への浸透などが期待される．したがって，中国経済はサービス化経済を進行しながらも重工業化が一段と進展する時期に入っていくことも示唆される．吉川（1982）は高度成長期において，需要面に対しての人口移動は大きな耐久消費財需要を作り出し，それが需要面から設備投資を支えたことの重要性を指摘している．このような日本の経験を照らすと，これまで中国の高度成長期のみならず，今後の都市化率の上昇は内需を作り出す重要なポイントであると考

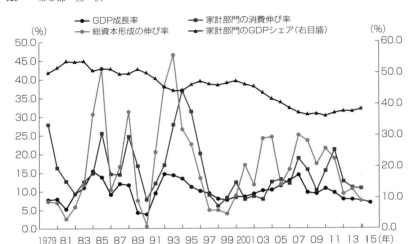

図6-6 GDP成長率，資本形成の伸び率及び家計最終消費のGDP比と伸び率の推移

えられる．

　ただ，最終消費支出項目に占める政府部門のシェアは全期間において，それほど大きな変動はなかった．逆に言えば，家計部門のシェアが全体的に低下傾向にあり，特に2000年代以降は急速な降下の動きを示しており，対GDPシェアも2000年の46.0%から2010年の35.7%へと大幅に縮小した．言い換えれば，第3期から経済成長に対する最終消費支出の寄与率の減少はもっぱら家計部門によるものである．

　一方，家計部門の最終消費支出のシェアは2011年より上昇傾向へとシフトしており，2014年に37.7%を占めるようになった．これは図6-6でも確認できたように，家計部門の最終消費支出の伸び率は連続4年間総資本形成およびGDEより上回った結果を反映している．しかし，唐(2011)が指摘したように，家計部門の最終消費支出のGDPに占めるシェアは国際的に60%前後の水準にあり，特にアメリカは70%を超えていることから，中国が異常に低いことが分かる．しかも，近年の景気減速に加えて，倹約令により高額消費が抑制されていることなどから，消費の伸び率が低下傾向を示しており，家計の消費拡大による内需拡大のけん引力はまだ弱いと言わざるを得ない．

　その一方で，中国経済の最も大きな牽引力になっている総固定資本形成は各

期間よって大きな波があるものの，その寄与率は第1期の24.1％から第4期の57.2％にも達しており，国内総支出成長率の約3分の2が固定資産投資によって決定されたといえる．しかし，その投資効率が悪化している．図6-7は投資効率を表す限界資本係数とGDP成長率との関係を示している．それをみると，経済成長率が上昇する時は，限界資本係数が低下傾向にあり，逆に経済成長率が低下すると，限界資本係数が上昇する傾向になるという大まかな特徴を観察することができる．1980年代では，1989と1990年を例外とすれば，限界資本係数が低下していたが，1990年代は緩やかな上昇傾向にあった．また2000年代に再び投資効率が改善されたが，2008年以降は急速に上昇している．これはリーマン・ショック以降4兆元の景気刺激策の実施と整合的であるが，投資効率は悪化する一方である．

　張軍（2005）は国有経済と非国有経済の投資効率を比較分析して，国有経済による投資の非効率化が1990年代の中国経済全体の投資効率の悪化をもたらす要因であると指摘している．しかし，2008年以降の景気刺激策の投資主体は依然国有企業が主導的で，鉄道，港湾，空港などのインフラが中心であった．同時に，国民経済における国有企業のシェアが上昇し，民営企業のシェアが低下する「国進民退」という現象が生じている．このように，膨大な資本の蓄積と深化によって経済成長を加速してきたため，投資効率が悪化しても投資依存の成長パターンをそのまま維持しようとした景気刺激策は結果として，鉄鋼，自

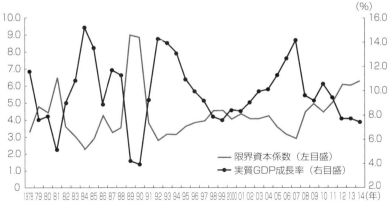

（出所）　国家統計局『中国統計年鑑2015』より筆者作成．

図6-7　経済成長率と資本限界係数の推移

122　第 3 部　経　済

動車，電解アルミ等多くの業種における過剰な生産能力を招いた．この教訓か
ら2013年からスタートした習近平政権は投資主導から消費主導による安定成長
の維持を目指すようになった．

　他方，貿易拡大による中国経済への貢献も顕著に表れている．歴史的な経験
から，アジア NIEs は1950年代から1960年代にかけて，それぞれ輸出志向工業
化戦略を明確にして，積極的な外資導入をして，繊維製品や雑貨品などの労働
集約型製品の輸出によって，いずれも高度成長を達成した．このような経験か
ら，発展途上国の経済発展にとって，輸入代替工業化から輸出志向工業化への
転換が適切な開発戦略であると示唆された（唐 [2015b]）．したがって，1978年
以降の中国は外国の資本，技術や経営ノウハウ，人材などを取り入れ，比較優
位を持つ労働集約型の工業化戦略を推し進めてきた．そういう意味では，この
対外開放政策は中国的な発想というよりアジア NIEs などの発展経験から学ん
だことである．

　このような特徴は表 6-6 の高度成長期における日本と中国の経済パフォー
マンスの比較からも明白である．それによれば，日本は1956〜1970年の平均
GDP 成長率は9.6％のうち，内需による寄与率は9.9％であるのに対して，外
需は−0.2％にとどまっている．他方の中国は1992〜2007年の平均成長率は
10.5％であり，そのうち，内需は9.7％，外需は0.8％である．ただ，外需は輸
出と輸入の差額であるため，貿易の貢献度合いを伸び率でみると，輸出と輸入
の伸び率はそれぞれ19.9％と19.0％で，高度成長期の日本よりも大きく上回っ
ている．

　この輸出の高い伸びは結果的に工業製品の輸出比率の上昇をもたらして，中
国経済の高度成長に対して大きな貢献度を果たしたことは言うまでもない．な
ぜなら，輸出の伸びを通じた企業収益の増加が，結果的に製造業の設備投資を

表6-6　高度成長期における中国と日本の経済パフォーマンス

	GDP 成長率	寄与度		貿易伸び率	
		内需	外需	輸出	輸入
中国 (1992-07年)	10.5	9.7	0.8	19.9	19.0
日本 (1956-70年)	9.6	9.9	−0.2	14.6	15.4

（出所）　中国国家統計局『中国統計年鑑2010』，日本『国民経済計算』より筆者作成.

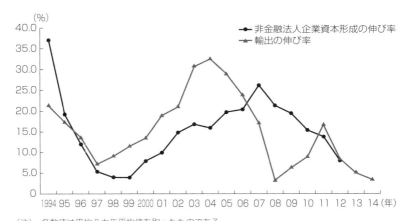

(注) 各数値は平均3カ年平均値を取ったものである．
(出所) 国家統計局『中国統計年鑑』資金循環表（実物）及び海関統計より筆者作成．

図6-8　非金融法人企業資本形成と輸出の相関

増加させるほか，雇用の増加を誘発しているからである．図6-8は非金融法人企業の資本形成総額と輸出のそれぞれの対前年度伸び率，それによって，輸出による企業の設備投資の誘発を示す関係図である．これをみると，1990年代前半は企業投資及び輸出伸び率がともに低下したが，1990年代後半に入ると，両者ともに上昇を続けており，2008年のリーマン・ショックが起きるまで，両者の動きは上昇をし続けていることが分かる．この時期はちょうど中国経済が二桁の成長率を持続した時期と重なる時期である．つまり，輸出の伸びが企業の収益拡大，さらなる期待成長率などを通じて，設備投資を誘発したことが考えられる．

　輸出の旺盛な需要などを背景に，表6-7で示しているように，電気機械，一般機械，または電気製品の輸出規模が急速に拡大していることがわかる．1995年に機電製品の輸出が初めて繊維製品を超えて全体の29.4％を占めるようになってから，ずっと最大の輸出製品となっている．2002年の機械・電気輸出の金額はわずか1571億元にとどまっているが，2007年に7012億元，2015年の8兆1500億元へと驚異的に拡大している．このような輸出産業が企業の設備投資をけん引してきた要因として考えられる．ただ，リーマン・ショック以降の輸出伸び率が一度回復したが，企業の設備投資は低下したままである．投資過剰による反動や近年の輸出伸び率が低下傾向にあることから，企業の設備投資の

124 第3部 経済

表6-7 中国輸出総額と主な構成比の変化

	2002年 金額 (億元)	2002年 構成比 (%)	2007年 金額 (億元)	2007年 構成比 (%)	2014年 金額 (億元)	2014年 構成比 (%)	2015年 金額 (億元)	2015年 構成比 (%)
モノの輸出総額 (億元)	3,256	100.0	12,180	100.0	143,912	100.0	141,357	100.0
うち 機械・電気製品	1,571	48.2	7,012	57.6	80,527	56.0	81,500	57.7
うち ハイテック技術製品	679	20.9	3,478	28.6	40,570	28.2	—	—

（出所） 国家統計局『中国統計公報2002年，2007年，2014年』，海関総署統計速報値（2016年1月13日）より筆者作成．

先行性がみられていると考えられる．このことからも分かるように，2000年代の設備投資をけん引した原動力の一つである輸出の低迷は需要サイドからみると，中国経済を減速させる大きな要因となっている．

第4節　安定成長への転換課題

　以上で分析したように，これまで世界第2位の経済大国まで躍進させた諸要因が変化しており，中国経済は従来のような高い成長を維持することが困難になってきている．それに加えて，工業化に基礎を置いた高度成長が所得格差の拡大と深刻な環境制約問題という壁に突き当たったことである．特にPM2.5に象徴されているように，高成長のもたらす外部不経済が大きな社会問題になっている．中国経済は今まさに安定成長への転換期にあるが，今後の中国経済は持続可能な成長に移行できるにはどんな課題を克服していく必要があろうか．

　本章での分析から次のようなことが示唆されている．まず，需要サイドから内需拡大のための重要な課題は，これまで投資主導による経済成長のけん引から消費ニーズの多様化に対応する家計部門の消費拡大による消費主導型の成長にある．次に，供給サイドの分析からは高齢化の進展は労働力を減少させるとともに，高齢者の増加による貯蓄率の低下を通じて投資水準が低下し，資本の蓄積が低下し，長期的に経済成長の鈍化は避けられないことが分かった．今後はTFPの向上，すなわち労働や資本の質的の向上，経済の効率化が重要視されるべきである．

そのために，次のような課題を取り込んでいく必要がある．第一に，重要なことは労働分配率を引き上げ，家計所得をより一層に拡大させることが不可欠なことである．郭（2015）の分析によれば，ほとんどの先進国では家計所得がGDPの58〜66％を占めるが，中国の場合は2004〜2012年の間の平均はわずか43.7％にとどまっている．その理由はこれまでの経済成長が家計所得，企業所得と政府所得を大きく増大させたが，その伸び率は家計部門が常にほかの両部門を下回っており，結果的に国民所得に占める家計所得のシェアが低下し続けていることにある．

　第二に，政府部門による資源配分機能と所得再分配機能を強化し，国民福祉をより充実すべきである．特に教育サービスの充実，安価な住宅の供給，社会保障制度の普及と給付水準の拡充などといった公共財・サービスの提供，福祉の充実，所得格差の縮小などの課題を最優先に取り込むべきである．家計部門でいうと，高い貯蓄率を維持しようとする大きな原因はまさに老後，病気，住宅，教育などへの不安によることにあると思われる．さらに，高齢化社会に突入しつつある中国の人口構造は「未富先老」（豊かになる前に老いる）という日本など先進国の高齢化と根本的な違いがあり，そのためにも年金などの国民福祉の充実を図っていくことが必要になっているのである．

　第三に，TFPを引き上げるためには，技術革新とイノベーション促進が重要である．このため，教育の充実による労働の質を高め，効率的かつ質の高い資本投入による生産効率の改善，国民ニーズの多様化などに対応すべく産業構造への転換などが図れるべきである．これは中国が「中所得国の罠」（middle income trap）に陥らないようにも推し進めるべき重要な課題である．Feng and Yao（2014）は「中所得国の罠」の脱却に成功した国と失敗した国を比較研究して，中国も概ね成功した国々の特徴と共通性を持っているが，拡大し続ける所得格差が大きな課題であると指摘したうえで，農村部若年層の教育水準の向上，出稼ぎ労働者に対する職業訓練を中央政府が主体的におこなうことを提案している．また，『China 2030』では，企業，土地，労働，金融セクターの改革を通じて市場経済への移行を完了する必要があり，そのため民間セクターの強化，市場開放によるさらなる競争とイノベーション，機会の平等による経済成長のための新たな構造改革の実現を提言している．

　『China 2030』の提言はもっとも重要な改革を「市場化」であることと理解される．もちろん，これらの市場化改革を遂行していくことは国有企業などの

126　第3部　経済

既得権益集団の抵抗が予想され，決して容易なことではない．中国は2020年に
GDP と都市・農村1人当たり所得を2010年に比べて倍増する目標を立ててい
る．この所得倍増計画を実現するためには，2016年からの5年間の経済成長率
の最低ラインは6.5％に達しなければならない．このことからももし市場化改
革への努力を怠れば，中国は高所得国への移行が困難になる「中所得国の罠」
に陥るリスクが確実に高くなる．中国経済はいま「供給サイド」の構造調整を
推進しながら，「需要サイド」の内需拡大を目指すという「新常態」に入って
いる．

注
（1）　物価の格差を調整した購買力平価ベースの GDP 規模では，2014年に中国は18兆ド
　　　ルと初めてアメリカを抜き首位となった（IMF「World Economic Outlook」データ
　　　ベース（2014年10月）．
（2）　http://asia.nikkei.com/Politics-Economy/Economy/BRICS-have-G-7-in-sights-after-
　　　7.5-GDP-growth（2015年7月31日最終確認）.
（3）　その理由は ① 第1期の1989年の「天安門事件」による西側諸国の経済制裁を受け
　　　て，1991年までの数年間の経済成長が低迷期だった．② 第2期の1992年に入ると，
　　　経済成長率が急上昇に転換した．③ 2001年11月に WTO に加盟したことを受けて，
　　　2002年から再び高成長期に入った．④ 2008年よりリーマン・ショックを受けて，成
　　　長率が急落した．
（4）　ただ，中国の場合は毛沢東時代に教育水準が大きく前進したことは客観的な事実で
　　　ある．中国政府は教育の普及を重要な任務として積極的に推進し，1952年から初等教
　　　育，中等教育，そして高等学校（日本の大学に相当）などの教育制度を導入した
　　　（南・牧野・羅 [2008]）.

（唐　　成）

第7章　経済のグローバル化

第1節　高成長の原動力となった対外開放路線

（1）　自力更生から対外開放への転換

　直近の3年ほどは7%台に減速しているとはいえ，今世紀に入り，中国経済は年平均10%近い水準の高成長を続けてきた．この高成長は，さまざまな要因によって成し遂げられたが，とりわけ，WTO加盟に象徴される対外開放路線は，輸出や海外からの直接投資を急拡大させ，成長率を大きく押し上げる原動力になった．

　対外開放は，経済発展の早期実現に向け，① 海外の先進技術や資金の積極的な活用，② 外貨獲得および設備導入のための貿易の奨励の2点が当初の主たる目的であった．これらの目的に沿った取り組みは1970年代半ば頃より試行されたものの，自力更生路線を支持する人々からの反対が大きく，70年代に大きな進展はみられなかった．自力更生路線とは，外国の資金や技術に依存せず，自国の経済建設を進めるべきとの考え方である．米ソと対立し，いずれからの支援を期待できない状況下で経済を維持するにはやむを得ない面もあった．半面，自力更生を選択したことで科学技術などでの遅れが生じ，経済発展の機会を逸したとの評価も可能である．鄧小平など，対外開放を主張した指導者は，程度の差こそあれ，後者の見方をとっていた．また，自力更生路線は社会主義の正当性に固執するあまり，外国からの技術導入を「洋奴哲学」（『紅旗』1976年第4期24～25），通常の貿易を「売国主義」（加藤・上原編［2004］212）と激しく批判しており，対外開放政策と折り合う余地がほとんどなかった．

　こうした事情から，対外開放の本格的な推進には，自力更生路線からの全面転換が不可欠であった．自力更生から対外開放への転換は，二つのルートより進められた．第一のルートは，理論面である．1978年12月の11期3中全会などの機会を通じて，経済建設を最優先課題とし，経済建設のためにも対外開放をおこなわなければならないとの主張が指導部のコンセンサスになっていった．

128   第3部 経 済

対外開放を主張する人たちの登用も併せて進められた.

（2） 対外開放地域の漸進的拡大と外資企業誘致

　第二のルートは，対外開放地域の漸進的な拡大である．まず，1980年，広東省の深圳，珠海，汕頭，および福建省の廈門の4カ所に経済特区（88年に海南島が広東省から分離して省に昇格した際，全島が追加指定され5カ所）を設置し，対外開放政策を始めた．経済特区においては，税制優遇措置の付与による海外（外資）企業の誘致が認められた．これは，借款やプラント導入を中心とする従来の対外経済政策ではおこなわれなかった取り組みである．また，設置に際しては，香港との近接性や華僑との密接な関係とともに，政治的・経済的に重要な都市から遠く離れていた点も考慮された模様である（王［1996］82）．自力更生の考え方が根強く残るなか，海外資本や技術の導入に対する抵抗感を和らげるため，あるいは失敗した場合でも中国経済や社会に及ぼす影響を最小限に抑えるため，4カ所の経済特区に限定するかたちで対外開放政策を進めようとしたのである．

　対外開放政策の結果，経済特区（とくに深圳）は外資系企業の進出や貿易の拡大に伴う経済的な発展を享受した(1)．それに刺激され，他の地域でも「対外開放政策の適用を求める声」があがってくるようになった（王［1996］84）．こうした地方の要望もあって，中国政府は84年，沿海部の上海や大連など14都市を沿海開放都市に指定した．沿海開放都市では，都市の一部区域に経済技術開発区を設置し，経済特区に準じた税制優遇措置を外資企業に適用することなどが認められた．

　翌85年には，長江デルタ，珠江デルタ，閩南デルタを沿海経済開放区に選定した（88年に山東半島，遼東半島を追加）．この沿海経済開放区は，優遇措置の面では経済特区などに劣るものの，適用地域を都市周辺の農村部まで拡大した点は，対外開放政策における大きな進展といえよう．88年には，ハイテク産業の育成を目的とした高新技術産業開発区を国家プロジェクトとして設置することになり，内資企業だけでなく，外資企業にも税制上の優遇措置を付与して同開発区への進出を促す取り組みが始動した．

　90年代に入ると，経済技術開発区及び高新技術産業開発区の数を増やすとともに，内陸部や国境地帯でも対外開放都市等が選定され，80年代よりも広範囲な地域で対外開放政策が展開されるようになった．雇用確保や地域振興の観点

から，地方政府も独自に開発区（工業団地）の設置や優遇策の実施に乗り出し，外資企業を積極的に誘致するようになった．こうして，ごく限られた経済特区から始まった対外開放政策は，沿海主要都市，そして内陸部へと，対象地域を次第に拡大させたのである．なお，2013年9月に開設された上海自由貿易試験区でも，新しい対外開放措置を試験的に実施し，その経験を他地域に普及させる漸進的な手法が採用されている（同試験区での取り組み概要は，本章コラム参照）．

（3）　WTO への加盟と FTA の締結推進

2001年12月，中国は世界貿易機関（WTO）に加盟した．これは，経済のグローバル化の進展を受け，中国が国内市場の一層の開放，市場経済及び自由貿易の理念とそぐわない制度の是正を内外に決意表明したものといえる．80年代からの対外開放路線の中でも，経済特区の設置と同等以上に重要な出来事としても位置付けられよう．

WTO 加盟のメリットとして，輸出や海外からの直接投資の量的拡大を通じた経済成長の押し上げが主に指摘されていた．国有企業や金融システムの改革を外部から促す効果への期待もあった．他方，市場開放による一部の産業への悪影響，中国の政治体制全体の変革を求める圧力となる可能性は懸念されていたものの，加盟に伴う経済的メリットの方が大きいと判断し，中国政府は加盟前から次のような譲歩を繰り返してきた．

86年7月，中国は「関税及び貿易に関する一般協定」（GATT，WTOの前身）に対し，「復帰」（地位回復）を申請した．新規加盟を申請すれば，50年の国民党政権によるGATT脱退を認めることになり，中国の政治的正統性を国際社会で主張する際に不都合との判断があったと推測される（濱田［2003］222）．しかし最終的には，中国は事実上の新規申請国として，加盟交渉を開始した．新規加盟申請国は，貿易及び投資の自由化を一段と求められたことから，外交上の主張を全面的に受け入れさせるよりも，貿易や直接投資の拡大につながるGATTへの加盟交渉を優先させた中国側の意向がうかがえる．

交渉を続ける中，対外開放分野の拡大や外資企業に対する規制緩和など，加盟するための条件は一層厳しくなった．通常の緊急輸入制限措置（セーフガード）よりも発動条件の緩やかな「産品別経過的セーフガード制度」や経過的検討制度など，中国から見れば「差別的な加盟条件」も提示された（濱田［2003］229-232）．これに対し中国政府は，「差別的な加盟条件」の終了期限の明記は求

130　第3部　経 済

めたものの，輸出補助金の廃止（91年）や関税率の引き下げに加え，こうした条件も基本的に受け入れ，WTOへの加盟を実現させたのである.

中国にとってWTO加盟は，対外開放路線の国際公約化を意味していた.「WTOを設立するためのマラケシュ協定」第16条4は，「加盟国は，自国の法令及び行政上の手続を附属書の協定に定める義務に適合したものとする」ことを求めていたからである. これに対し，中国政府は加盟議定書への調印の際，同条項に対する異議をとくに主張せず署名しており，貿易・投資の自由化に関連するWTOルールの遵守を国際的に約束したとみなされる. 仮に，一連の合意事項を意図的に履行しない場合や破棄した場合，中国に対する海外の信用度は大きく低下し，貿易や直接投資に支障をきたしかねない. こうした判断に基づき，中国政府は加盟以降も，関税の引き下げ・撤廃や外資企業に対する市場参入規制の緩和といった貿易・投資自由化措置，さらには対外貿易法などの関連法規の改正作業を総じて実施してきた. レアアースの輸出規制のように，WTO協定違反と認定された措置の是正策も講じている. その一方，アンチ・ダンピング措置の発動や他国における市場参入障壁の指摘など，WTOのルールや制度を用いて経済的な権益を確保する動きも活発化した.

WTOへの加盟後，中国の輸出や対内直接投資は加盟前よりも大幅に増え，2000年代の高度経済成長に貢献した. このようなメリットの半面，中国全体からみれば加盟のデメリットは限定的であり，対応可能な水準にとどまっている. 利害得失を比較したうえで，中国は加盟議定書の履行やルールの遵守にとどまらず，WTOの多角的通商交渉（ドーハ・ラウンド）にも加わったと考えられる.

ただし，ドーハ・ラウンド自体は，各国の利害が対立し，長らくこう着状態に陥っている. こうした状況を踏まえ，中国政府は近年，自由貿易協定（FTA）の締結に注力するようになった. 各国（地域）とのFTAの共同研究におこない，それが完了すれば交渉というプロセスを経て，いくつかの国や地域との間では協定調印にこぎつけ，関税撤廃及びサービス市場の開放が双方で段階的に実施されている.

締結相手をみると，ASEAN（2005年発効）やチリ（06年発効）など，発展途上国（地域）が先行していたが，ニュージーランドとのFTA協定調印（08年発効）を機に，オーストラリア（15年署名及び発効），韓国（15年発効）など，先進国（OECD加盟国）とのFTAも徐々に実現されつつある. さらに，中日韓（日中韓）FTAや東アジア地域包括的経済連携（中国，日本，インド，ASEAN諸国など

16カ国が参加）など，中国経済にとって，より大きなインパクトをもたらす
FTAの締結交渉も重ねている．

FTAの締結内容等から，中国の対外開放路線には，対外直接投資の拡大の
ように，当初なかった目的も加わったと判断できる．経済成長の加速よりも安
定成長の持続，国民の生活水準向上につながる消費財の輸入拡大に資すること
が従来以上に求められてもいる．そして，アジアインフラ投資銀行（AIIB）の
創設における中国の取り組みは，対外開放路線がもう一段高い段階に入ったこ
とを示す動きと考えられ，今後の展開が注目されよう．

第2節　貿易規模の拡大と構造変化

前節で概観した40年近い対外開放路線の継続と深化は，中国経済の規模を急
拡大させ，内外に多大な影響を及ぼした．こうした状況を踏まえ，対外経済関
係の中心である ① 貿易，② 直接投資の2項目の統計を使いながら，対外開放
期における量的拡大や構造変化を以下で個別に確認（本章第2節及び第3節）す
る．その際，貿易と直接投資の持続的拡大に向けた主要課題を指摘し，中国政
府の対応策についても整理したい．

（1）　輸出入額及び貿易依存度の推移

改革開放以前の貿易を概観すると，50年代は概ね拡大していたが，60年代に
入り輸出入とも年間20億ドル前後で低迷した．70年代になって低迷状態は脱し
たものの，77年の輸出が75.9億ドル，輸入が72.1億ドルと，現在の水準からみ
ればなお小規模であった．貿易依存度（輸出入総額／名目GDP）も，55年の12.1
％をピークに，60年8.8％，70年5.0％と，低下基調で推移した．自力更生を掲
げ，事実上の閉鎖経済であったため，当時の中国経済に対する貿易の影響力は
小さかった．

改革開放以降，輸出入額は大幅に増加する．79年時点の輸出は136.6億ドル，
輸入も156.7億ドルに過ぎなかったが，順調な拡大が続いた結果，輸入は93年，
輸出は94年に，それぞれ1000億ドルを突破した（図7-1）．

大幅な増加をもたらした契機として，貿易権（＝輸出入権限）制度の自由化が
あげられる．改革開放前，海外との貿易は，特定品目の貿易権をそれぞれ独占
する10社程度の対外貿易専業公司のみに認められ，企業間競争が生じる余地は

132　第3部　経済

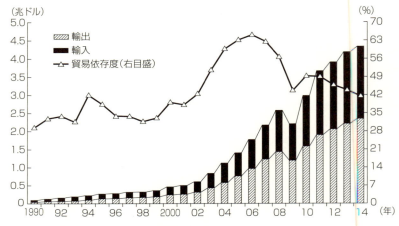

（注）　貿易依存度＝人民元建ての輸出入総額÷名目GDP×100.
（出所）　国家統計局『中国統計年鑑2015』.

図7-1　中国の輸出入額と貿易依存度（1990〜2014）

なかった．そこで対外開放路線の導入以降，中央政府は地方政府や企業にも貿易権を付与しはじめた．企業に付与した貿易権が自社製品の輸出及び生産設備の輸入に限定される等の問題は近年まで残ったものの，対外貿易専業公司による独占状態の解消を機に，海外との貿易取引は活発化した．

　為替制度の変更も，貿易の拡大につながった．対外開放策の進展とともに，ドルなどに対する人民元の為替レートを割高に固定して輸入費用を抑えることよりも，元安による輸出拡大が重視されるようになったのである．81〜84年には，中国人民銀行が発表する公定相場とは別に，貿易内部決済用の相場が設定された．この相場では，公定相場よりも人民元の対ドル為替レートが割安に設定され，輸出の拡大を促した．内部決済相場制の廃止後は，為替レートを一定期間維持して切り下げる政策が90年代前半までとられた．半面，輸出の拡大に呼応して設備等の輸入も増えたため，為替制度の変更が輸入拡大の妨げとはならなかった．外資企業による設備輸入や輸出に対する税の減免措置も，貿易の急増に貢献した一因といえよう．

　2000年代に入り増勢が再加速し，輸出入の規模は顕著な拡大を遂げる．07年には輸出，08年には輸入が年間1億ドルの大台を初めて突破した．リーマン・ショックで09年の貿易額は大幅に減少したものの，その後は拡大傾向が続き，

2014年の輸出は2兆3423億ドル，輸入は1兆9592億ドルと，いずれも過去最高水準を記録している．WTO加盟を機に，海外の企業が中国で製造拠点を構え，世界各地へ製品を輸出する動きを強めたことが2000年代における輸出の急拡大をもたらした．これに伴い原材料需要が急増し，同時期の輸入全体をも急伸させたとみられる．

輸出入規模の急拡大とともに，世界貿易における中国の地位も上昇を続け，2013年には米国を上回り，商品貿易の総額でトップに立った（ただし輸入は，米国に次ぐ第2位）．2014年も総額及び輸出で世界第1位の座を維持している．

他方，貿易依存度は90年代から2000年代半ばにかけて上昇傾向が続き，06年には64.8％に達した．ところが，翌07年以降は低下基調で推移するようになり，最新（14年）では41.5％と，WTO加盟前の水準に近付きつつある．国内市場の成長を背景に，内需が貿易を上回るペースで拡大したため，輸出入額は増え続けていたにもかかわらず，貿易依存度は06年を境に低下傾向をたどったと考えられる．

ただし，2012年以降に限定すると，輸出入の増勢は鈍化している．前述のWTO加盟を契機とする押し上げ効果のはく落のみでは，鈍化傾向を十分説明できない．むしろ，①先進国による外需アブソーバー（吸収）機能の低下，②中国国内の人件費及び為替レートの上昇を受けての輸出競争力の低下，③中国経済の成長減速に起因する原材料等の需要減退の3点が，貿易の増勢を鈍化させた主因とみられる．

これに対し，中国政府は，商品の高付加価値化によって輸出競争力の維持・強化を図る方針である．通関手続きの簡素化，輸出入時の関税や通関手数料の引き下げ等の奨励策も相次いで実施されている．半面，貿易摩擦を回避するためか，切り下げを含む大幅な元安誘導策は手控えられており，政府主導で賃金引き下げを誘導し，コスト削減につなげる動きもいまのところ見受けられない．

これらを総合すると，貿易の増勢が急回復する可能性は低く，地道な取り組みを通じて安定的な伸びを持続していくことが，中国の貿易政策上の最重要課題と位置付けられる．

（2） 貿易構造と相手先の変化

改革開放以降の貿易を①主要相手，②産品別構成，③主体（企業）という三つの側面からみると，以下のような特徴が明らかとなる．

134　第3部　経済

　主要相手別ではまず，輸出面における米国の重要性の高まりを指摘できる（表7-1）[3]．米国との貿易は，50年代から70年代前半まで皆無に等しかった．しかし改革開放後，対米輸出は急増した．99年には香港向けを上回り，米国が中国にとって最大の輸出相手となった．2007〜2011年の5年間は欧州連合（EU）に抜かれて第2位であったが，2012年にEU向けを再び上回って以降，米国は中国の輸出先第1位の座を維持している．半面，輸入に占める米国の割合は輸出ほど大きくないことから，輸出入の不均衡が米中間の主要な経済問題となりがちである．そのため，対立緩和に向けた二国間の協議とともに，米国製品の購入等の不均衡是正策も，何度か実施されている．

　輸入では，アジアの国や地域の順位の上昇を指摘できる．今や中国にとって東南アジア諸国連合（ASEAN，10ヵ国）は，EUに次ぐ2番目の輸入相手（2014年）となった．80年代末までは計上されていなかった韓国は第3位，台湾は第6位と，上位を占めている．全体と同様，こうした地域や国からの輸入額も，2000年代に入り大幅な増加傾向を示した．それに伴い，中国経済はアジアの成長加速ないしは減速要因としての重要度を増している．

　対日貿易は，近年の伸び率が他の主要貿易相手と比べて緩慢であったことに加え，政治的な対立が足かせとなり，全体に占める割合は低下傾向を示してい

表7-1　中国の輸出入（国・地域別）

（単位：%）

輸出	米国	日本	ASEAN	韓国	台湾	香港	EU	その他
1990年	8.3	14.5	6.4	2.0	0.5	42.9	11.0	14.3
2000年	20.9	16.7	7.0	4.5	2.0	17.9	16.5	14.5
2010年	18.0	7.7	8.8	4.4	1.9	13.8	19.7	25.8
2014年	16.9	6.4	11.6	4.3	2.0	15.5	15.8	27.5

輸入	米国	日本	ASEAN	韓国	台湾	香港	EU	その他
1990年	12.4	14.2	5.8	1.3	4.2	26.7	18.8	16.6
2000年	9.9	18.4	9.9	10.3	11.3	4.2	13.9	22.0
2010年	7.3	12.7	11.1	9.9	8.3	0.9	12.1	37.8
2014年	8.1	8.3	10.6	9.7	7.8	0.6	12.5	42.4

（注）　1．四捨五入により，各項目の合計が100にならない場合もある．
　　　　2．EUは，中国の貿易統計の定義に従い，27加盟国で統一して輸出入に占める割合を算出．
（出所）　国家統計局『中国統計年鑑』（各年版）．

る．輸出は第2位（1990年）から第5位（2014年）へ，輸入は2011年に18年維持してきたトップの座をEUに明け渡した後，ASEANや韓国にも追い抜かれ，第4位に順位を下げた．ただし，日本企業による中国での現地生産の本格稼働や部品等の現地調達比率の上昇が輸出入の伸びを押し下げる効果があった点にも注意を払う必要はあろう．

なお，最近，中国人観光客による日本での大量購入が注目を集めている．これは統計上サービス貿易に分類されるが，帰国後も家電や紙おむつなどの商品を継続的に購入するようになれば，日本の対中輸出にとって新たな拡大の好機となる可能性も秘めている．

産品別構成の特徴として，輸出に占める工業製品の割合の高さを指摘できる（図7-2）．1980年代までは，一次産品（食品など）中心の構造が続いた．80年代半ばに入って工業製品の割合は60％を超えるようになったが，原油等の鉱物性燃料の輸出が大きく伸びたこともあり，一次産品の比率も30～40％台を維持した．その後，国内での消費などを背景に，鉱物性燃料の輸出が低迷する一方，工業製品の輸出は急増し，現在では工業製品の輸出が全体の95％を占め，一次産品の比率は5％にも満たない．工業製品を細分化すると，家電やパソコンなどの機械類の割合が上昇し，90年代半ば以降は輸出額トップで推移している．半面，衣料や家具といった労働集約型の製品が主力輸出品の一角を占めていることも，注目すべき特徴である．

他方，輸入品目の構成（2014年）は，工業製品が67.0％，一次産品が33.0％

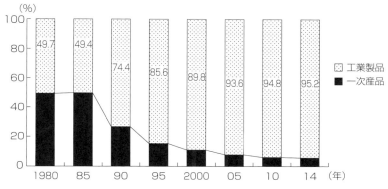

（出所）　国家統計局『中国統計年鑑2015』．

図7-2　中国の輸出品目構成

となっている(図7-3).80年代の半ば以降,一次産品の占める割合は低下基調であったが,2000年代初めを境として,一次産品のシェアは拡大傾向を示している.原油をはじめとする鉱物性燃料の輸入額の大幅な増加がシェア上昇につながった.また,集積回路などの部品が上位に多く入っているのも中国の輸入構造における主要な特徴の一つである.

貿易主体別では,外資企業が最大の担い手となったことがあげられる.外資企業による貿易額は,1980年分まで遡及できる.80年時点での外資企業の輸出は800万ドル,輸入は3400万ドルに過ぎず,貿易全体に占める割合は1%にも満たなかった.しかし,中国の対外開放政策の進展で海外から企業進出が相次いだ結果,外資企業による貿易は急拡大し,輸入は1996年,輸出は2000年に国有企業を初めて上回った.今日に至るまで,外資企業は最大の貿易主体としての地位を維持している.ただし,輸出あるいは輸入に占める割合でみると,2000年代半ばにピークを迎えた後,外資企業の占める割合は徐々に低下し,ここ数年はいずれも50%を割り込んだ.近年,民営企業が外資企業を上回るペースで輸出入を急拡大させており,これが外資企業のシェアを低下させた主因といえよう.

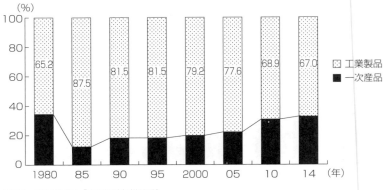

(出所) 国家統計局『中国統計年鑑2015』.

図7-3 中国の輸入品目構成

第3節　直接投資の拡大と双方向化

(1)　対内直接投資の拡大と外資優遇措置の見直し

改革開放以降の対中直接投資について，①金額，②国・地域別，③業種別の三つの側面から整理したい．

実行ベースの金額の推移は，四つの時期に区分できる（図7-4）．1980年代は第1期と位置付けられ，対外開放路線の導入によって，海外から年間20～30億ドル程度の直接投資がコンスタントに入るようになった．第2期は，1990年代である．92年の鄧小平の「南巡講話」を契機に，89年の第二次天安門事件以降停滞していた改革開放の再加速が決定的になったことを受け，直接投資の規模は年間数十億ドルから400億ドル前後まで急増した．

第3期は2000～2010年までの期間を指し，WTOへの加盟によって，中国が世界的な製造拠点，さらには巨大市場として注目され始めたことにより，海外の企業による対中直接投資が著しく増加した時期である．外資企業の対中直接投資を通じて，中国の工業製品の生産・輸出基地としての条件が次第に整備さ

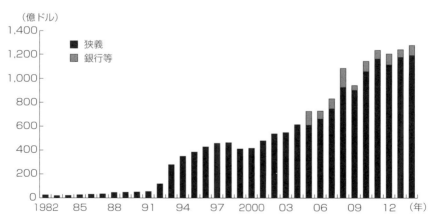

(注)　1. 1982年は，79年からの累計値．
　　　2. 狭義には，銀行，証券，保険向けの直接投資が含まれない．
　　　3. 2004年以前は，銀行向け等の直接投資が未発表．
(出所)　国家統計局『中国統計年鑑』(各年版)及び『中国経済景気月報』(2015年1月号)，商務部『中国商務年鑑』(各年版)．

図7-4　対中直接投資額の推移（1982～2014）

れ，それが系列企業や同業他社の中国進出を促す原動力となり，さらに大きな投資を呼び込む効果も加わり，年間の対中直接投資総額は1000億ドルの大台を突破した．そして2011年以降は，高水準（1100億ドル前後）を維持しているものの，対中直接投資の増勢は鈍化し，前年比横ばいで推移するようになったことから，第4期と定義される．

国・地域別では，香港からの直接投資が圧倒的に多い．1979～2014年の直接投資額の累計では，香港が全体の46.5％を占めた．単年でみると，シェアを落としていた時期もあったが，近年は持ち直し，対中直接投資全体の半分強が香港からである（図7-5）．これは，香港との経済貿易緊密化協定の締結及び拡充によって，香港企業（条件を充たした在香港の外資企業も含む）が中国市場で他の国や地域よりも市場開放の面で好条件を享受できる点が評価された結果と考えられる．香港独自の法制度や金融システムに対する信頼感を背景に，香港経由の中国事業展開が近年再注目されたことも，対中直接投資に占める香港の割合を上昇させる大きな要因となった．

香港に次いで，欧米や日本，韓国といった先進国・地域が上位の一角を占めている．資金だけでなく，高度な技術や経営手法も海外から導入したいとの方針に沿った結果といえよう．

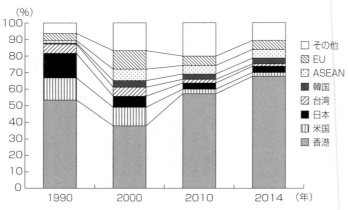

(注) 1. 銀行，証券，保険向けを含まない実行総額で計算．
    2. ASEANは10カ国，EUは27カ国で算出．
(出所) 国家統計局『中国統計年鑑』（各年版），ジェトロ『中国データ・ファイル』（各年版）など．

図7-5 国・地域別対中直接投資シェア

第7章　経済のグローバル化　　*139*

　日本に関しては，足元における投資額の激減及び回復の遅れが指摘されている．2012年の日中の政治的対立前に契約した案件が実施段階に入り，2013年通年までは大幅な落ち込みは回避された．しかしながら，そうした下支え要因がなくなった2014年入り後，投資額は前年同期の半分程度まで縮小し，そこからの回復ペースも芳しくない．とはいえ，日本はなお主要な対中直接投資国・地域の一つである．厳しい状況下でも，多くの日本企業が中国を巨大かつ成長性の高い市場と位置付け，拠点新増設などの事業展開を続けている．政治的な対立が再燃しなければ，日本企業の対中事業展開への意欲は徐々に回復し，一定水準の対中直接投資の実行を期待できよう．

　業種別では，直接投資全体に占める製造業のピークアウトが近年顕著になっている．ピーク時（2004年）には，対中直接投資全体の71％を製造業が占めていた．ところが，2005年以降シェア（銀行向けなどを除く）は低下傾向をたどり，2014年には33.4％と，ピーク時の半分にも満たない水準まで縮小した．増勢を維持していた金額も，2012年から3年連続で前年実績を下回っている．製造業向け直接投資の減少要因として，人件費等のコスト上昇や元高基調が指摘される．労働集約型の典型とされる紡織向け投資の減少は，その証左といえよう．

　他方，卸売・小売，情報通信・コンピュータサービス，不動産といった第三次産業向けが拡大し，対中直接投資全体の増勢もけん引するようになっている．

　改革開放路線への転換以降，中国政府は外資企業による投資を概ね歓迎し，進出した外資企業に対して税制上の優遇措置（例えば，内資企業より低い税率での企業所得税の課税，黒字転換後の2年間は企業所得税を免除，その後の3年間は半分に軽減という「二免三減」）を付与してきた．地方政府も競い合うように，税の減免措置を打ち出し，外資企業の誘致活動を積極的に推進してきた（佐野［2014］46）．

　ところが，2004年に「外資見直し論」が浮上した頃から，こうした姿勢にも変化が生じはじめた．「外資見直し論」の主なポイントは，① 外資系企業と地場企業の税負担の不公平，② 外資系企業による技術移転は必ずしも最新のものではなく，中国の技術水準向上につながらない可能性，③ 土地や資源を多く使う企業が中国に集中し，環境問題の悪化をもたらすとの懸念であり，外資企業の中国進出による経済・産業面のデメリットを指摘し，優遇措置の是正を求めるものであった（大橋［2008］118-120）．

　これに対し，当時の胡錦濤政権は「対外開放の堅持」を国策の基本と位置付け，外資誘致政策の継続を繰り返し強調した．ただし，見直し論の主張に配慮

してか，2006年からの「第11次五カ年計画」では，「外資利用の質的向上」や「企業所得税の統一」といった方針が盛り込まれた．「外資利用の質的向上」については，外資利用に関する五カ年計画などで具体化され，① 資金の確保から先進技術や経営管理手法，優秀な人材の導入に重点を転換，② 環境保護，省資源・エネルギー対策推進への貢献，③ 国内産業構造の高度化や技術水準向上への寄与の 3 項目が外資誘致の主要目標として掲げられた．

「企業所得税の統一」では，2008年 1 月に「企業所得税法」を施行し，外資企業と地場企業の企業所得税率を25％に一本化するとともに，外資系企業に対する優遇措置（低税率の適用や「二免三減」）の段階的縮小及び一部廃止を決定した．その他の税目においても，従来適用対象外であった外資企業への課税が相次いでおこなわれた結果，外資優遇措置を縮小する方向での税制統一は2010年末までに概ね完了した．後継の習近平政権においては，税収確保の観点から，地方独自の外資優遇措置の見直しも検討されはじめている．

税制面における外資優遇措置の見直しを進める一方，外資企業を誘致する方針は現在まで堅持されている．ただし，従来とは異なる特徴も指摘できる．例えば，1995年に施行された「外商投資産業指導目録」は，その後 6 回改訂されている．近年の改訂版（2012年及び15年施行）では奨励類の数を増やし，どの業種を歓迎したいのか，詳細に示す傾向が強まっている．同時に，完成自動車の製造を奨励類から許可類，制限類への変更など，生産過剰や市場の過熱といった問題の続いた業種への直接投資を抑えるための変更も繰り返されている．このように，産業高度化や環境・省エネ対策の推進など，他の政策からの要請にも応えるべく，中国政府は選別的な外資誘致政策をとり，それを適宜調整している．

また，外資企業の設立及び事業展開に関する規制緩和，投資家の法的保護強化といった外資企業が事業活動をおこないやすい環境の整備にも注力している．法的保護強化を示す例として，2014年に発効された日中韓投資協定があげられる．

景気動向によって一時的に停滞する可能性はあるものの，中国政府の目指す方向に海外からの直接投資を誘導し，量ではなく質的側面を重視する流れは一層強まろう．

（2） 対外直接投資の急増と摩擦への対応

2000年代半ば以降は，中国企業による海外への直接投資も活発化している．商務部によると，2014年の対外直接投資は1231億ドルと，05年の10倍の規模に拡大した（図7-6）．投資引き揚げに伴うマイナスを含むか否かなど，集計範囲の違いには留意しなければならないものの，これは14年の対中直接投資総額（1285億ドル）に匹敵する水準である．いまや中国は，海外からの直接投資の受け入れ先としてのみならず，直接投資を海外に提供する側としても注目されている．

国・地域別にみると，香港がフロー及びストックの両方で，全体の60％弱を占める（2014年）．『中国対外直接投資統計公報』や各種報道から，香港に関しては域内での事業展開よりも，利便性の高い金融市場での資金調達，さらにはその資金を使って別の国や地域の企業を買収することが投資の主目的と考えられる．香港やタックス・ヘイブン以外では，米国やオーストラリアへの直接投資が多い．貿易摩擦の回避や資源の確保がこうした国に進出する主な動機といえる．

対日直接投資は拡大基調で推移しているものの，その規模は過去最大となった2013年でも4億ドルを超えた程度（フローベース）に過ぎず，全体に占める割合も1％未満にとどまっている．しかしながら，技術やノウハウの習得という

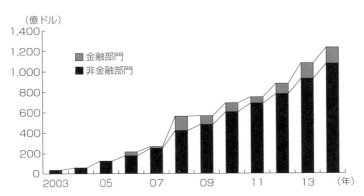

（注） 1．ネットのフローベース．
　　　2．2003〜05年は，金融部門からの投資額が公表されず．
（出所） 商務部，国家統計局，国家外為管理局『2014年度中国対外直接投資統計公報』（2015年）など．

図7-6 中国の対外直接投資

上海自由貿易試験区の開設

　2013年秋，上海自由貿易試験区（以下，試験区）は名実ともに始動した．上海での試験区の設置は，起業などの経済活動に関する政府の許認可権限の見直しや対外開放の深化に取り組むモデル地区を欲していた中央政府の意向に基づくものといえる．上海であれば，こうした取り組みに伴うリスクに耐え得るとの判断もあった．

　試験区の主な特徴は，以下の3点である．第1に，海外からの直接投資について投資禁止分野のみを掲載したネガティブリスト方式を初めて導入したことである．現行の「外商投資産業指導目録」はポジティブリスト方式のため，掲載外の業種での事業展開が認められるのか否か，企業としては判断しづらかった．しかし，ネガティブリスト方式の場合，リストに書いてなければ原則参入可と容易に判断でき，外資の進出を促すとともに，行政機関による企業活動への過度な介入を減らす効果が期待される．

　第2に，サービス業での市場開放を強調したことである．試験区の全体プランは6分野18業種の開放拡大を掲げたが，金融や商取引など，すべてサービス業であった．製造業中心，あるいは総花的なものになりがちであった従来の外資誘致策とは大きく異なっている．

　第3に，他地域での適用拡大を前提とし，規制緩和や市場開放などの実験地となるよう設置当初より明確に求められていたことである．実際，2015年春までに上海自由貿易試験区の面積拡大に加え，天津市，広東省，福建省にも自由貿易試験区が設置された．

　試験区の主要な成果として，①サービス業を中心とする同区内への企業進出の増加（ジェトロ『日刊通商弘報』2015年5月7日付け記事），②起業や通関手続きに関する規制緩和，③外貨建て預金金利自由化の先行実施があげられる．半面，制度上は参入可能でも，実務上の根拠となるべき細則が出そろわないなど，参入を躊躇させる問題点はなお残存する．金融面での改革の進展が不十分なことも問題視されている．上海自由貿易試験区の開設が経済特区の設置，WTO加盟と並ぶ対外開放政策面における重要な出来事と位置付けるには，試験区の地域拡大とともに，残された問題点の改善が不可欠であろう．

面では，日本（企業）は有力な投資先の一つになり得る．

　中国企業による対外直接投資が急拡大している要因として，次の3点を指摘できる．第一に，共産党や政府による「走出去」（海外進出）戦略の提唱と，具体的な奨励措置の拡充である．2002年11月の16全大会では，「走出去」戦略の実施を「対外開放の新段階の重要な動き」と評価した上で，「企業が海外に投資することを奨励し，（中略）実力のある多国籍企業と有名ブランドを作り上げる」という目標を明示した（江沢民［2002］29）．この共産党大会を機に，「走出去」は対外開放路線における基本方針の一部と位置付けられ，対内直接投資（対中直接投資）と同等以上に推奨されるようになった．また，投資国・地域あるいは海外投資関連の情報提供，対外投資に関する手続きの簡素化といった具体的な措置を相次いで実施している．最近では，財政資金による支援も海外進出奨励策の中に盛り込まれるようになった．投資保護協定の締結推進も，対外投資促進策の一環といえる．

　第二に，海外進出の重要性が増していることである．企業買収が対外直接投資の主流ではあるものの，輸出に伴う貿易摩擦の回避に加え，近年では人民元の対米ドルレートの上昇に伴うコストの削減を目的に，海外での現地生産が有力な選択肢として検討され，実施に至ったケースは少なくない．

　第三に，資源や技術の確保である．需要が急増する一方，国内生産では需要の半分程度しか賄えない原油をはじめ，経済活動に不可欠な資源の確保は中国にとって喫緊の課題となっている．こうした情勢を踏まえ，海外での石油パイプラインの建設，油田，鉱山の買収を積極的に進めた結果，業種別の上位に採鉱業が入り続けている．高い技術を有するものの，経営状況が芳しくない海外の企業を中国企業が買収する動きも，ますます活発化している．

　対外直接投資の急増は，中国（企業）に対する懸念や反発を高めるとともに，進出先でのトラブルを引き起こす要因にもなっており，対応が急務になっている．「中国投資有限責任公司」の設立（2007年9月）は，摩擦対策の一例といえる．この政府系ファンドは，海外企業の買収や経営支配にはあまり乗り出さず，投資ファンドや金融機関への一部出資にとどめている．中国政府の介入を受けず，収益の拡大のみが投資の目的であることも繰り返し強調し，業務に対する懸念の払拭に努めている．海外からの反発を意識し，批判を浴びないよう自重する姿勢が強くうかがえる．

　その他の摩擦対応策として，中国企業への注意喚起があげられる．2008年9

月施行の「対外請負工事管理条例」第4条では，工事請負国での法律の遵守や経済発展への貢献などが明記された．相手先の経済や社会への貢献については，その後も繰り返し強調され，対外投資の推進とセットで言及されるようになっている．中国企業の海外での事業展開について，利己的な行動があまりにも多く，進出先にメリットを十分もたらしていないとの指摘を踏まえたものとみられる．こうした対策を通じて，摩擦が緩和していくのか否か，中国の対外直接投資を展望していくうえでの注目点である．

　中国経済の減速で資源確保目的の対外直接投資は一時的に鈍化するかもしれない．とはいえ，海外市場の開拓に向けた地場企業の取り組みを促す効果も指摘できる．政府の奨励策を含めて判断すれば，対外直接投資の拡大傾向はいまのところ維持される可能性が高い．

注
（1）　経済特区でおこなわれた施策に対する批判の内，イデオロギー的な批判およびその後の展開に関しては本書第2章を参照されたい．輸出比率が低いなどの批判については，部分的に受け入れられ，是正策が講じられた．
（2）　産品別経過的セーフガード制度（Transitional Product-Specific Safeguard）は，中国からの輸入品のみを対象とする緊急輸入制限措置であり，中国の加盟後12年間に限り有効として，加盟議定書第16条に明記された．経過的検討制度は，加盟時の約束やWTO関連規定を中国が遵守しているか否かを点検するために実施される．加盟後8年目までは毎年，最終検討を10年以内におこなうことが同第18条に盛り込まれている．
（3）　『中国対外経済貿易年鑑1994/95年版』によると，93年に仕向地及び原産地の集計基準が変更され，従来香港との貿易とされた取引でも，欧米や日本との貿易にカウントされるようになったものがある．

（佐野淳也）

第 4 部
社 会
―― 混沌に生きる人々，多元化する価値 ――

湖北省の小学生

写真提供：新華社＝共同

新たな人口政策のスローガン（2008年8月，アモイ市コロンス島）

撮影者・家近亮子

第8章　社会の構造と変容

第1節　毛沢東時代の社会構造——重層的身分制社会の実態

　中国の社会構造は改革開放に伴う経済発展よって質的変化を成し遂げてきた.
本章では，まず毛沢東時代の社会構造の特徴を明らかにし，それが改革開放に
よってどのように変化し，またその変化が今後の国家と社会の関係にどのよう
な影響を与えるかを検討する.

　毛沢東時代においては，共産党による一元的支配体制と高度な中央集権的計
画経済体制の下であらゆる社会的資源が党＝国家によってコントロールされて
いた. そのため，中国においては「強い国家・弱い社会」，さらにいうならば
「国家あって社会なし」という状況が形成されていた. 毛沢東時代の社会構造
の特徴は以下三つの制度から見てとれる. 第一はあらゆる社会構成員が「階級
成份」を与えられている階級区分制度，第二は都市と農村を遮断し，二元的社
会構造が形成される決定的要因となった戸籍制度，第三は社会の構成員全体を
それぞれの「単位」（農村では「人民公社」）に帰属させる単位制度，である. 筆
者はこのような毛沢東時代の社会を「重層的身分制社会」と定義することにす
る.

（1）　階級区分制度

　共産党とりわけ毛沢東の階級理論は戦術論として構築されてきた. つまり革
命闘争において「誰が敵か，味方か」という実用主義的観点が貫かれていたの
である. 1949年9月に開催された政治協商会議で通過した「共同綱領」におい
ては，中華人民共和国は「労働者階級が領導し，労農連盟を基礎とし，民主的
諸階級と国内諸民族を団結させる人民民主独裁をおこなう」と規定されている
（第1条）. その「人民民主独裁」とは，労働者階級，農民階級，革命軍人，知
識分子，プチブルジョア，民族ブルジョア，少数民族，華僑及びその他の愛国
民主分子による人民民主統一戦線の政権である.

148　第4部　社　会

　国共内戦期に始まった土地革命を完遂するために，1950年8月4日政務院（後の国務院）第44回会議で「農村における階級の画定に関する決定」が通過した．そこでは，土地など生産手段の占有状況に基づき，農村人口は地主，富農，中農，貧農などに分けられた．この時の土地革命によって地主の土地は没収され，富農の土地所有も一部制限されるようになった．そして，農村人口の90％以上を占める貧農・中農に90％以上の土地が配分された．つまり土地革命以降の地主，富農などは既存の資産を失い，その経済的地位は著しく低下したのである．その後階級区分はもはや経済的意味を失い，政治的意味でのみ利用されていく．毛沢東時代の度重なる階級闘争の中で，彼らは常に「階級敵」とみなされ，批判の対象となったのである．

　都市においては毛沢東の提起した過渡期の総路線の下で，手工業と私営工商業に対する社会主義的改造が1956年に基本的に完了した．その結果，プチブルジョアと民族ブルジョアが階級区分の中から消滅し，労働者階級はそれまでの無産階級から社会主義生産手段の共同所有者になり，国家の「領導階級」の地位を与えられることとなる．

　この時期農民と労働者の他に，「知識分子」（知識人）という特殊な階層が存在していた．建国初期，共産党は中華民国時期の専門家，学者と職員及び青年学生に対して思想改造をおこなった上，彼らを労働者階級の一部とみなした．しかし，その後の反右派闘争と文革の中で，知識人はしばしば批判の対象となった．その意味で，彼らに与えられた労働者階級の一部という身分は極めて流動的であったといえる．

　以上で分かるように，毛沢東時代の中国社会は彼の階級理論に基づいて分類すると，基本的に「二つの階級，一つの階層」すなわち労働者階級，農民階級と知識人階層からなっていたということができる．

　毛沢東の「階級闘争を要とする」「継続革命」という路線の下で，階級区分は極めて政治的色彩を有するものであった．階級の良し悪しは就業，結婚，進学，入党，従軍，昇進などに大きな影響を及ぼした．文革時期に「紅五類」は優位に立ったのに対して，「黒五類」は，叛徒・特務・「走資派」と知識人を加えて，「牛鬼蛇神（悪鬼邪神）」と称され，批判と打倒の対象とされた．その家庭の構成員もさまざまな面で差別を受け，「出身血統主義」（第2章注11参照）が横行していた．そのような階級区分によって，階級間の人間不信と対立が生じ，人間形成と社会の発展に深刻な歪みをもたらしたことはいうまでもない．

（2） 戸 籍 制 度

　新中国が成立した当初，政府は都市と農村間の人口移動に関してあまり厳し
く制限しなかった．50年代に入って工業化の進展に伴い，農民が大量に都市に
流入し始めた．その結果，食糧と副食品の供給及び交通，住宅，失業，治安な
どの問題が発生したため，政府は農民の都市への流入を制限し始めた．それが
「戸口」（戸籍）制度が作られる契機になった．

　1958年1月9日全人代常務委員会で「戸口登記条例」が通過した．条例第10
条では，「公民が農村から都市に移転する際，必ず都市労働部門の採用証明，
学校の合格証明もしくは都市戸籍登記機関の転入許可証明を持参し，常住地の
戸籍登記機関に転出手続きを申請しなければならない」と規定している．この
条例の発布によって，農民は「農業戸口（農村戸籍）」を，都市住民は「非農業
戸口（都市戸籍）」をもつことになった．

　その後，大躍進期，多くの農民が労働者として都市に流入したが，その失敗
後，膨張した都市人口を削減するため，政府は1961年から農民の都市への流入
をいっそう厳しく制限するようになった．以降，農村から都市へ，そして小都
市から大都市への流入はほぼ不可能になった．農村に生まれた者は大学進学も
しくは人民解放軍に入隊して幹部に昇進しない限り，都市戸籍を取得できない．
このように，中国社会は戸籍という見えない壁によって遮断され，都市と農村
という閉鎖的な二元的社会構造が形成されたのである．換言すれば，中国社会
は農民と都市住民という二大階層からなっていたのである．

　1954年に発布した憲法第85条では「公民は法律上すべて平等である」と規定
し，第90条では「公民は居住及び移転の自由を有する」と謳えている[1]．しかし，
農民にとっての「平等」はまさに「法律上」のものに過ぎず，都市と農村にお
ける利益の配分は極めて不平等であった．それは具体的に食糧・副食品と燃料
の供給，住宅，教育，就業，医療，労働保障と養老保険などの面から見てとれ
る．その結果，都市と農村の間には経済面だけでなく，文化・教育・思想意識
などの面においても大きな隔たりが生じた．戸籍による身分がほぼ世襲的でか
つ極めて不平等であるところに当時の社会構造の大きな特徴が見出されるので
ある．そのような二元的社会構造が社会の近代化を阻害してきたことはいうま
でもない．今日に至っても，戸籍制度は中国が抱えている最も大きな社会問題
に関わっている．

（3） 単位制度

　単位とは都市におけるあらゆる企業・機関・学校・軍・各種団本の構成員が所属する組織のことである．単位はその職能から機関単位（党政機関），事業単位と企業単位の三つに分類される．単位はさまざまな機能を有しているが，具体的には政治的，経済的及び社会的機能に分けられる．まず政治的機能は主に共産党による一元的指導と政治動員のためのものである．次に経済的機能であるが，事業単位と企業単位の主な活動と政策決定などは上級党政機関の許認可を得なければならないため，党政機関は間接的に生産活動に携わっているといえる．最後に社会的機能は社会保障制度とその機能をさす．単位はすべての所属者に医療，年金，住宅など各種の社会福祉を提供してきた．一部の単位は病院，学校，食堂，公共浴場などを設けていた．いうなれば，単位は一つのコミュニティーでもあった．すべての所属者は平等にそれらの福祉を享受することができた．そのため，単位においては競争意識が薄く，平均主義が蔓延するようになった．

　単位制度は一種の身分制度とみなすことができる．それは単位の人事管理制度から見てとれる．単位の人事管理制度は主に編制，職位と賃金制度などからなっている．それらは最も単位間の等級を表している．編制管理制度は，単位の機構設置数，行政上の隷属関係などを含んでいる．機構設置数に当該単位の規模を表し，機関単位と事業単位の規模が大きいほど財政予算が多く配分される．また，行政上の隷属関係は単位の等級を決定するものである．等級が高いほど地位が高く，より多くの資源と権力が得られる．それぞれの単位が一級上の単位からだけでなく，同レベルの党組織と政府による指導をも受ける．それによって都市社会は一つ一つ閉鎖的な単位に分割されたのである．職位制度の側面から考えると，すべての単位の構成員は幹部と労働者の二つに大別できる．幹部と労働者はともに都市社会に居住しているが，その賃金・待遇などは大きく異なっている．総体的にいうならば，幹部の待遇は労働者よりはるかに良い．幹部の給料は主に役職と地域別という二重の基準で定められている．それはまた他の業界の給料体制の基準にもなっている．

　毛沢東時代の都市において，給料は人々の唯一の収入源であった．そのため，給料水準は都市住民の経済的地位そのものを表していた．当時幹部と労働者間の移動が極めて少なかったことを考慮すると，所属単位の序列は名声及び収入との間に高度な一致が見られるといえる．いわば厳格な身分制構造が形成され

第8章　社会の構造と変容　*151*

ていたのである．

　以上で分かるように，毛沢東時代の中国社会は階級区分制度，戸籍制度と単位制度によって規定された重層的身分制社会として特徴づけられる．

第2節　改革開放と社会構造の変容

　では，改革開放以降，上述した重層的身分制社会はどのように変容したのであろうか．それは主に以下四つの側面から見ることができる．

（1）　脱イデオロギー化に伴う階級区分制度の崩壊

　1978年の共産党11期3中全会後，中国は脱イデオロギー化を加速させ，従来の階級区分制度は変化を余儀なくされた．農村に関しては，共産党は1979年1月より地主・富農・反革命分子・悪質分子という「四類分子」に対して「摘帽子（名誉回復）」することを決定した．都市においては，共産党は同年11月より社会主義改造時に「資本家」もしくは「資本家の代理人」というレッテルを貼られた「小商・小販（行商）」，小手工業者に対しても名誉回復をおこない，労働者の一部としてみなした．

　同時に共産党は反右派闘争及び文革などの政治運動で発生した「冤仮錯案（冤罪・でっち上げ・誤審の事件の総称）」による被害者の名誉回復にも着手した．1981年前半には右派分子に対する名誉回復工作は基本的に終了し，54万人あまりが名誉回復された．1982年末に至って，文革で叛徒・特務と反革命に決めつけられた党・国家と軍隊の指導者，党外人士などに対する名誉回復も基本的に終了し，300万あまりの幹部が名誉回復された．そのような一連の名誉回復工作の過程で，毛沢東時代の政治的色彩が強い階級区分制度が解体していったのである．

（2）　農村経済体制改革と農民の階層分化

　農村における家庭生産責任制の導入によって，農民は家庭を単位とする独立した経営生産者になった．そのため，従来の生産小隊，生産大隊，人民公社という3段階集団所有制は存続する意義を失い，1985年1月に全国5万4000の人民公社のうち98.4％が解体した．

　人民公社制度の解体は農民の階層分化を促す要因になった．生産責任制の導

152　第4部　社　会

入によって生産力は著しく向上したが，それに伴って大量の余剰労働力が出現した．余剰労働力の就業ルートは主に三つある．一つは農業生産自体，二つ目は郷鎮企業，三番目は都市への出稼ぎである．余剰労働力の就業問題は農民の階層分化のきっかけになった．

　農民の都市への出稼ぎは戸籍制度の緩和を促すこことなった．1984年10月に政府は経営能力と専門技術をもつ農民の「集鎮」（非農業人口が主で，都市より規模の小さい居住区）での就業と移住を認め，1980年代末ごろ「小城鎮」（「集鎮」より規模の大きい農村小都市）への移住も認められるようになった．その後公安部の主導下で一部の「小城鎮」において戸籍改革が実験的におこなわれた．2001年5月に国務院は全国各地に同年10月1日までに小都市の戸籍制度改革を全面的に展開するよう命じた．それを契機に，県級市の市区，県人民政府所在地の鎮，及びその他の「建制鎮」（国家が行政制度に基づいて設立した鎮）において，固定した住所，安定した職業もしくは収入源を有する者とそれに同居する直系親族は，すべて本人の意思に基づき都市常住戸籍を取得することができるようになった．

　今日，河北，遼寧，山東，広西，重慶，湖北など13の省・自治区・直轄市が前後して「農業戸口」と「非農業戸口」という区分を廃止し，統一して「居民戸口（住民戸籍）」と称するようになっている（王［2012］）．上海，重慶，瀋陽，成都などは率先して「暫住人口居住証」制度を導入した．「暫住人口居住証」をもつ流動人口は納税の義務が課されるが，都市住民と同様な待遇を享受することができるようになった．このように農民が自らの意思に基づいて移住できる地域の範囲は徐々に拡大され，長期にわたって都市と農村を遮断してきた見えない壁はようやく取り外され始めている．それらの政策は農民の階層分化及び都市化をいっそう促進している．

　2014年7月に国務院は「よりいっそう戸籍制度改革の推進に関する意見書」を公布した．「建制鎮」および人口50万以下の小都市においては，農村戸籍所持者が固定住所さえあれば，常住戸籍の申請ができる．人口50万から100万までの中型都市においては，安定し収入，合法的住所，社会保障加入状況などに応じて，都市戸籍の申請が認められる．人口100万から300万の大都市においては，中型都市と同じように門戸開放するが，人口300万から500万の大都市においては，人口の急増を避けるために，比較的厳格な制限が設けられている．人口500万以上の特大都市に関しては，さらに厳格に制限している．戸籍制度は，ただ住民登録だけでなく，養老保険制度，公共衛生サービス，教育，住宅保証

第8章　社会の構造と変容　　*153*

制度などに密接にかかわっているため，その改革がなかなかスムーズに進められないのが現状である．

　2006年より農業税が廃止されたことよって，農民の負担がかなり軽減された．また，土地の収用・開発などによって莫大な利益を得た農民も数多くいる．そのほかに，近年中国政府が農民に有利な政策を次から次へと打ち出している．そのような背景から，都市戸籍よりも，あえて農村戸籍のままでいたいと考えている農民もいる．

（3）　所有制構造の変容，単位制の弱体化と労働者の階層分化

　国有企業改革の進展に伴い，多くの労働者が「下崗（レイ・オフ）」もしくはリストラされた．それによって本来社会主義国家にはあり得ないとされてきた失業問題が生じた．一方，農村では1989年以降いわゆる「民工潮」（農民の出稼ぎブーム）が起こり，いわゆる「盲流（無規則な人口移動）」問題が発生した．国家統計局のモニタリング調査によると，2013年に出稼ぎ労働者数は2億6894万人に上っている[2]．

　都市の失業者と農村の余剰労働力などの就業問題を解決するため，中国政府は個体経済，私営経済及び「三資企業」など非公有経済の存在を認めざるを得なくなった．その結果，労働者の階層分化が加速し，私営企業主，個体工商戸，外資系企業と私営企業高級管理者と技術者など新しい階層が現れた．

　ここでもう一つ注目すべきは単位の社会的機能の弱体化である．国有企業改革の進展に伴い，1990年代初期から住宅制度改革も開始された．政府は1991年6月より公有住宅の個人への売却を認め，1994年7月に持ち家に関わる財産権について明確な規定を出した．一方，1990年代末に始まった社会保障制度改革によって，都市住民を対象とする公費医療制度も崩れてしまった．そのような過程のなかで，従来単位によって担われてきた社会的機能は徐々に失われてしまった．その受け皿として出現したのが後述する「社区」である．

（4）　教育体制改革と知識人の階層分化

　鄧小平の主導下で，1977年8月大学入試制度が復活した．1978年3月18日の全国科学大会開幕式における講話の中で，鄧小平は知識人が「すでに労働者階級自身の一部である」と主張し，知識人の役割を評価した．1985年より科学技術体制と教育体制改革が正式に開始され，知識人の地位が徐々に高められるよ

154　第4部　社　会

うになった.

　しかし，改革開放開始から1990年代半ばごろまで，中国では「脳体倒掛」現象が存在していた．つまり，頭脳労働者の平均収入が一貫して肉体労働者のそれよりも下回っていたのである．そのため，数多くの教育者と研究者が「下海」（経済界に転職すること）し，ビジネスマンに転身した．また，大学生の「自主択業」も知識人の階層分化を加速させた．従来，政府は大学生に職を配分したが，1990年代から学生自身によって就職先を選べるようになった．収入が高く，勤務環境がよく，自らの能力を活かせる外資系企業，国有企業と国家機関などは大学生の憧れになっている.

第3節　多元化した階層社会の出現

　では，今日の中国の社会構造は如何なるものとなっているのであろうか．階級区分制度の崩壊にともない，近年中国の学者は「階級」ではなく，「階層」という概念を用いて今日の社会構造を分析するようにしている．その背景には脱イデオロギーの影響があると考えられる．その意味で，「階層」という概念の導入は，「階級」と同様に政治的な意味があるといえる．しかし，具体的にいかなる階層が存在しているかに関して，研究者の間では必ずしも一致した見解が見られない．ここでは，中国政府のシンクタンクである中国社会科学院社会学研究所が公表した『当代中国社会階層研究報告』（以下『階層研究報告』）[3]に依拠して，今日の中国社会の階層構造を説明することにする.

　『階層研究報告』は職業分類をベースに，政治，経済，文化などの資源占有状況を基準として今日の中国社会を以下のような10の階層に分類している．つまり，① 国家・社会管理職，② 経営管理職，③ 私営企業主，④ 専門技術職，⑤ 事務職，⑥ 個人経営商工業者，⑦ 商業・サービス業従事者，⑧ 産業労働者，⑨ 農業労働者，⑩ 都市と農村の無職・失業・半失業者，である．また，同報告では上述した10の階層がさらに上層，中の上層，中の中層，中の下層及び下層という五つの「社会経済等級」に分けられている.

　では，上述した階層区分と等級区分をどのように理解すべきであろうか．第1にあげるべきは，従来社会主義国家が理念としてきた平等という概念は今日の中国においてはすでに形骸化してしまったことである．それを容認した契機となったのは，鄧小平が提起した「先富論」である（鄧［1983］142）．また，

2004年3月に開かれた第10期全人代第2回会議で憲法が改正され、「公民の合法的な私有財産は侵犯されない」との規定が盛り込まれた。さらに、2007年3月の第10期全人代第5回会議で「物権法」が採択された。

第2は労働者・農民の地位の低下である。憲法上、労働者階級は「領導階級」とされ、「労農連盟」は国家の存立基盤とされてきた。しかし、『階層研究報告』では、「国家・社会管理職層、大中型企業の中高レベル管理職層、私営企業主層と専門技術職層は現代的社会階層構造の中の主導的階層であり、社会主義の社会と経済の発展を推進する過程の中で主導的役割を果たす」ものとされ、「政治の面においても彼らに比較的高い地位を付与すべきである」と主張している（陸［2002］105）。2002年の共産党第16全大会において、党規約が改正され、共産党が中国の「先進的生産力の発展の要請」、「先進的文化の前進する方向」と「最も広範な人民の根本的利益」を代表するという「三つの代表」思想が書き込まれた。つまり、共産党はそれをもって新たな社会階層を吸収しようとしているのである。しかし、農民・労働者の政治的・経済的地位のさらなる低下は、共産党の支配の浸透の弱体化につながりかねない。

『階層研究報告』は中国においては近代社会の階層構造の雛形がすでに形成されていると指摘している。近代社会の階層構造は中間層が大きく、上層と下層が小さいというオリーブ型をしているものとされている。そのような社会が最も安定的で、最も持続可能な発展性を有するものであるといわれている。

しかし、中国において中間層はいまだに脆弱である。中間層の定義に関しては、さまざまな意見があるが、中国社会科学研究院が発表した『当代中国社会流動』では次のような指標を示している。つまり、①一定の専門知識と社会的地位が比較的高い職業をもつこと、②主に頭脳労働に従事すること、③就業能力が高いこと、④仕事に対して一定の権限をもつこと、⑤収入と財産が中レベルであること、⑥中レベルの生活水準と消費ができること、⑦一定の社会的影響力をもつことである。以上の指標に基づくと、国家・社会管理職層から個人経営商工業者層までは中間層に当てはまるが、その数は2001年の時点で23.6％に過ぎない。

一方、中国社会科学院社会学研究所李春玲研究員は下記三つの基準で「中間階層」を定義している。①教育水準は小学校レベル以上、②年収2万4000元以上、③ホワイトカラー従業員と「小業主（個体工商戸、専業農家もしくは運送業者、建築業界の請負者など）」、である。その基準によると、2011年の時点で中国

156　第4部　社　会

の中間階層の割合は22.1％である．もし年収3万元以上を基準にすると，その割合は全国で7.7％に過ぎない（李［2013］）．

近年，中国では都市化が進んでいる．2011年に都市人口は全国総人口の51.3％に達した．つまり，13.45億人のうち，6.9億人が都市常住人口になっている．しかし，6.9億人のうち，都市戸籍を有する者は4.1億人に過ぎず，残り2.8億人は農村戸籍保持者である（李［2014］36）．それらの人々は主に都市に居住している農民工とその家族であり，教育，就業，医療，社会保障，住宅などの面においては，都市戸籍保持者と同様な待遇を受けることができないため，「半都市化」と言われている．都市郊外などの農地の徴用・開発によって，一部の地域では「城中村（都市の中の村）」が出現し，「新二元構造」が形成されているといわれている．

北京大学の研究によると，2012年の時点で上位1％の富裕層が全国3分の1以上の財産を有しており，上位5％の家庭が全国半分以上の財産を有している（謝ほか［2014］30）．一方，現在中国において，年収2300元以下の貧困人口はいまだ7000万人あまりもいる[5]．その意味で，今日中国社会の階層構造はいまだに伝統的なピラミッド型のままである．そのような社会階層構造は社会的資源の配分が不平等で，貧富の格差が激しいことを意味している．事実，1980年代に中国のジニ係数は0.3だったが，2008年には0.491に達した．その後ジニ係数が徐々に下がったが，2014年にはいまだ0.469である[6]．

近年，「官二代（高官の子弟）」，「富二代（富裕層の子弟）」，「窮二代（貧困層の子弟）」といった言葉が象徴しているように，「階層固化（階層の固定化）」が懸念されている．格差があまりにも拡大したため，一部の社会の底辺層には「仇富（富裕層に対する恨み）」意識が芽生えている．そのような状況は社会の安定だけでなく，社会の持続的発展にとってもマイナスの影響を及ぼすに違いない．清華大学孫立平教授はそのよう社会を「断裂」の社会と称し，警告を発している[7]．

今後合理的な階層構造を形成させるためには，中間層の拡大が急務となろう．そのような課題を解決するために，以下の政策が必要となる．第一は都市化の推進，第二は地域間，業種間，そして個人間の格差の是正，第三は社会保障制度の整備，第四は戸籍制度，幹部人事制度，教育制度のさらなる改革である．

米国の政治学者リプセット（Seymour M. Lipset）の論理によれば，経済発展に伴って中間層が形成され，それを基盤に市民意識が芽生え，市民社会が形成されていく．つまり，中間層が政治社会の変革の担い手とみなされている．しか

し，前述したように今日の中国においては中間層の数がいまだに少ない．それに，私営企業主を中心とする一部の「銭精英」（マネーエリート）が自らの既得権益を守るために，「権精英」（パワーエリート）と結託し，しばしば汚職・腐敗事件を引き起こしている．そのような「権銭交易ネットワーク」によって，毎年巨額の国有資産が流出している．党中央・政府が毎年のように腐敗取り締まりキャンペーンを繰り広げてきたにもかかわらず，腐敗は一向に減少する気配はない．その意味で，現時点で中国における中間層の台頭は，国家からの自立を意味するものではなく，逆に国家と「共棲」する社会を生み出しているといえる．さらにいうならば，そのような「共棲」関係はこれまでの「党＝国家体制」そのものの存続に加担しているのである（岸川［2004］165）．したがって，中間層にとっては近代国家にふさわしい市民としての意識の向上が当面の課題であろう．

第4節　「市民社会」の可能性

　以上で見てきたように，30数年にわたる改革開放を経て，中国の社会構造は質的変化を成し遂げてきた．では，そのような社会の構造変容は国家と社会の関係に如何なる影響を及ぼすのであろうか．「強い国家・弱い社会」という状況が逆転できるのであろうか．さらにいうならば，中国において「市民社会」ははたして形成されるのであろうか．最後にこれらの問題ついて検討してみる．

　菱田雅晴は「市民社会」成立の「硬い」メルクマールとして，①市民性（civility），②組織性（association），③自律性（autonomy）の三つをあげている（毛里［2000］65）．それに基づくと，今日の中国において「市民社会」の形成に最も寄与するものと考えられるのは住民自治組織，民間非営利組織と中間層である．

　まず住民自治組織であるが，中国における住民自治組織には都市部の居民委員会と農村部の村民委員会がある．村民委員会に関してはすでに第4章で述べられているため，ここでは居民委員会に焦点をあてることにする．毛沢東時代，居民委員会は行政機構ではなかったが，実際には区政府もしくは県級市が設置する行政派出機関である「街道辦事処」の指示の下で活動していた．その意味で，居民委員会は都市の最も末端レベルにおける政治的・社会的大衆組織であったといえる．

　改革開放以降，共産党と政府は社会に対する管理を強化するために，住民自

治に関する制度化を進めてきた．まず1982年12月に改正された憲法の中で，居民委員会と村民委員会は「基層大衆的自治組織」として性格づけられ，居民委員会と村民委員会の主任・副主任と委員は住民によって選出されることが定められた．1989年12月に「都市居民委員会組織法」が公布され，居民委員会は「住民による自己管理・自己教育・自己服務の基層大衆的自治組織」と性格づけられた．

　農村部で展開された村民自治は都市の住民自治に少なからぬ影響を及ぼした．また，都市における国有企業と政府機構などの改革の進展に伴い，従来単位によって担われてきた社会的機能が低下したため，その受け皿として「社区」の建設が1980年代後半とりわけ1990年代から提唱されるようになった．

　社区とはコミュニティーの訳語であり，一定の地域に居住する人々からなる社会生活共同体を意味する．1987年9月に民政部は武漢で全国社区服務工作会議を開き，社区という概念が正式に導入された．1999年2月から2000年4月にかけて，民政部は前後して南京市鼓楼区，青島市南区など26の実験区を定め，全国で社区建設を始めた．2000年11月19日に中共中央・国務院は「全国で都市社区建設を推進することに関する民政部の意見書」を発布した．それによれば，社区建設は具体的に社区服務，衛生，文化，環境，治安などの内容からなっている．

　社区建設を推進するために，従来の居民委員会がより規模の大きい社区居民委員会に再編された．社区においても村民委員会で実行されてきた「四つの民主（民主的選挙・政策決定・管理・監督）」が唱えられている．前述した民政部の意見書では，「社区居民委員会の根本的性質は党の指導下の社区住民が自己管理・自己教育・自己服務・自己監督を実行する大衆的自治組織である」と述べている．ここからも分かるように，社区居民委員会は「大衆的自治組織」と性格づけられながら，あくまでも「党の指導下」におかれているものである．

　社区居民委員会選挙が民主的であるかどうかは社区自治の成否にかかわっている．2007年末，寧波市すべての社区居民委員会が直接選挙をおこない，全国初の都市社区直接選挙都市になった（李・陳・張［2014］294）．2008年8月に，民政部は都市社区の直接選挙実施率を2010年までに50％にまで引き上げる方針を明らかにしたが，その後の状況は明らかにされていない．

　社区居民委員会における直接選挙の範囲が拡大しつつある現在，党と政府の介入，選挙制度の規範化と制度化の問題がしばしば指摘されている．また，社

区居民委員会の行政化，都市住民の社区の活動に対する関心の低さ，社区建設
従事者の欠乏などは都市における住民自治の阻害要因になっている（向［2014］）．
その意味で，都市における住民自治が真の意味での自治に到達するまでにはな
お時間がかかりそうである．

　現在，中国政府は農村においても社区建設を推し進めている．2003年10月，
共産党16期3中全会では「農村社区服務」，「農村社区保障」などが提起され，
2006年10月16期6中全会で通過した「社会主義調和社会の構築に関する若干重
要問題についての決定」の中では，正式に「農村社区建設」が提起された．そ
れを受けて，民政部は「農村社区建設実験工作をしっかりとおこない，社会主
義新農村建設を推進することに関する通達」を発した．その後，山東，江蘇，
浙江，天津，広東，福建，安徽，湖北，青海，上海などの省・自治区・直轄市
で農村における社区建設の実験を繰り広げた．2007年3月19日に民政部は青島
膠南市で史上初めての全国農村社区建設工作座談会を開催した[9]．その後，農村
における社区建設が徐々に展開されるようになった．一部の農村地域では社区
建設の一環として，貧困層の救済，老朽化した家屋の改築，衛星放送受信アン
テナーの設置などのサービスが提供されている[10]．その資金は上級政府から支給
されている．

　2015年5月に中共中央辦公庁・国務院辦公庁は「農村社区建設実験工作をよ
り深く推進することに関する指導的意見書」を公布した[11]．そこでは「党政領
導」が依然として強調されている．政府は農村社区建設を通して，都市との農
村の格差を縮めさせ，将来的に「城郷一体化」を目指している．

　次は民間非営利組織についてである．民間非営利組織は登記管理上，社会団
体と民辦非企業単位（「民辦事業単位」とも呼ばれる）に大別される．社会団体と
は「中国公民が自発的に組織し，会員の共同の意志を実現するために，その規
約に従って活動を展開する非営利の社会組織」である．民政部民間組織管理局
は社会団体を，①学術団体，②業界団体（行業協会），③専門団体，④連合団
体の4種類に分けている[12]．

　また，民辦非企業単位とは「企業・事業単位，人民団体とその他の社会勢力
及び公民個人が非国有資産を利用して非営利の社会サービス活動をおこなう社
会組織」である．民辦非企業単位の活動内容は教育・衛生・文化・民政などを
主とするが，従来の事業単位に比べると，テレビ局の設置など制限されている
分野がいまだに多い．

160 第4部 社 会

　毛沢東時代において都市社会は基本的に党政機関，企業・事業単位からなっていたため，民間非営利組織はほぼ皆無の状況であった．改革開放以降，市場経済化の進展及び「小政府，大社会」を目指す政府機構改革の推進に伴い，業界団体，基金会など多くの民間非営利組織が設立された．2013年末の時点で，全国には民間組織が54.7万に達している．そのうち，社会団体は28.9万，民辦非企業単位は25.5万，基金会（財団）は3549に達している（黄［2014］2-5）．

　1998年10月に国務院は1989年に公布された「社会団体登記管理条例」を大幅に修正し，それを「民辦非企業単位登記管理暫定条例」とともに公布した．この二つの条例は民間非営利組織に関する最も重要な法規であり，政府が民間組織に対する管理の基本的枠組みを規定している．それらによれば，民間非営利組織は登記管理機関（民政部門）と業務主管単位（党政機関）の二重管理を受けることになっている．また同一行政区域においては業務範囲が同様もしくは類似の民間組織の設立は認められない．そのため，中国の民間非営利組織は民主主義国家のNGO（非政府組織）・NPO（非営利組織）とは明らかに異なる性格を有している．つまり，行政主導型の民間組織が絶対多数を占めており，草の根型の民間組織の成長空間が著しく制限されているのである．大多数の民間組織は人事，経費と活動方針などの面において常に党政機関に頼らざるを得なくなる．そのような民間組織は党と政府が自らの権力を社会に浸透させるためのチャンネルになっているといえる．

　それにもかかわらず，一部の民間組織は徐々にその自律性を高めている．中国青少年基金会は共産主義青年団中央が設立した組織であるが，現在自らの業務活動と地方下級機構に対する指導権を勝ち取っている．また，一部の民間組織はさまざまなルートを通じて党と政府の政策決定に働きかけをしている．環境保護団体の「自然之友（Friend of Nature）」，緑家園ボランティアズ（Green Earth Volunteers）など知識人を中心とする民間組織は，近年中国の経済，政治，外交，環境などに関して多くの建設的な提言をおこない，社会に大きな影響を及ぼしている．一部の政府部門が環境保護，貧困扶助，業界管理，社区建設などの領域における民間組織の役割を重視し始め，関連法律法規を制定する際に民間組織にその討論を委託することさえ起きている．短期的には民間組織が党と国家から完全に自立することは難しいが，党と国家は常にそれらの存在を意識し，そのニーズに応えるよう努力せざるを得なくなるであろう．

　近年，中国扶貧基金会，中国青少年基金会，中国紅十字会，全球環境研究所

などのNGOは海外においても活動を展開している（楊[2014]）．その活動は健康医療，教育，緊急な人道支援，環境保護などに及んでおり，中国のNGOの国際化を促進している．

　格差の拡大に伴って，官僚の腐敗に対する不満が噴出し，いわゆる「群体性事件」が多発している．自らの利益を守るために，上層機関もしくは中央政府所在地の北京にまで出向いて，「上訪（陳情）」する人が後を絶たない（毛里・松戸[2012]）．また，住宅制度の改革により，マイホームを購入する人が増えてきた．そういう人たちが自主的結成した「業主委員会」の「維権」活動も注目に値する（呉[2014]）．長期的に見れば，それらの活動が市民社会の形成に寄与するものと考えられる．

　最後に中間層の役割についてであるが，前述したように，現時点では中間層の数がまだ少ない．それに党・国家と「共棲」関係を保っているため，その自主性の向上と政治参加の拡大が当面の課題となっている．

　以上のような状況からして，中国における「市民社会」の形成は短期間では期待できないと考えられる．長期的にみると，村民自治と社区建設，そして民間非営利組織に参加することによって，中国においては真の意味での「市民」が徐々に成長してくるかもしれない．また，民間非営利組織が本来の意味の利益集団にまで発展する可能性も否定できない．事実，一部の民間非営利組織はすでに党・政府の政策決定に一定の影響を及ぼしている．さらに中間層の政治意識が向上し，政権への挑戦をおこなうかもしれない．その場合，肝心なのは共産党・政府がどこまでそれを容認し，もしくはそれに対応できるかにかかっている．今後中国における国家と社会の関係は共産党・政府と社会の相互作用の中で変容していかざるを得なく，「市民社会」の形成は「任重くして道遠し」といわざるを得ない．

注
（１）　1975年に憲法が改正され，そこでは公民の移住の自由に関する条文が削除された．その後，1982年，1988年，1993年，1999年及び2004年の憲法改正でも復活されていない．
（２）　「出稼ぎ労働者の伸びが鈍化　近場の傾向が明らかに」，『人民網日本語版』，2014年5月14日．
（３）　陸（2002）は，中国社会科学院社会学研究所の研究グループが1999年から2002年にかけておこなった調査・研究の成果である．

162　第4部　社　会

（4）　陸［2004］270-271．本書は中国社会科学院社会学研究所が2001年から2002年にかけておこなった調査・研究の成果である．そこでは，中間層の一人当たり年収及び所有財産数は2万5000～3万5000元，家庭（三人家族，夫婦共働き）の年平均収入は5万～7万元としている．

（5）　「中国　3年連続で貧困層1千万人を救済」，『人民網日本語版』，2015年3月13日．

（6）　馮華「貧富差距到底有多大？」，『人民日報』，2015年1月23日．

（7）　孫立平の「断裂三部作」参照（孫［2003，2004，2006]）．

（8）　「2010年までに都市社区の50％で直接選挙を実施」，『人民網日本語版』，2008年8月4日．

（9）　「農村社区建設試点工作全面啓動」，『中国民政』，2007年4期，12頁．

（10）　内蒙古自治区赤峰市克什克騰旗芝瑞鎮政府幹部インタビュー，2015年8月22日．

（11）　「中辦国辦印発『関於深入推進農村社区建設試点工作的指導意見』」，『人民日報』，2015年6月1日．

（12）　中華全国総工会（労働組合），共産主義青年団，婦女連合会，中国科学技術協会，中華全国帰国華僑連合会，中華全国台湾同盟連誼会，中華全国青年連合会，中華工商業連合会という「人民団体」，国務院機構編制管理機関が認定した団体及び機関・団体・企業事業単位内部に当該単位の批准を経て成立し，当該単位内部で活動する団体は登録の範囲外とされている．

（段　瑞聡）

第9章 環境問題

第1節 中国の環境問題

（1） 環境の状況

1949年に成立した中華人民共和国（中国）は，1958年より「大躍進政策」を全国で開始する．同政策では，中国の鉄鋼生産量を一気に増やそうと1957年の535万tから翌年には1070万tに倍増させる「全人民製鉄・製鋼運動」を計画した．この非現実的な目標を達成するため，簡易な高炉を全国に60万基建設し，そこに家庭にある鉄製品を投入，木材を燃やして粗悪な品質の鉄鋼を作り出した．この結果，経済の混乱に留まらず，深刻な工業汚染，燃料となる樹木の伐採による生態破壊を生じさせた．

1966年には「文化大革命」が始まった．食糧増産のために，環境保全への配慮が不十分なまま開発が進められ，例えば，大気汚染防止装置もない火力発電所や工場で，硫黄分の多い国産の褐炭が使用された．また，国際関係の悪化を背景に米国やソ連との争いに備え，多くの軍事工場を自然が豊かな内陸の山岳・丘陵地帯へ拡散させたことで，環境汚染の被害を増大させた．

中国における環境問題のターニングポイントは，1972年6月5〜16日にストックホルムで開催された「国連人間環境会議」であった．周恩来総理の指示により，中国は同会議へ代表団を派遣し，日本をはじめとする先進国の公害の実態を学んだ．翌1973年8月5〜20日には国務院による初めての環境会議である第1回全国環境保護大会が開催され，各地域代表，関連政府部門，産業界，学界などから300名以上が参加し「全面規画，合理布局，総合利用，化害為利，依靠大衆，大家動手，保護環境，造福人民」（全面的に計画，合理的に配置，総合的に利用，有害を利益へ，公衆に依存，全員が参加，環境を保護，幸福を人民へ）という「三十二字方針」と「環境保護と改善に関する若干の規定」をまとめた．

その後も，中国は環境に関する法制度や行政組織の整備など，一歩ずつ環境対策を進めたが，同時に改革開放政策による急速な経済成長も始まった．粗放

164　第4部　社　会

的な経済成長という「入口」の変化に対し，「出口」となる環境対策のスピードとボリュームは十分とは言い難かった.

　結果として，中国では企業が違法に汚染物質を排出する公害事案や資源・土地開発に伴う生態環境破壊など典型的な事例から，生産安全事故や交通事故，自然災害に起因する汚染など様々な類型の環境事件が発生している. また，伝統的な環境問題である廃気（大気汚染），廃水（水質汚染），廃棄物の「三廃」のみならず，土壌汚染や化学物質問題，砂漠化や野生生物の減少などの自然環境問題，気候変動などの地球環境問題まで「環境問題のデパート」（小柳［2010］）という状況にある.

　大気汚染

　大気汚染物質の発生源には工場などの「固定発生源」と自動車などの「移動発生源」がある. 日本でも高度経済成長期に四日市や川崎，北九州などの工業地域における大気汚染が問題となったように，中国においても当初問題となったのは工場からの煤煙による汚染であった. しかし，日本が都市化の進展に伴い自動車台数が増加し，自動車排ガスが課題となったように，現在の中国は工場のみならず，自動車排ガスなども加わった複合型汚染に直面している.

　代表的な大気汚染物質としては，二酸化硫黄（SO_2），窒素酸化物（NO_x），粒子状物質（Particulate Matter：PM），オキシダント（O_x）などがある. 日本における大気汚染対策はまずは SO_2，次に NO_x，その後に PM へと段階的に進められてきた. 中国においても，まずは SO_2 対策に力点が置かれた.

1．二酸化硫黄（SO_2）

　SO_2 は，石炭や石油などの化石燃料に含まれている硫黄分が燃焼して発生する最も代表的な大気汚染物質である. 気管支喘息などの疾病の原因になるとともに，酸性雨の主要な原因物質でもある. 中国における SO_2 の年間排出量はエネルギー消費量，特に石炭消費量の増加とともに急増し，2013年の排出総量は2043.92万 t で世界第一位となっている. 省別では，北京に隣接する河北省（128.47万 t），その河北省に隣接する山東省（164.50万 t），内蒙古自治区（135.87万 t），山西省（125.54万 t），河南省（125.40万 t），遼寧省（102.70万 t）の六つの省・自治区が年間100万 t を超える排出量となっている. 日本における SO_x の年間排出総量（2011年）は約40万 t であり，中国の排出量は文字通り桁違いの規模である.

第9章　環境問題

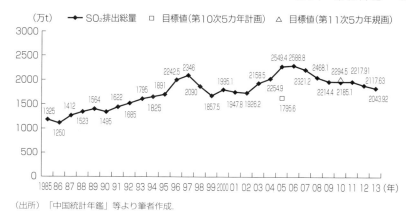

図9-1　中国の二酸化硫黄（SO₂）排出量の推移

　発生原因別割合（2013年）を見ると工業関係が1835.2万 t（89.8%），都市生活関係が208.5万 t（10.2%），廃棄物焼却施設等0.2万 t（0.01%）となり，特に工業系の上位三業種である電力・熱供給業（720.6万 t），鉄鋼・圧延加工業（235.1万 t），非金属鉱物製品製造業（196.0万 t）で排出総量の半分以上を占める．

　SO₂については，五カ年計画に基づき排出総量規制がおこなわれている．「国民経済及び社会発展に関する第10次五カ年計画」（2001〜2005年）では，主要汚染物質（SO₂など）の排出総量を2005年までに2000年比で10%削減することが明記された．しかし，SO₂は減少どころか27.8%増という結果に終わった．この経験を踏まえ，次期（2006〜2010年）の五カ年規画においては「拘束性」のある目標として2010年までにSO₂の排出総量を2005年比で10%減とすることが規定された．国家環境保護総局は全国の省・自治区・直轄市と省・自治区の内数として特記された大連市，寧波市，厦門市，青島市，深圳市，新疆建設兵団の全37カ所に目標を割り当て，毎年の結果報告を求めるとともに，達成状況を地方幹部の人事評価につなげる「一票否決制」を導入した．本目標は前計画に比べ格段に本気の措置を講じたこともあり，14.29%減という成果を得た．[1]

　次に濃度で見ると，2014年のSO₂の全国年平均濃度は0.035mg/m³である．日本と比べると，日本全国の測定局（一般排出ガス測定局および自動車排出ガス測定局）の近年の年平均値0.009mg/m³（0.003ppm）の約4倍，1973年の年平均値0.06-0.07mg/m³（0.02-0.025ppm）のほぼ半分の値である．

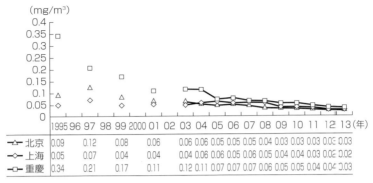

(出所)「中国統計年鑑」等より筆者作成.
図9-2 中国三都市の二酸化硫黄（SO$_2$）濃度の推移

　長期的な推移としては各都市の濃度は低下傾向にある．中国でも有数の大気汚染都市として知られた重慶市は，1995年のSO$_2$の濃度が0.338mg/m^{3}となっているが，2013年は0.032mg/m^{3}と約1/10の値となっており，北京市や上海市の水準に近づいている．日本（15ヵ所の継続測定局の平均値）では最も濃度が高かった1967年が0.169 mg/m^{3}なので，以前の重慶市の値はその2倍に至る．1990年代当時の重慶や貴陽などの一部の都市は，激甚な汚染により街全体が煙の中にあるようであったが，現在はそのような都市は少なくなっており，格段に改善されている．しかし，中国全土での大気汚染物質排出量が減少していないということは，過去に大都市に集中していた汚染物質が，大都市のみならず中小都市を含めて，広く汚染を享受している状況へ変化していると考えられる．

2．窒素酸化物（NO$_X$）

　NO$_X$には，燃料に含まれている窒素分が燃焼して発生するフューエルNO$_X$（Fuel NO$_X$）と，燃焼により大気中の窒素と酸素が反応して発生するサーマルNO$_X$（Thermal NO$_X$）がある．一般に燃料中の窒素含有量は石炭に多い．また，SO$_2$と異なり大気中の燃焼過程では必ず発生するため発生源が多岐となるなどの理由よりSO$_2$よりも対策は困難である．

　中国における2013年のNO$_X$の年間排出総量は2227.36万tとなっている．省別に見ると，河北省（165.25万t），山東省（165.13万t），河南省（156.55万t），江蘇省（133.80万t），内蒙古自治区（137.76万t），広東省（120.42万t），山西省（115.78万t）の七つの省・自治区が年間100万tを超える排出量となっている．北京に

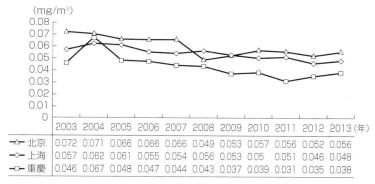

図 9-3　中国三都市の二酸化窒素（NO₂）濃度の推移

隣接する河北省，その河北省に隣接する内蒙古自治区，山西省，河南省，山東省が含まれていること，日本におけるNO_Xの年間排出総量（2011年）は約70万 t であり，中国の排出量が文字通り桁違いの規模であることはSO_2と同様である．

発生原因別割合（2013年）を見ると工業関係が1545.6万 t（69.4％），都市生活関係が40.7万 t（1.8％），機動車（自動車，オートバイ等）関係が640.6万 t（28.8％），廃棄物焼却施設等0.4万 t（0.02％）となり，特に工業系の上位三業種である電力・熱供給業（896.9万 t），鉄鋼・圧延加工業（271.6万 t），非金属鉱物製品製造業（99.7万 t）で排出総量の半分以上を占める．なお，SO_2と同様にNO_Xについても，第12次五カ年計画（2011～2015年）より排出総量規制がおこなわれている．

次に濃度で見ると，2014年のNO_2の全国年平均濃度は0.038mg/m³である．日本と比べると，日本全国の測定局（一般排出ガス測定局および自動車排出ガス測定局）の近年の年平均値0.019-0.038mg/m³（0.01-0.02ppm）と同等から約2倍の水準である．

3．粒子状物質（PM）

PMには物の燃焼などによって直接排出されるもの（一次生成）と大気中での化学反応により生成されるもの（二次生成）がある．一次生成粒子の発生源にはボイラーや焼却炉，コークス炉など煤煙や粉じんを発生する施設や自動車や船舶（排ガス）などがある．他方，二次生成粒子は大気中のSO_XやNO_X，溶剤・塗料の使用時や石油取扱施設からの蒸発などにより排出される揮発性有機

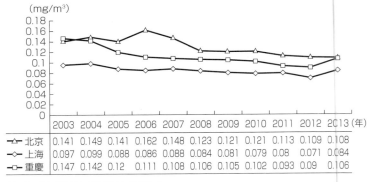

(出所)「中国統計年鑑」等より筆者作成.
図 9-4 中国三都市の PM_{10} の濃度の推移

化合物(VOC)等のガス状の物質から光化学反応などにより生成される.

PM は粒子の大きさ(物理的特性)により $PM_{2.5}$(粒子の直径が2.5μm以下), PM_{10}(粒子の直径が10μm以下)などと呼ばれるが,その成分(化学的特性)は有機炭素,硫酸塩,硝酸塩,アンモニウム塩,重金属など多様で地域や季節によって組成も変動する.

1996年に制定された中国の大気環境標準(GB3095-1996)では PM_{10} のみが規定されていたため,中国における公式の観測データは PM_{10} に限られていたが,2012年に大気環境標準の改正がおこなわれ $PM_{2.5}$ が追加された(GB3095-2012).このため2013年より主要74都市で $PM_{2.5}$ の観測が開始され,2016年1月1日からは中国全土で $PM_{2.5}$ の観測がおこなわれることとなっている.

2014年の主要74都市の年平均濃度は PM_{10} が105μg/m^3(前年比11.0%減)で環境基準を達成した都市は16都市,$PM_{2.5}$ が64μg/m^3(前年比11.1%減)で環境基準を達成した都市は9都市であった.

北京周辺地域で PM の原因物質となる SO_2,NO_X の排出量が多いことから想像されるように,PM の濃度については地域的に北京市・天津市・河北省(京津冀)で高く同地域13都市の2014年の PM_{10} の年平均濃度は158μg/m^3(前年比12.7%減)で環境基準を達成した都市は皆無,$PM_{2.5}$ の年平均濃度は93μg/m^3(前年比12.3%減)で環境基準を達成した都市は1都市(張家口市)のみとなっている.

なお,日本における2013年度の $PM_{2.5}$ の年平均濃度は18.3μg/m^3(一般環境大気測定局81地点の平均)で,中国の1/5の水準であった.

「PM$_{2.5}$事件」

　2013年1月10日より北京を中心に河北，河南，山東，江蘇，安徽，陝西，四川など140万km^{2}にわたる地域にて激甚な大気汚染が発生した．これは中国の国土面積の1/7，日本の面積の3.5倍の地域が大気汚染に覆われたことになる．

　北京市環境保護局によれば10日より14日まで，市内35ある観測点の大半が大気環境指標（AQI）で最悪の水準となり，汚染レベルの最悪値（6級）を超える（1〜6級の汚染レベルがある水準表を突き破る）ということで「爆表」と呼ばれた．これは大気汚染物質の一つであるPMによるものである．12日，13日には市内の多くの観測点でPM$_{2.5}$の値が700μg/m^{3}を超えた．

　PMは口，鼻から気管，気管支を通じ，肺胞や血管へ運ばれ，粒子径が小さくなるほど肺奥へ入り，特にPM$_{2.5}$は喘息・気管支炎，肺がん・循環器系疾患による死亡リスクの増加など健康への影響が大きいとの指摘がある．また，健康な成人に比べて，肺・心臓に疾患のある者，子どもや高齢者などは健康影響リスクがより高い．北京の病院では呼吸器系疾患や循環器系血管疾病の患者の来院が増加し，この大気汚染による不調に対し「北京咳」との呼称も使用された．また，視界不良により交通事故が多数発生するとともに，主要高速道路や空港の閉鎖なども発生した．

　この大気汚染の原因について，北京市環境保護局は（1）逆転層（地面近くの空気の方が上層より温度が低くなる）の発生などの気象条件，（2）北京周辺地域の汚染との相乗効果，（3）市内の工場や自動車などからの汚染物質排出量の多さを挙げた．

　2005年11月にも，吉林省の石油化学工場での事故により「松花江汚染事件」という大規模な水質汚染事件が発生したことで，中国政府は環境対策をより一層強化した経験がある．経済的豊かさのみを追い求めてきた末に起きた2013年1月の「PM$_{2.5}$事件」は，この松花江汚染事件以上の衝撃を社会に与え，政府は2013年9月には李克強総理が先頭に立って大気汚染対策の大綱となる「大気十条」（「大気汚染防行動計画についての通知」〔国発（2013）37号〕）をまとめ，2014年4月には「環境保護法」が四半世紀ぶりに改正されるなど，さらに環境対策が強化される歴史的な契機となった．

水質汚染

中国における水問題は，大気汚染以上に深刻な環境問題の一つであり，課題として水質と水量の2面がある．

有機物による水質汚濁の代表的な指標として化学的酸素要求量（COD）がある．中国の2013年のCOD排出量は2352.7万tで，省別では，山東省（184.57万t），広東省（173.39万t），黒竜江省（144.73万t），河南省（135.42万t），河北省（130.99万t），遼寧省（125.26万t），湖南省（124.90万t），四川省（123.20万t），江蘇省（114.89万t），湖北省（105.82万t）の10の省が年間100万tを超える排出量となっている．発生原因別割合を見ると工業関係が319.5万t（13.6％），都市生活関係が889.8万t（37.8％），農業関係が1125.8万t（47.9％），廃棄物焼却施設等17.7万t（0.8％）となっている．排出量上位の10省も発生源を見ると山東省，黒竜江省，河南省，河北省，遼寧省は農業関係が大半（6〜7割）であるのに対し，湖南省，湖北省は農業関係，都市生活関係が半々（いずれも4割），広東省，四川省，江蘇省は都市生活関係が主（5割）となっている．

工業系では上位四業種である造紙・紙製品業（53.3万t），農副食品加工業（47.1万t），化学原料及び化学製品製造業（32.2万t），紡績業（25.4万t）で，工業関係の総排出量の約半分を占める．なお，CODについても，SO_2と同様に五カ年計画に基づき排出総量規制がおこなわれている．工業関係及び都市生活関

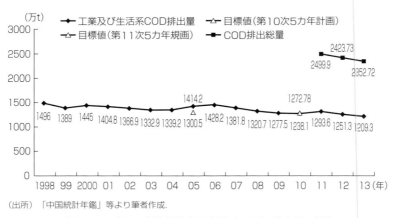

（出所）「中国統計年鑑」等より筆者作成．

図9-5　中国の化学的酸素要求量（COD）排出量の推移

係を合計した1998年のCOD排出量は1496万t，2013年は1209万tなので，15年で約2割減となっている。⁽²⁾

　水質については，2014年の中国10大水系（長江，黄河，珠江，松花江，淮河，海河，遼河，浙閩片河流，西北諸河，西南諸河）で，飲用水に利用可能なⅠ～Ⅲ類の水が71.2％，これに対し工業用水に用いることができるⅣ類が15.0％，農業用水に用いることができるⅤ類が4.8％，如何なる用途にも利用できない（触れることもできない）劣Ⅴ類の水が9.0％を占めている。2000年にはⅠ～Ⅲ類が57.8％，Ⅳ類が21.6％，Ⅴ類が6.9％，劣Ⅴ類が13.8％であったので改善傾向にあるのは確かであるが，2011年までは7大水系（前述の10大水系の前から七つまで）での調査結果であったのが2012年より比較的水質の良い水系を加えた10大水系となったため（調査点が約460から約700へ増加），単純な比較はできないことには留意が必要である。

　また，2013年の中国の水資源総量は2800km³で世界5位前後の水準であるが，一人当たりの水資源量は2060m³で世界平均（約8400m³）の1/4以下となる。さらに水資源の約8割は長江以南に分布しており地域的な偏りがある。このような状況では劣Ⅴ類の水の比率は低下傾向とはいえ，水資源に困窮する地域によっては劣Ⅴ類の水も農業や生活用水等に使用せざるを得ず，その結果，土壌や農産物への汚染，住民の健康影響問題（住民の多くが癌に罹患している，いわゆる「癌村」など）を引き起こす例も見られる。また，廃水中には石油類や重金属（鉛，水銀，カドミウム，六価クロム，ヒ素など）なども含まれ，これらの汚染された水による農作物や水産物の重金属汚染なども報道されている。

　さらに，河川に比べ地下水及び海洋の汚染状況は悪く，2014年において地下水については5ランク中の最低水準（大変悪い）が16.1％，海洋については5ランク中の最低水準（劣Ⅳ類）が18.6％を占めている。

廃棄物

　中国では人口増加，経済成長，生活水準の向上などに伴い，発生する廃棄物の量も年々増加している。特に工業固体廃棄物（概ね日本の産業廃棄物に相当）の発生量については，1993年には約6億tであったのが2003年には約10億t，2013年には約33億tと急速な伸びを示している。絶対量としても日本（2012年度の産業廃棄物排出量は約3.8億t）の8倍以上となり，両国のGDPが同規模であることを考えると，中国は資源効率性（Resource Efficiency：RE）の観点で多大

172　第4部　社　会

な改善の余地があることが想像できる．

　生活ごみ（概ね日本の一般廃棄物に相当）の発生量についても着実に増加しているが，工業固体廃棄物に比べれば，その伸びは穏やかである．2013年の発生量は約1.7億t（し尿を除く）で，日本（2013年度の一般廃棄物（し尿を除く）排出量は約0.45億t）の4倍近くとなる．一人1日当たり発生量では約350gとなり，日本（約960g）とはかなりの差があるが，地域別に見ると第1位の北京は858g，第2位の上海は824gとなり日本との差がほぼ無い．

　また，生活が豊かになり耐久消費財が普及するにつれ，廃棄される製品についても変化が生じており，中国物資再生協会によれば2013年に回収された自動車は135万台，オートバイは53万台，廃棄されたテレビは3850万台，冷蔵庫は1279万台，洗濯機は1265万台，エアコンは1830万台，パソコンは3206万台に上るという．日本の回収状況と比較すると，自動車（2013年度343万台）は未だ日本の半分以下だが，テレビ（2013年度274万台）は日本の14倍となっている．

　耕地・森林資源，土壌汚染

　中国の耕地面積は2013年末で約1.35億haで国土面積の約14％を占めるが，人口が多いため一人当たり耕地面積は小さい．森林面積（2009～2013年調査結果）は2.08億haで森林面積占有率は国土面積の約22％となり，約31％とされる世界平均水準より低い（日本の森林面積占有率は約68％）．さらに一人当たりの森林面積では世界平均の約1/5に留まる．ただし，1970～80年代の森林面積占有率は約12～14％であったので，「退耕換林・換草」（1999年より開始された山地などにある生産性の低い耕地を森林・草原へ戻す政策）など大規模な緑化活動を進めた成果も認められる[3]．

　土壌汚染については2005年4月から2013年12月にかけて環境保護部等が国土面積の約65％にあたる約630万km^{2}の調査をおこなった「第1回全国土壌汚染状況調査公報」によれば，汚染基準値を越えた土地が16.1％に達し，その内訳として軽微な汚染地域は11.2％，軽度は2.3％，中度は1.5％，重度は1.1％であった．また，用途別では耕地の19.4％，林地の10.0％，草地の10.4％，未利用地の11.4％が基準値を超過していた．重度汚染地域1.1％は調査面積を元にすれば約7万km^{2}となり日本の国土面積の約2割に相当する．

第9章　環境問題　*173*

温室効果ガス

代表的な温室効果ガスである二酸化炭素（CO_2）は SO_2 と同様に石炭や石油などの化石燃料に含まれている炭素分が燃焼して発生する．従って SO_2 と同様に CO_2 の排出量もエネルギー消費量の増加を背景に急増しており，2010年の温室効果ガス排出量は108億 t（CO_2 換算）で世界の温室効果ガス排出総量の約22%を占め（第2位は米国で約14%，日本は約3%），世界第一位となっている．1990年には約22億 t（世界の約11%）であったので，20年で約5倍と急速な伸びを示している．なお，同期間（1990〜2010年）にエネルギー消費量は約3倍，GDP（名目）は約20倍の増加となっている．

中国では2020年までに GDP 単位当たりの CO_2 排出量を2005年比で40-45%削減という目標を掲げており，2013年では2005年比で28.5%削減している．本目標は GDP が増加すれば CO_2 排出量の増加も可能なため CO_2 排出量の絶対量の抑制にはならないが，エネルギー効率の改善や非化石エネルギーの普及などは進展していると考えられる．

（2）　環境問題の原因

一般に環境汚染は環境負荷が自然（地球）環境の容量を超えた場合に発生する．中国で，この環境負荷が高まった直接的原因は入口にあたる経済成長が粗放的であり，かつ，出口にあたる環境対策が不十分であったためである．

中国は1991年以降年率10%近い成長を続け，2010年には日本の名目 GDP を越えて世界第2位の経済規模となった．しかし，この経済成長はエネルギー，鉱物，水などの自然資源の消費増加，都市や工業用地，鉄道・道路や鉱山などの乱雑な自然開発を伴うものであり，その背景には鉄鋼やセメントなど重工業中心の経済構造，石炭主体のエネルギー構成，大規模なインフラ開発，生活水準の上昇に伴う急速な電化製品や自動車の普及など環境へ影響を与える様々な課題を抱えていた．中国の SO_2 の自然容量（環境基準が達成できる排出量の上限）は1200万 t/年，COD の自然容量は800万 t/年との推計があるが（解 [2005]），現状はこの1.5〜1.7倍の排出量となっている．

また，環境対策は世界的にも決して遅くない時期より取組を開始し，環境法制度などを整備していったものの，経済規模に比して環境保全投資の絶対量や環境保全に携わる人員などが不足した．

環境保全投資に関しては，「先に汚染をして，後で対策をとる」（先汚染，后治

理）や「先に懐を温かくするか，それとも環境保護か」（先温飽，還是環保）とい
うように，環境対策を進める以前に，まずは経済成長との主張がされた．確か
に貧困地域においてはまずは十分な医療や食事などを確保しなければ住民の健
康に深刻な結果を招くことがある．それでも一定の経済水準に達すれば，経済
と環境は二者択一の問題とは限らず，経済成長に見合った環境対策を導入する
ことで両者は相まって調和の取れた社会の構築につながる．しかし，このよう
な経済重視の声は，現在でも発展の遅れた内陸地域などで聞かれる．

　また，環境部門の人員不足は厳格な環境管理を困難にする．「上に政策あれ
ば，下に対策あり」（上有政策，下有対策）と評されるように，中国では法制度
（ハードロー）を骨抜きにしてしまう法律の執行や管理（ガバナンス）の緩さが生
じ，これを補う市民や企業の行動規範（ソフトロー）にも問題が存在する．

　このように粗放的な経済政策や環境対策が不足する理由の源には，社会シス
テム上の課題が存在している．[4] 環境技術の移転や法制度の導入をおこなえば，
その時点，その場所の環境は改善する．しかし，それが一過性のものにならず，
社会に伝播していくには，一定の社会システムが必要とされる．

　日本の公害対策の経験に照らせば，第一に，行政の対応が進まないのであれ
ば，司法に訴えることができるといった三権分立があった．第二に，国が動く
前に地方が動いた．地方の首長は選挙で選ばれるという仕組みがあり，彼らは
地方の住民利益を考え行動した．そして第三に，社会を監視する機能を果たす
報道の自由があり，何か問題が発生した場合にきちんと報道がされた．さらに，
ハードロー，ソフトロー，ガバナンスが三位一体で存在しており（これを「制度
的インフラストラクチャー」と呼ぶ），[5] 企業としても経済的利益のみを追求するので
はなく，環境保全投資をおこなうことが合理的行動となり得た．このように日
本には三権分立，地方自治および選挙，報道の自由という民主主義のツールが
導入され，制度的インフラストラクチャーが整備されているという社会システム
の基盤があったからこそ，経済政策や環境政策が十分に機能した．環境問題
を解決するには，中国も同様の機能を有する社会システムの導入が不可欠であ
る．真面目に法を守るより，「ずる」をした方が得をする社会では，幾ら最新
の環境技術を導入しても，環境はよくならない．

　さらに，中国には環境の負荷を高める人口の多さや環境管理を困難にする国
土の広さ，気象や地理的条件などの課題もある．

　整理をすると，中国の環境問題の原因には（1）自然や地理的背景，（2）経

第9章　環境問題　175

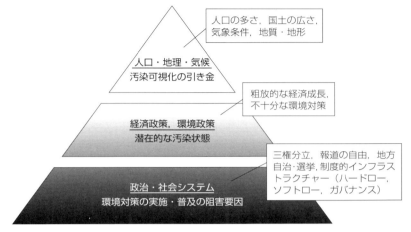

図9-6　中国の環境問題の構造

済及び環境政策，(3) 政治社会システムの3層構造が存在している．

加えて，中国における環境問題の解決の難しさとして「時間」という要素もある．現在，中国は日本が50～60年代に経験した公害問題と80～90年代以降に本格化した地球環境問題への対策を迫られ，さらに化学物質対策からPM$_{2.5}$など新しい課題も山積し，これらをすべて同時に解決していく必要性に迫られている．これは後発の不利益とも呼べる大変な困難である．[6]

第2節　中国の環境政策

(1)　中国の環境法

法体系

中国の法体系は階層構造として憲法，法律，行政法規，地方法規等で構成されている．

上位から見ると1982年に改正された「中華人民共和国憲法」にて第9条で「鉱物資源，水域，森林，山地，草原，未墾地及び砂州等天然資源は，すべて国家の所有すなわち全人民の所有に属する」とし，「国家は自然資源の合理的利用を保障し，貴重な動物及び植物を保護する．いかなる組織又は個人であれ，天然資源を不法に占有し又は破壊することは，その手段を問わず，これを禁止

する」としている．さらに第26条で「国家は生活環境と生態環境を保護，改善し，汚染やその他の公害を防止する」及び「国家は，植樹・造林を組織・奨励し，樹木・森林を保護する」と規定している(7)．

次に中国における環境保護の枠組みをまとめた「環境保護法」がある．同法は「環境保護法（試行）」として1979年に公布され，1989年に試行が取れ，正式な「環境保護法」として6章47条からなる法律として制定された．本法は中国の環境保全の基本原則，監督管理体制，主な管理制度，政府及び関連部門の職責，環境汚染防止とその他公害及び法的責任等の内容について規定しており，中国の環境保護法制度の基礎となるものである．

環境保護法の下，環境汚染防止に関する個別法として水質汚染防治法，大気汚染防治法，環境騒音汚染防治法，固体廃棄物環境汚染防治法，海洋環境保護法，放射性汚染防治法，環境影響評価法，クリーン生産促進法等が制定されている．また，生態・資源保護関連法として森林法，野生動物保護法，防沙治沙法，省エネルギー法，再生可能エネルギー法，循環経済促進法等がある．これらの法律は全国人民代表大会（全人代）又は同大会の常務委員会により制定される．

以上の法律の規定を実施するため，憲法及び関連法規の権限賦与に基づき，国務院（日本の内閣に相当）は関連する環境行政法規として「細則」や「条例，規定，弁法」，「決定，通達」などを制定する．さらに，この下には国務院の行

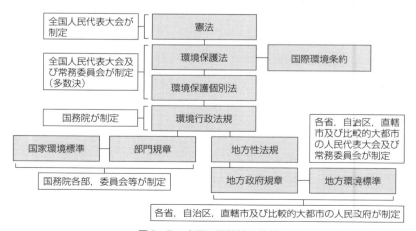

図9-7　中国の環境法の体系

政部局（環境保護部，国家発展改革委員会等）が制定する部門規則（記章）や国家環境標準がある．また，各省，自治区，直轄市及び比較的大都市の人民代表大会及び常務委員会が制定する地方法規，さらにその下に各省，自治区，直轄市及び比較的大都市の人民政府が制定する地方政府規則（規章）及び地方環境標準がある．なお，地方法規については，いわゆる上乗せ（国の基準より厳しい基準を設定すること），横出し（国が規制した項目以外の規制項目を追加すること）が可能である．

　さらに，裁判所審理業務における具体的な法律，法令の問題については，憲法と「全国人民代表大会常務委員会の法律解釈業務強化に関する決議」に基づき，すべて最高人民裁判所が司法解釈をおこなう．例えば1997年には「環境保全訴訟審理業務のより一層の強化に関する通知」が示されており，このような司法解釈も環境保護法体系に重要な影響を与えている．

一般的な監督管理制度

　中国の環境汚染防止のための監督管理制度については，水質汚染防治法，大気汚染防治法，環境騒音汚染防治法，固体廃棄物環境汚染防治法などに共通する一般的な制度として，汚染物質を排出する施設の建設にあたっての「環境影響評価制度」（建設プロジェクトによる環境影響を事前評価し，着工の可否を審査する制度），「三同時制度」（環境汚染防止のための施設を主たる工事と同時に設計し，同時に施行し，同時に供用開始するという制度），「汚染物質排出費（排汚費）徴収制度」（基準を超えて排出される汚染物に対する課徴金制度）の「老三項」がある．

　また，汚染物質排出基準を越える施設に対して指定期限内の対策を促す「期限付き対策制度」や環境に重大な影響を与える旧式生産技術及び旧式生産設備の「淘汰制度」，事故時の措置を定めた「汚染事故報告及び強制応急措置制度」，汚染物質を排出する施設に対する立ち入り検査をおこなう「現場検査制度」などの規定も多くの環境法制度に共通している．

規制の動向

　2014年4月，第十二次全人代第8次会議において改正環境保護法が成立した．1979年に試験的に施行され，1989年より正式に施行された環境保護法としては，その1989年以来，初めての全面的改正となった．

　全人代が示した当初の改正案には環境と経済の優先順位などについて環境法

の専門家，環境 NGO のみならず環境保護部もパブリックコメントを提出する
など多くの批判が集まったため，法案審議も難航し，通常の法案が全人代常務
委員会で 2，3 回の審議を経て成立するところ，1 年 8 カ月の間に 4 回の審議
を経てようやく成立した．改正法は 7 章70条となり，6 章47条であった現行法
に対し大幅な修正がおこなわれた．

　本改正の最大の特徴としては，法第 4 条において「環境保護は国家の基本的
国策である．」ことが明記されたことが挙げられる．経済（国民経済及び社会発展
計画）と環境（環境保護計画）の関係については，法第13条において「県級以上
の人民政府は，環境保護業務を国民経済及び社会発展の計画内に組み込まな
ければならない．国務院環境保護主管部門及び関連部門は，国民経済と社会発展
計画に基づき国家環境保護計画を作成し，国務院に報告し，その承認を得て公
表，実施する．」とされ，両論併記のような形となっているが，そもそも法第
4 条において国策と位置づけられたことで，中国における環境保全に対する位
置づけは，より高められたと考えられる．

　環境保護の枠組み法である環境保護法が改正されたことにより，下部の個別
環境法の改正も進み始めている．2014年12月には全人代常務委員会で大気汚染
防止法改正案が上程され，2015年 8 月に可決，2016年 1 月 1 日より施行される
こととなった．これらの法改正以降も水質や土壌汚染など環境関連法の新規立
法・改正が続くことが見込まれている．

　また，司法においても2013年 6 月に「最高人民裁判所，最高人民検察院の環
境汚染刑事事件の対応における法律適用に関する幾つかの問題点に係る解釈」
を公布，この後も環境訴訟の審理に関する司法解釈の制定や，環境事件を専門
に扱う環境資源審判法廷が裁判所に設置されるなどの変化が生じている．

（2）　中国の環境管理

組　織

　中国において環境保護に携わる中心機関としては，立法機関である全人代に
は1993年に設置された「環境・資源保護委員会」があり，環境・資源保護に関
する法律の制定・改正に取り組んでいる．他方，行政機関である国務院におけ
る環境保護の中心機関は環境保護部になる．

　前述の第 1 回全国環境保護大会後，1974年に周恩来総理により「国務院環境
保護指導小組」が設立された．1982年には第五回全人代常務委員会第23回会議

にて，同小組が廃止され，代わりに国家建設委員会，国家都市建設総局，建工総局，国家測定製図総局，国務院環境保護指導小組弁公室を合併し，本格的な環境部門として都市・農村建設環境保護部が設立され，その内局として「環境保護局」を設けた．1984年5月には，国務院に所属する各部門を横断的に調整する「国務院環境保護委員会」が設立され，都市・農村建設環境保護部に事務局が置かれ，環境保護局がその職を代行した．環境保護局は司長級（局長級）の組織のため，権限も弱かったが，本委員会の設立により同局が支えられる形となった．同年12月には，都市・農村建設環境保護部の傘下として職員数120名の「国家環境保護局」が設置され，正式に国務院環境保護委員会の事務局となった．環境保護局長は副部級（副大臣級）であったが，国務院の副総理のうち一名が環境保護を担当することとなり，初代は李鵬副総理，2015年末現在は張高麗副総理が担当している．

1988年7月には，国務院の機構改革により，都市・農村建設環境保護部を離れ国務院直轄の組織となった．初代の環境保護局長には1972年の国連人間環境会議にも代表団の一員として出席し，周恩来総理の信頼も厚かった曲格平氏が就任，職員数は315名に増員された．1993年3月に曲氏は環境保護局長を退職，環境・資源保護委員会委員長に就任し，後任には国家環境保護局副局長であった解振華氏が就いた．しかし，再び国務院の機構改革により定員は240名に減員された．1998年3月には，環境保護局に国家核安全局を編入し「国家環境保護総局」へと昇格させ，正部級（大臣級）の組織となった．初代の環境保護総局長は前組織より引き続き解振華氏が務めた．この組織改正は格が上がったという点では，環境保護機能が強化されたとも言えるが，同時に環境保護局を支えてきた「国務院環境保護委員会」が廃止され，職員数も200人に減員された．

2006年11月13日，中国石油吉林石化公司のベンゼン工場で爆発事故が発生，死者8名，負傷者60名の被害に加え，松花江の水質汚染事件を引き起こした．ロシアや日本など近隣国も懸念する重大な水質汚染事件となり，中国石油天然気集団（CNPC）や吉林省環境保護局などの責任者にも処分が科された．国家環境保護総局でも，12月2日に解局長が辞任し，後任に周生賢局長（前職は国家林業局長）が就任した．

2008年3月には，国家環境保護総局は「環境保護部」へ昇格し，職員数も352人に増員された．2015年2月には，周生賢部長が退職し，陳吉寧部長（前職は清華大学学長）が就任した．環境保護部内の組織としては一つの庁（弁公庁），

180　第4部　社　会

十二の司（規画財務司，政策法規司，行政体制・人事司，科技標準司，汚染物排放総量控制司，環境影響評価司，環境監測司，汚染防治司，自然生態保護司，核安全管理司，国際合作司，宣伝教育司），二つの局（環境監察局，駐país紀検組監察局），一つの委員会（直属機関党委）からなり，職員数は約360名となっている．さらに，同部の傘下には十七の直属事業単位（環境保護部環境応急・事故調査センター，中国環境科学研究院等），十二の出先機構（華北，華東，華南，西北，西南，東北の環境保護督査センター及び核・放射能安全監督ステーション），六つの社会団体（中国環境科学学会，中華環境保護基金会等）があり，公務員定数外の職員（「事業編制」という人件費の一部を国庫が負担する制度による職員）として約2600名が就業している．

　環境保護部は大気，水，廃棄物など環境汚染全般に加え，生物多様性や原子力規制などを担当しているが，日本の環境省が所掌している気候変動対策や野生動物保護については殆ど所掌していない．そのような業務内容の差は多少あるが，日本の環境省職員は約2800名（2014年）で中国の約8倍，地方自治体における環境保護部門の職員数も中国は約5万3000名（2012年）であるのに対し，日本は約6万4000名（2014年）と1.2倍に上る[8]．

　中国における気候変動，省エネ，資源節約（リサイクル）政策は「国家発展改革委員会」が所掌している．同委員会は中国の五カ年計画の策定をおこなうなどマクロ経済政策や産業・エネルギー政策を所掌しており，国務院でも最も力を持つ組織である．なお，松花江水質汚染事件で2006年に国家環境保護総局を辞職した解振華局長は，それから一年後，「国家発展改革委員会」の副主任（大臣級）に復職した（2015年に退職）．

　また，野生動物保護，湿地保護，砂漠化防止などは「国家林業局」が担当している．環境保護部にも自然生態司があり，生物多様性及び同条約については同部が所掌しているが，植林や砂漠化防止，ワシントン条約やラムサール条約の履行，トキやパンダの繁殖などの自然保護業務は「国家林業局」が担当している．

　さらに，住宅都市農村建設部が生活ごみの処理施設などインフラ整備を，国家質量監督検験検疫総局が廃棄物の輸出入を，科学技術部が環境に関する科学技術政策を，国家気象局が気候変動の観測をといったように広範な組織が環境政策に関係している．日本でも環境省以外の省庁がそれぞれの観点から環境政策に取り組んでいるが，政府における環境政策の調整権限は環境省に集約されている．これに対し中国は「群龍共治」ともいうべき縦割りの体制で，このよ

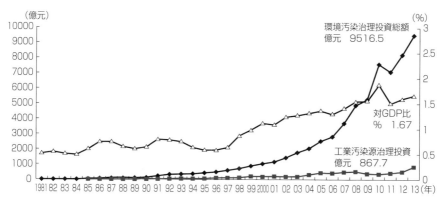

図9-8　中国の環境保全投資の推移

うな状況もまた環境管理を難しくしている．

環境保全投資

　中国における環境保全への投資額は年々増加しており2013年でGDP比1.67％の9516.5億元となっている．ただし，投資額の内訳ではガス・集中熱供給・排水・公園緑化・公衆トイレの建設などの都市環境インフラ整備費が中心であり，三廃（廃水・廃気・廃棄物）や騒音対策など公害防止に投じられる予算は867.7億元と1割以下で伸び率も低い．

　日本における公害防止投資は1970年代前半には民間設備投資の2割近くを占め，同時期に各企業にて脱硫装置などのインフラ整備がおこなわれた．これと比較して中国における環境保全投資は絶対額が不足していると思われる．

　中国政府内でも同様の認識があるのが分かるのが，2006年9月に国家統計局及び環境保護総局より公表された「中国緑色国民経済計算研究報告2004」である．本報告では，2004年推計値として中国の環境汚染による経済損失は少なく見積もってGDPの3％（約7.7兆円）であり，環境汚染防止のためにはGDPの7％（約16.2兆円）相当の初期投資に加え，毎年，GDPの2％（約4.3兆円）相当の運営投資が必要としている．しかし，このような投資をおこなっても毎年生じるフローの汚染を食い止めるのが精一杯であり，これまで蓄積されたストックの汚染は改善できないという．

（3） 日中環境協力

環境協定等

　日中間における最も歴史ある環境協定は，1981年に署名，発効した日中渡り鳥等保護協定（正式名称は「渡り鳥及びその生息環境の保護に関する日本国政府と中華人民共和国政府との間の協定」）である．日中は一衣帯水の関係とよく評せられるが，環境分野も例外ではなく，本協定は両国を往来する渡り鳥及びその生育環境の保護及び管理について協力をおこなうものである．同協定に基づき概ね2年に1回，日中渡り鳥等保護協定会議が開催されている（2015年末現在まで15回の会議を開催，最新は2014年12月）．

　もう一つの日中政府間の環境協定として，1994年に署名，発効した日中環境保護協力協定（正式名称は「環境の保護の分野における協力に関する日本国政府と中華人民共和国政府との間の協定」）がある．日本における環境全般を対象とする保護協定としては，米国（1975年），旧ソ連（1991年），韓国（1993年）に続き4番目に署名された．同協定に基づく協力分野は大気汚染及び酸性雨防止，水質汚濁防止，有害廃棄物処理，環境悪化による健康影響，都市環境改善，オゾン層保護，地球温暖化防止，生態系・生物多様性保全など多岐に渡り，その協力形態は環境保護に関連する研究活動や技術等についての情報及び資料の交換，科学者等の交流，セミナーの開催などが想定されている．また，同協定に基づき原則年1回，日中環境保護合同委員会を開催することとされている（2015年末現在まで10回の会議を開催，最新は2012年9月）．

　環境分野における日中政府間の外交協定としては以上の二つとなるが，この他にも両国では首脳外交などの機会を捉え，環境協力に関する文書の署名，共同発表をおこなっている．例えば，1998年11月の江沢民主席訪日時には，「日中共同宣言」とは別に独立した日中環境協力に係る文書として日中環境協力共同発表（正式名称は「日本国政府及び中華人民共和国政府による21世紀に向けた環境協力に関する共同発表」）に両国の外務大臣が署名している．また，2007年4月の温家宝総理訪日時にも，前記の共同発表から10年近く経過したことも踏まえ，日中環境協力に係る新たな文書として日中環境保護協力共同声明（正式名称は「日本国政府と中華人民共和国政府による環境保護協力の一層の強化に関する共同声明」）に両国の外務大臣が署名した．さらに，2007年12月の福田康夫総理訪中時には，温家宝総理との「日本国政府と中華人民共和国政府との環境・エネルギー分野における協力推進に関する共同コミュニケ」が公表された．

第9章 環境問題 *183*

環境協力プロジェクト

このような環境協力に関する協定の締結に加え，1990年代から2000年初めには ODA（円借款，無償援助，技術協力等）などを活用したプロジェクト協力も活発におこなわれた．

例えば円借款については，中国に対する円借款の供与総額約 3 兆3,000億円に占める環境円借款の割合は約30％，約 1 兆円になる．ただし，第二次円借款の前半（1987年度）までは，環境改善・公害対策は含まれておらず，第二次円借款後半以降に，都市部における上下水道やガス供給事業などの都市の民生用インフラ整備を通じた環境対策が実施されるようになり，第 9 次五カ年計画（1996～2000年）に呼応する第 4 次円借款からは従来の経済インフラ事業に加え，環境分野も重視され，大気汚染対策や水質・環境改善事業がおこなわれた．2001年以降は大気環境対策，水環境対策に加え，さらに砂漠化や土壌浸食を防止する植林，公衆衛生などの分野に拡大し，環境分野が約 7 割を占めるなど対中円借款の中核を担った．

ODA を活用した環境協力プロジェクトの代表例としては「日中友好環境保全センター」がある．1988 年，竹下登総理は李鵬総理に対して，日中平和友好条約 10 周年事業 として「日中友好環境保全センター」の設立を提案した．結果，日本の無償資金協力105億円及び中国側の6630万元を投入して，1990年より施設建設が始まり，1996年 5 月に建立された．センターは環境保護部直属の総合研究・管理執行機関として，① 環境分野の科学技術及び政策戦略の調査研究，② 計測及びデータ処理の手法開発，③ 人材の養成，④ 普及啓発事業を実施している．また，環境分野における日中間の交流及び協力の総合的調整機関としての役割も果たしており，施設建設中の1992年からセンターで働く人材を育成するため（独）国際協力機構（JICA）による技術協力プロジェクトが開始された．センターを活用した技術協力は，SARS の発生や日中関係が冷え込んだ時期でも常に政府や自治体などから出向した日本人専門家がセンターに常駐し，時代に合わせテーマの変更や協力規模の縮小はおこなわれつつも2014年まで約四半世紀にわたり継続し，人の姿が見える協力関係を構築してきた．現在はセンターを日中環境協力のプラットフォームとして活用し，$PM_{2.5}$ に関する大気汚染対策など中国の環境改善へ貢献していくことが模索されている．

その他の代表的な事例としては，1997年 9 月に，橋本龍太郎総理と李鵬総理との間で「21世紀に向けた日中環境協力」として合意された「日中環境モデル

184 第4部 社 会

都市構想」がある．1998年4月に同モデル都市を重慶，大連，貴陽の三都市に決定し，有償資金協力（2000年160億円，2001年147億円）による大気汚染対策等を実施し，モデル都市の一つである貴陽市（モデル地区内140km^2）では，SO_2等の大気汚染物質排出量が大幅に削減されるなどの成果を得た．また，日本の北九州市による大連の大気汚染改善への協力など自治体による協力もおこなわれた．

また，自然保護分野においては，日本のNGOなどが中国現地でおこなう植林緑化活動も多い．1999年7月に小渕恵三総理が訪中した際に1998年に中国長江流域で起きた大洪水を教訓に中国で植林緑化運動に取り組んでいる民間団体等を支援するため，100億円規模の基金（いわゆる小渕基金）の設立が提案された．その後，「日中民間緑化協力委員会」という機関を設置し，同委員会が中国で植林緑化協力をおこなおうとする日本の民間団体等に資金助成をおこなう仕組みを定め，日本政府は1999年度に100億円を拠出した．2000年度より2014年度までの15年間で約85億円（約900件）の助成実績となっている．

日中友好の象徴とされるトキについても長い協力の歴史がある．1985年6月に東京で日中野生鳥獣保護会議が開催され，トキの保護増殖協力について基本的合意がおこなわれた．同年10月には中国のトキ「ホアホア」（雄）が日本へ貸与され，日本のトキ「キン」（雌）とペアリングがおこなわれたが成功せず，その後，日本のトキは絶滅に至った．1998年，江沢民主席より天皇陛下へトキのつがいの贈呈が表明され，1999年1月に佐渡トキ保護センターに2羽のトキが到着した．2羽は「友友」，「洋洋」と名付けられ，同年5月には2羽の子供「優優」が誕生した．さらに2000年には朱鎔基総理より森喜朗総理との首脳会談にて「優優」のパートナーとなるトキを供与する旨が表明された（後に「美美」と名付けられる）．また，同首脳会談にて「日中両国の21世紀に向けた共同作業～成果と展望」が取りまとめられ，その1項目として「日中共同トキ保護計画の策定」が基本合意された．これを踏まえ，日本国環境省と中国国家林業局との間で調整が進められ，2003年10月に小池百合子環境大臣と周生賢国家林業局長が2010年までのトキ保護に関する日中協力を定めた「日中共同トキ保護計画」に署名した．2007年には安倍晋三総理と温家宝総理による首脳会談にて中国より2羽のトキの供与が表明された（後に「華陽」，「溢水」と名付けられる）．

中国から贈呈・供与された5羽のトキにより，2015年現在，日本のトキは野生下で約150羽，飼育下で約200羽となった．2010年8月には日中共同トキ保護計画が更新され，現在も日中協力が継続している．トキの繁殖は日本としての

神益のみならず，鳥インフルエンザなどによるリスクの分散や繁殖技術の共有などにより中国の神益にもつながる互恵協力となっている．

日中の環境協力では企業によるビジネス交流もある．規制への対応のためにおこなわれる環境分野での投資と異なり，特にエネルギーやリサイクル分野などにおける投資は中国企業にとっても省エネ・省資源によるコスト削減につながる可能性があるため，民間交流が進みやすい．例えば，1991年より経済産業省及び傘下の機関（日本貿易振興会（JETRO），新エネルギー・産業技術総合開発機構（NEDO），海外技術者研修協会（AOTS），海外貿易開発協会（JODC）[10]など）は途上国のエネルギー・環境問題に対する自助努力への支援として「グリーン・エイド・プラン（GAP）」を発足させた．中国を含むアジア7カ国が対象となり，訪日研修や省エネ・環境技術の実証調査などがおこなわれた．また，日中間の企業を中心としたビジネス交流の場として経済産業省，中国国家発展改革委員会及び商務部による「日中省エネルギー・環境総合フォーラム」が2006年に開催され，2015年末現在まで9回（最新は2015年1月開催）開催されている．

地域間協力

日中二国間による協力のほかに，日本及び中国を包含する地域間協力も存在する．例えば，ハイレベルによる交流の場としては「日中韓三カ国環境大臣会合（TEMM）」がある．同会合は日本・中国・韓国の3カ国の環境大臣が一堂に会し，東アジア地域及び地球規模の環境問題に関する対話をおこない協力関係を強化する目的で設立されたものであり，同会合の傘下で大気汚染や化学物質管理などに関するプロジェクトが実施されている．なお，同会合は三カ国の持ち回りにより1999年より2015年4月まで17回，年1回の頻度で開催され共同コミュニケを発表している．

日中交流

環境分野における日中交流は政府によるもののみならず，中国から日本への留学や日中の研究者による共同研究，日本の環境NGOによる中国での緑化活動，企業による環境技術の移転など民間による交流も基底にある．

本節の最後に一つのエピソードを紹介する．1970年12月初め，日本の社会党の委員長であった故・浅沼稲次郎の夫人が中国を訪れた．周恩来総理への謁見

時,夫人に随行した娘婿でフジテレビの記者であった中野紀邦氏が水俣病など日本の公害の状況を紹介すると周総理は高い関心を示し,長時間にわたる懇談となった.翌日には周総理より曲格平氏らへ中野氏による報告会を開催するように指示があり,政府機関の職員らを集めた会議が開かれた.周総理が1972年の国連人間開発会議へ代表団を派遣することとした背景には,この日の懇談の記憶もあったのであろう.

第3節　中国の環境の遠景

(1) 変化の兆し

ここまで見てきたように,中国は比較的早い時期より環境問題に取り組んできており,特に「松花江水質汚染事件」など経済成長による弊害が目立ってきた2000年代中頃,さらに国内外の注目を集めた2013年のPM$_{2.5}$事件を経て,より一層,環境問題を重要視するようになっている.しかし,中国の環境問題が根源的に解決するためには,環境規制の強化などに留まらず,社会システムの変革が前提となる.

その社会システムの変革については幾つかの兆しが見られる.

例えば,汚染物質の排出総量規制では「一票否決制」という人事評価への反映がおこなわれていることを紹介したが,さらに2013年11月には中国組織部が「地方党政指導グループと指導幹部の業績考課の取組の改進に関する通知」を

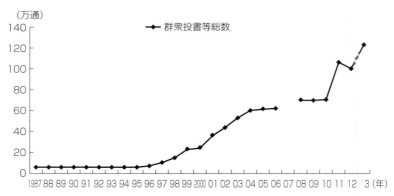

(出所)　全国環境統計公報(各年)等より筆者作成.

図9-9　環境問題に関する環境保護部への投書・メール数

公表し，GDP以外に資源消耗，環境保全などの分野も考課の重要指標として強調され，さらに，一定の地域（開発制限区域）ではGDPを考課項目にしないこととした．

また，環境情報の公開や市民参加の奨励も検討されている．$PM_{2.5}$事件が起きたことで人々の環境保全意識は非常に高まり，相当数の国民が，これ以上の急速な経済成長よりは環境保全を重視してほしいと，生活の質への転換を期待するようになった．年々増加する環境問題に関する投書数もそれを裏付けている．

また，中国国内にも財政的に豊かな企業が育ってきたことにより，NGO活動への資金援助など社会的責任（CSR）活動も普及しつつある．未だ生活水準については地域差，あるいは都市内でも相当の格差があるが，健康を害するような環境汚染は受け入れがたいという社会の合意が強まれば，個人や企業の行動にも自発的な変化が起きる可能性もあろう．

（2） 環境問題の行方

今後，中国の環境問題はどのようになっていくのであろうか．

現在，中国の経済はいわゆる「新常態」と呼ばれる状況で，成長速度がスローダウンしつつある．また，2020年から30年にかけては人口のピークアウトを迎えることが予想され，意図せずとも，これまでのような経済成長一辺倒の社会とはならず，その結果として遠からず汚染物質排出のピークアウトを迎えることが予想される．

例えば，2014年11月に習近平主席と米国のバラク・オバマ大統領は北京にて気候変動に関する米中合意を公表した．ここで，中国はCO_2排出量のピークアウトを2030年頃と公言しており，つまりはエネルギー消費量のピークが2030年までには来ることを予測している．

また，2015年2月に国務院発展研究センターの資源環境政策研究所が発表した環境汚染に関する分析レポートでは，大気と水の汚染物質の排出量は第13次五カ年規画（2016～2020年）内にピークアウトが来ると予測している．

具体的なデータをみても，近年の中国では，エネルギー消費量は伸びているがSO_2の全体排出量は減っている．その理由として，一次エネルギーに占める石炭比率の低下がある．2014年11月の「エネルギー発展戦略行動計画（2014-2020年）」で設定した，2020年に石炭比率62％という目標を達成できれば，同年

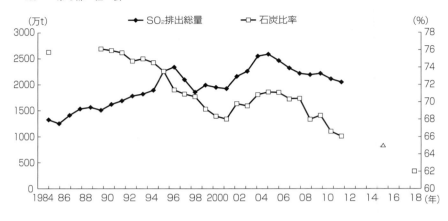

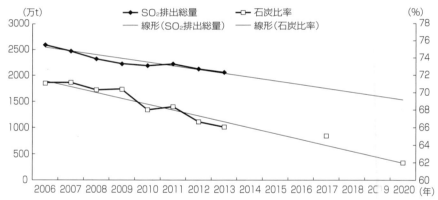

(出所)「中国統計年鑑」等より筆者作成.

図9-10　中国のSO₂排出総量と石炭比率の関係

のSO₂排出量は1990年の1500万tくらいの水準になるだろう．目下の課題であるPM$_{2.5}$による大気汚染については，その原因となる一次物質（SO₂など）の改善と同時に，エネルギー消費のピークアウトや軽油燃料の品質向上と自動車排ガス規制の強化，化学物質管理などが進めば，2030年，早ければ2020年代後半には相当の改善がみられるであろう．

ただし，楽観はできない．大気汚染はフロー（汚染物質が長期的に滞留しない）の汚染問題であり，日本の経験に照らしても，一つずつ対策を積み重ねれば必ず改善をする．他方，水質汚染（特に地下水汚染など）や土壌汚染は厄介である．

食の安全

　中国では食品の偽装や危険な成分が混じった食品などの報道を目にすることが多い．2004年には安徽省で栄養分が規定に達していない偽粉ミルクが流通し乳児が栄養失調で死亡する事件，2008年にはメラミンの入った粉ミルクにより乳児に健康影響が出るといった事件が報道された．また，2007年には日本に輸入された冷凍餃子に殺虫剤が混入しており，これを食べた人が中毒症状を起こすという事件が起きた．この他にも下水を精製して食用油を造る「地溝油」の問題，残留農薬が検出されるお茶や漬物，ネズミや狐の肉を羊肉と偽装して販売する事件，最近では1970年代の肉が流通していた「ゾンビ肉」事件など食の安全を脅かす事例には枚挙にいとまがない．

　環境問題との関係が深い事例としては，カドミウム汚染米の問題がある．カドミウムや鉛などの重金属が基準値を超える米が湖南省や江西省などを中心に流通していることは2000年代初め頃より研究者などにより報告をされていた．また，広西チワン族自治区では日本のイタイイタイ病と同様にカドミウム汚染米による中毒症状の発生可能性が指摘されている．近年もカドミウム汚染米の流通は続いており，2011年2月には中国の週刊誌「新世紀週刊」でカドミウム汚染米の存在が報じられ，さらに2013年にも同誌で状況が変わっていないことが度々報じられている．

　このような食品安全問題が起きる原因は，直接的には水や土などの環境汚染による影響，禁止農薬の使用，製造・加工過程での異物混入など管理の不備，意図的な偽装といった「入口」の問題と，不十分な食品規制体制という「出口」の問題がある．また，法制度ができても，その執行や社会における規範に問題がある．つまり，食品安全を巡る課題の構造も環境問題のそれと同様であることに気づかされる．

　2015年に「食品衛生法」が20年ぶりに改正され，史上最も厳しい法制度となったことが喧伝されているが，これも「環境保護法」の改正に被る．しかし，食の安全が根源から確保されるには，環境問題と同様に単なる法規制の強化に留まらず，社会システムの変革が必要となるであろう．

190　第4部　社　会

これらはストック（汚染物質が長期的に滞留する）の汚染問題であり，汚染物質が
ピークアウトしても環境が回復するとは限らない．前出の国務院発展研究中心
資源環境政策研究所のレポートでも，水や土壌の改善は2030年以降になるであ
ろうとの指摘がなされている．

　結果として，大気汚染でも10〜15年，水質や土壌の改善には20年以上の時間
が必要であり，これら基本的な環境汚染問題のほかにも，今後さらなる課題
（気候変動，水銀やアスベスト等の化学物質問題等）の解決も必要になる．中国におけ
る環境問題の解決には未だ長い時間を要するであろう．

　注
（1）　第12次五カ年規画（2011〜2015年）では大気汚染に関しては2015年までに2010年比
　　　でSO_2の排出総量を8％減，NO_xの排出総量を10％減，水質汚染に関してはCOD
　　　の排出総量を8％減，アンモニア性窒素（NH_3-N）を10％減とする目標を設定し，前
　　　規画と同様に31の省・自治区・直轄市及び新疆建設兵団の32カ所に目標を割り当て
　　　「一票否決制」を導入している．
（2）　CODは2010年までは工業関係及び都市生活関係のみを観測していたが，2011年よ
　　　り観測項目として農業関係及び廃棄物焼却施設等からの排出量が加わった．2013年の
　　　COD排出総量2352.7万tに対する，2011年の値は2499.9万tで，2年で約6％減と
　　　なる．また，日本の河川は中国と異なり流下時間が短いため指標としてCODは用い
　　　られず，生物的酸素要求量（BOD）を用いる（日本でも湖沼・海域はCODを用い
　　　る）．
（3）　中国の人工林面積は約7000万haで日本の国土面積（約3800万ha）を遙かに上回り，
　　　世界1位の規模にある．ただし，平野（2013）は順調に植林がおこなわれていれば人
　　　工林面積は約2億haを越し，森林面積占有率は40％以上となっていたとし，そのよ
　　　うな成果に至らなかった原因を非効率な植林事業や木材需要の急増の影響によるもの
　　　と分析している．
（4）　中国の環境問題の原因について，定方（2000）は人口増と貧困化をきっかけとした
　　　都市，農村，森林間の共生関係の崩壊を挙げている．李（1999）は環境対策より経済
　　　成長が優先された「経済優先説」，環境保護能力の水準が低い「途上国説」の主張が
　　　存在することを認識したうえで環境保護活動に関連する諸政策や社会慣行，国民意識
　　　などの欠陥を理由とする「環境保護システム説」を提起している．筆者が本文で提起
　　　した原因はこのような先行研究における分析を踏まえつつ，中国の環境問題を観察し
　　　てきた現時点の結論である．
（5）　制度的インフラストラクチャーについては，環境省補助金「静脈産業の新興国展開
　　　に向けたリサイクルシステムの開発とその普及に係る総合的研究」（研究代表者：慶

應義塾大学細田衛士，課題番号：K123002）を参照のこと．

（6）　ただし，先進国の経験を活用し，効率的対策を進める後発の利益を享受できるという利点もあるはずであった．先進国の経験が導入されなかった点があるとすれば，その理由は先述の中国の環境問題の原因に起因すると考えられる．

（7）　環境保護に関する規定は1978年に改正された憲法で初めて明記された（第11条「国家は環境及び自然資源を保護し，汚染及びその他公害を防治する」）．ただし，現在の憲法の環境保護に関する規定は1982年の改正に基づくものとなっている．

（8）　中国には事業編制の職員2600名が存在するが，これらの職員は事業実施機関であり政策判断や他の政府機関との調整に関する権限などを有しない．この点で日本における国立環境研究所，環境再生保全機構などの独立行政法人や環境分野の公益法人などに類似しており，日中を比較する際には環境保護部の職員数を使用するのが妥当と考えられる．また，日本の公務員数は世界的に少ない方であり，米国の環境保護庁の職員数は約18,000名である．日本と比較して中国の人口は10倍，国土は25倍であることを考慮すると，環境保護部門の職員の絶対数がいかに不足しているかが分かる．

（9）　ここでは2001年以降の環境汚染治理投資及び工業汚染源治理投資については「2014中国環境統計年鑑」の数値を使用し，2000年以前の工業汚染源治理投資については「中国統計年鑑」（各年版），環境汚染治理投資については呉舜澤ほか（2014）『中国環境保護投資研究』で紹介された数値を使用した．2013年に2001年以降の環境汚染治理投資額については県級の環境インフラ投資額が加算されたため，それ以前に発表された投資額と異なっている．また，2000年以前の環境汚染治理投資については王文軍（2014）『中国環保産業投融資機制研究』では多少異なった数値が掲載されている．本章では「中国統計年鑑」など，できる限り公式かつ最新の統計を使用しているが，中国の統計データでは過去を遡っての数値修正や複数の数値の存在があり得ることに留意いただきたい．

（10）　AOTS と JODC は2012年3月に合併し，現在は海外産業人材育成協会（HIDA）となっている．

　　　　　　　　　　　　　　　　　　　　　　　　　　　　　（染野憲治）

第10章　社会問題と政策

第1節　人口問題

（1）　人口論争と中国

二つの人口論

　　1800年の世界の人口は約10億であったが，20億になったのは1930年であった．人口が2倍になるのに130年を要したことになるが，その人口がさらに2倍の40億に達するのは1975年であり，わずか45年しかかからなかった．そして，1999年11月ついに地球の生態系の許容範囲を超えといわれる60億人に達する．まさに20世紀はポール・エーリック（Paul R. Ehrlich）のいうように，「人口爆発の世紀」であった．2015年8月の人口は，72億7000万人強であったが，国連の試算によると，世界の人口は毎分137人，毎日20万人，毎年7000万人ずつ増え続け，2050年には91億に達する[1]．

　　歴史的に見ると，人口論には二つの潮流があった．一つは，マルサス人口論である．1798年トマス・ロバート・マルサス（Thomas Robert Malthus）はロンドンで『人口論』を出版した．マルサスはこの中で，人口は制限されなければ，無限大に増加するが，食糧や資源には制限があるとして，人口抑制の必要性を説いた．

　　このマルサス人口論は，宗教界など当時各方面から批判を受けたが，人間による労働の価値を高く評価するマルクス主義の登場によって，それは先鋭化する．1848年カール・マルクス（Karl Marx）は『賃労働と資本』の中で，マルサス人口論を批判する必要性を強調した．ここから対抗概念としての「人口資本論」「人手論」などの社会主義人口論が生まれた．

　　人口論争の再燃は，1960年代から見られるようになる．1972年に出版されたローマ・クラブの報告書『成長の限界』は，来るべき人口爆発にともなう資源・食糧の不足，環境の悪化を予見し，世界に警鐘を鳴らした．20世紀の人口論争の基本認識は，「経済発展こそが政治的・社会的安定をもたらす」という

先進国主導の国際的価値観にある．ここから「人口過剰は経済発展の最大の阻
害要因となる」という認識が生み出された．国連は1974年を「世界人口年」と
し，8月にルーマニアのブカレストで第1回世界人口開発会議を開催した．こ
こでは人口抑制の目標が定められ，各国は人口政策を実施する義務を負うこと
を承認した．ブカレスト会議の決議にはカソリックとイスラム教界及び第三世
界の国々から強い反発があり，深刻な南北対立を浮き彫りにした[2]．

中国の対応

1974年2月，毛沢東はいわゆる「三つの世界論」を提起し，自ら中国を第三
世界の一員と位置づけた．そのため，中国はブカレスト会議に第三世界の立場
で参加し（団長代表，李先念），毛沢東の指示で「世界のすべてのものの中で，
人間こそがもっとも大切なもの」と演説し，先進国主導の人口抑制政策に強い
反対を表明した．

その中国が，1979年1月からいわゆる「一人っ子政策（独生子女政策）」を導
入し，国家主導の人口抑制に踏み切ったことは，世界に衝撃を与えた．カソリ
ック教会は，「中国の180度の政策転換は，まさに第三世界への裏切りである[3]」
と非難し，アメリカの人権派からも強い批判を受けた．現在の中国の人口政策
は，「マルクスからマルサスへ」という大転換をとげたことになるが，それは
まさに改革開放政策と歩調を同じくする．

（2） 中国における人口動向

中国の人口の推移

近代の幕開けといわれるアヘン戦争が起きた1840年代初期，中国の人口は約
4億1000万人であり，その約100年後の1949年10月の中華人民共和国成立時の
人口は5億4167万人といわれた[4]．この間外国の侵略との戦い，内戦，それらの
混乱に起因する農業生産の低迷，度重なる自然災害等の負の環境に悩まされ続
けた中国においては，「多産多死」の状況が続き，人口増加率は極めて低かっ
たといえる．そのことが毛沢東の判断を狂わせる一つの大きな要因となった．
中国の人口は1988年末には10億9614万人となったが，建国時の2倍になるのに
40年しかからなかったことになる．

194　第4部　社　会

人口増加の要因

このように中国の人口が急増した原因には次のことが考えられる.

①国家統一と政治の安定，一元支配の継続

中華人民共和国成立によって中国は国家的安定期に入ったということができる.　当然，死亡率が下がったわけだが，衛生と医療の発展のもとで乳幼児の死亡率が大幅に低下したこと，平均寿命が延びたことも人口増加の基本的条件としてあげることができる.

②「人口大国化論」及び「毛沢東人口論」の存在

伝統的に中国の為政者には人口が多いことは大国の証明であるという考えがあった.　近代においては，孫文が「三民主義」の「民族主義」第2講のなかで「民族の興亡は，人口の増減に原因する」と述べ，基本的に人口の多いことは「天の恩恵である」との見解を示した.　また，毛沢東は建国後「人口が多いことはこの上なく良いことである」「人口は国力の象徴」という「人口大国化論」の考えを示した.　これに加えて毛はマルクスの影響を受け，「人間はものを食べる口は一つだが，働く手は二本」，「人口の増加は経済発展の原動力，生産力の向上につながる」と主張した.　このような「毛沢東人口論」は，共産党内部に存在していた人口抑制論を封じ込めることになり，「産めよ，増やせよ」政策が実行されることとなった.

③農業立国としての特徴

農業立国であった中国では農村労働には基本的に人手，特に男子の労働力が不可欠とされた.　その国家としての基本条件が古来儒教の家父長制を容認し，その家父長制が「多子多福」の考えを生み出してきた.　この考えは現在でも農村部に根強く残っている.　このような伝統的考えに加え，建国後加わった新たな条件が「多子多福」を「多子多得」へと変質させる.　すなわち中国では土地革命とその後農業の社会主義的改造，すなわち集団化がすすんだ.　ここではすべての生産財が公有制となったと同時に，生産物は農民個々人に平等に分配されることとなった.　その結果，子供が多い方が一家の分配が多くなるという現象が生じ，農民は多産に励むようになった.　また，改革開放後導入された「生産請負制」も家庭内の人数が生産に影響するという結果をもたらし，「一人っ子政策」が徹底しない原因の一つとなった.

④文化大革命前期（1966～1971年）の人口急増の影響

文革は中国に10年にわたる未曾有の社会混乱をもたらした.　特にその前期の

混乱は全国・全人民を巻き込むものであった．この5年間に人口は1億2691万人が純増したといわれる．その理由として，若林敬子は紅衛兵運動・学校閉鎖・経験大交流への参加など「若者の暴走」を生み出す条件がつくられ，その結果「婚外婚出産」が増大したことを理由の一つとしてあげている（純増のピークは70年の2321万人──若林［1995］）．

（3）　中国における人口政策の変遷

節育運動

建国後人口問題が論議されるようになったのは，1953年7月の第1回人口センサスの後である．この調査で6億193万人と，予想より1億人以上も多かったため，「節育運動」が展開されることとなった．54年12月劉少奇は「節育」に関する講話をおこなっている．「節育運動」の第1期は54から58年の大躍進時期までで，「節制生育（産児制限）」の運動期間と位置づけられ，第2期は1962年から文革までの時期で「計画生育」の時期とされる（黄雨川［1967］28）．

第1期の代表的イデオローグが当時北京大学学長であった馬寅初である．馬は1957年6月の第1期全人代第4次会議席上で自ら「新人口論」を発表し，「中国の人口は多すぎる」として，人口増大に伴う「十大矛盾（耕地面積・生産力・教育・食糧生産・就業・生活水準などとの矛盾）」について述べ，人口増加は経済発展の阻害要因になりうることを主張した．まさに馬の主張はブカレスト精神の先取りであったということができる．そして，馬は国家主導の産児制限政策導入の必要性を強調した．これが毛沢東への挑戦と受け止められても当時の政治状況下では無理からぬことであった．反右派闘争の渦中，58年4月になると馬は「中国のマルサス」というレッテルを貼られ，60年3月北京大学学長の職を解任され，失脚した．

計画出産の萌芽

第2期は経済調整期にあたり，劉少奇・鄧小平主導の経済建設が一時的に試行され，1962年には中央・地方を通じて計画出産指導機構が設けられた．しかし，63年7月周恩来は計画出産の必要性を容認しながらも，「我国の人口が7億，8億，9億，10億に到達した時，我々はさらに強大になり，さらに力を持ち，一つの社会主義強国になることができる」と述べている．この発言は，「計画出産」を本格的に実行に移すことが困難であったことを物語っている．

196　第4部　社　会

そして，文革の発動は「節育」の芽を摘んだばかりでなく，人口の急増をその結果として招き，「一人っ子政策」導入への道を拓くこととなる．

（4）　改革開放期の人口政策——「一人っ子政策」

「一人っ子政策」の開始と仕組み

　文革前期の人口の急増に危機を感じた周恩来は，1971年初めから農村を含む全国レベルで「計画生育」運動を再開させる．その結果73年8月には国務院内に「計画出産指導小組」が設立された．この時の基本方針は「晩婚・晩産，一組の夫婦に子供は二人まで」であった．

　一般に「一人っ子政策」は1978年の天津市の一女性労働者の「国家への貢献のため少生優育を実行する」という宣言から始まったといわれる．同年12月3日，それに同感した天津市医学院の女性教職員44名が連名でいわゆる「一人っ子提議書」を市政府に提出した．この提議を受ける形で79年1月26日北京において全国計画出産辦公室主任会議が開催された．ここでは「一人っ子政策」の基本路線である「一組の夫婦につき子供一人」が決定し，天津市や四川省は全国に先駆けて「独生子女証（一人っ子証明書）」の配布を開始した．

「一人っ子政策」の基本的な仕組みは，以下の通りである（若林［1997］47）．

　1）主柱……「晩婚・晩産・少生・稀・優生」

　「晩婚・晩産」に関しては，1980年8月の婚姻法の改正によってまず男・22歳，女・20歳以上と規定されるが，その後各地域において「計画出産条例」が出され，結婚許可年齢が上乗せされる．92年4月までに都市部では男・27歳，女・25歳，農村部では男・25歳，女・23歳となる．これは当然「晩産」を目的とする措置であった．

　「少生・稀」は，基本的に子供は一人であるが，後に述べる例外の場合でも第二子をもうけるには，4年以上の間隔をおかなくてはならないとされる．「優生」に関していうと，「直系血族または四親等以内の傍系血族」間等の婚姻を禁止している．

　2）賞罰制度

　「一人っ子政策」の徹底は，厳格な賞罰制度の施行によるところが大きい．当初の基本的な賞罰制度は次のようなものであった．

・優遇策……「七優先」（「一人っ子証明書」を受領した夫婦に与えられる）
① 奨励金の受給，② 保育支援，③ 学費支援，④ 医療費支援，⑤ 就職の斡旋，

⑥ 住宅・宅地支給，⑦ 年金の増額

※2004年6月からは農村部において，子供一人，または女の子二人の家庭に対して，夫婦が満60歳になると，年間600元の補助金を夫婦二人それぞれに支給する制度が試験的に開始され，05年には全国で実施された．09年3月からは720元に増額されている．

・罰則……計画外出産をした夫婦に適用．
① 「多子女費（超過出産費）」の徴集（年収相当分の罰金の徴収．夫婦双方の賃金カット.⁽¹⁰⁾農村においては農地及び家畜の没収など），② 養育費不支給，③ 医療費の自費，
④ 職場での懲罰（夫婦双方とも昇進・昇級停止）など．

　この賞罰制度と同時におこなわれた「人口目標管理責任制」が地域における隣組の監視や職場請負制的役割を果し，その達成率を競わせることとなり，都市における達成率をほぼ100％とした．現在は村民委員会・居民委員会，機関・部隊・社会団体・企業事業組織などの単位が計画出産工作を監視すると規定されている（「人口と計画生育法」第12条）．

　条例の改正──第二子出産規定

　都市における達成率の高さに反して，農村においては違反が続発した．農民達は労働力としての男子誕生まで子供を産み続けることが多く見られた．彼等は罰則を恐れて，先に誕生した女の子や障害をもった子を戸籍に入れないことが多く，戸籍を持たない子，いわゆる「黒孩子（ヘイハイズ）」の増加が社会問題となり，その存在が条例改正の一つの要因となった．2011年現在，戸籍のない人口は，1.02％で1370万人となっている．

　1984年8月メキシコ・シティで開催された第2回国連国際人口開発会議において，アメリカ（レーガン政権）は中国の人口抑制政策を女性と胎児の人権擁護の立場から強く非難し，国連人口基金への援助金（約40億円）を停止する決定を発表した．このような国際世論への配慮と農村における違反の増加を受けて，1984年から段階別・地域別に条例の改正がおこなわれた．すなわち，第二子出産の条件が拡大・緩和され，特に農村部に適用されることとなった．当初の第二子出産許可条件は次の通りである（若林［1997］50））．

（ｉ）都市部……① 第一子が非遺伝性の身体障害者である ② 夫婦双方が共に一人っ子 ③ 結婚後5年以上不妊で，養子をもらってからの妊娠 ④ 夫婦双方が帰

198　第4部　社　会

国し定住している華僑

（ⅱ）農村部……地域によって多少の違いがあるが，① 第一子が女児の場合，出産期間 4 ～ 5 年をおく ② 母親は28歳以上，という条件が最も一般的である．

（ⅲ）少数民族……これも地域によって多少の違いはあるが，都市，農村を問わず夫婦双方が少数民族の場合許可されるのが一般的である．

　すなわち，厳密に言うと「一人っ子政策」は都市に住む漢民族のみに施行されてきた政策であるということができる．

（5）　人口問題の現状と今後

　中国が世界に前例のない人口抑制政策である「一人っ子政策」を開始してからすでに35年が経つ．中国はこれによって 4 億人の人口が抑えられたとその成果を強調しているが，その背後では次に述べるようなさまざまな社会問題が生み出された．

男女比のアンバランス

　「一人っ子政策」は，「どうせ産むなら男の子」「どうせ産むなら優秀な子」という風潮を生み出し，女子や障害児が生まれると，捨てる，戸籍にいれない，殺害するなどの行為が横行した．その結果，中国においては，人口の男女比のアンバランス（男・51.9％，女・48.1％～2011年）が顕著となり，2020年には結婚適齢期の男子のうち，2400万人が結婚難に陥ると予測されている．

　このような，事態に対処するため，中国政府は1993年 4 月 5 日「胎児の性別判定を重ねて厳しく禁止する」通知を出し，産み分けを目的とした胎児検査と中絶を禁止した．また，2003年からは「関愛女孩（女の子を守る）運動」を展開し，男女比のアンバランスを是正することに躍起になっている．

一人っ子社会の弊害

　一人っ子に対する過保護が生み出したエピソードには枚挙のいとまが無い．「小皇帝」と化した子どもに対する両親と両家の祖父母・ 6 人による過保護は過干渉になり（「四二一症候群」），恋愛や就職の面接，入社式にまで両親が付き添うなどして深く介入している．彼等はまったく自立できないか，自立を望んでも，両親が子離れできないかの共依存関係にある．また，四人の親が高齢と

なった場合，介護などの負担が夫婦に重くのしかかってくる．彼等が社会の中枢になった時創出される社会こそが「一人っ子政策」の最大の歪みとなることは，充分に考えられる．

超高齢社会の到来

近い将来中国は確実に高齢社会へと突入する．2014年末65歳以上の高齢者は総人口の10.1％であったが，30年には16.5％，50年には25.6％に達し，超高齢社会に突入することが予測されている．これに対して経済を支えうる15〜64歳の人口は2010年の72.3％から50年61％に落ち込むと予測される（若林・聶［2012］195より算出）．かつて経済発展のために導入した人口抑制政策が将来経済発展の阻害要因へと化していくことは歴史の皮肉といわざるを得ない．

中国では2000年には65歳以上の高齢者の独居老人世帯（「空き巣老人」）が12％となり，2011年には50％を超えた．この問題への対策として2012年「中国老人権益保護法（改正案）」が出された．この原則は「老人の養老は在宅を基礎とする」ことにあるが，働き手の減少問題と相まって，その実現はきわめて困難となっている．今後老人介護，年金，医療保険等の社会保障制度の充実が重要な政治課題となっていくことは必至である．

人口マイナス成長現象の創出

近年の国際的な人口問題は，東アジアの超少子化現象にある．東アジアの合計特殊出生率（女性が生涯に生む子どもの数）の低下は，日本だけでなく，韓国や台湾でも深刻である．日本は2005年の1.26を底として，増加に転じ，2010年には1.39まで回復したが，韓国は1.15，台湾は1.03（2009年）で出生率の回復の兆しが見えない．特に台湾では，1を割込む状況にある．中国の2000年の合計特殊出生率の全国平均は1.71であったが，北京は0.72，上海は0.68で，2003年に自然増加率はマイナスに転じた（03年，上海 −1.35％，北京 −0.10％）．このような東アジアにおける少子化現象は，急激な経済成長と女性の高学歴化にともなう社会現象に，子どもを育てる社会のシステムが追いついていないことが大きな原因とされる（佐藤［2012］4）．

この状況を受け，上海市においては2003年9月から条例の改正作業が開始され，農村に適用されていた第2子出産規定が都市住民にも適用されることとなった．これは北京市などの大都市でも同様に適用される．一人っ子どうしの結

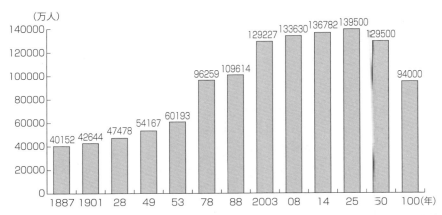

(出所) 閻守誠「中国人口史」・内政部統計司編「民国十七年各省戸口調査統計報告」・「中国計画生育年鑑1986」・国家統計局編「中国統計年鑑2015」国連ホームページより筆者作成.

図10-1　中国の人口動向表（2100年まで）

婚は第2子出産の対象であるので，上海市や北京市では子どもが二人の家庭が出現するようになった．

2003年9月中国国家計画出産委員会は「抑制政策は決して理想ではないが，国全体が成長するため，当面，続けざるを得ない」との見解をしめした．この時，中国の人口抑制政策の最大の目標は2050年の人口を16億人以下に抑えることにあった．しかし，国連の人口推移予測（World Population Prospects：The 2010 Revision Population database）によると，中国の人口は2025年の13億9500万人をピークに減少に転じ，2050年には12億9500万人と2003年の水準に戻り，2100年には9億4000万人と落ち込む．これは，「一人っ子政策」と先進国に見られる少子化現象との相乗作用が原因と思われる．そして，この現象の改善のため，2015年10月，中国共産党は「一人っ子政策」を完全に廃止し，「一夫婦に子ども二人まで」を決定し，2016年1月から施行した．

第2節　教育問題

（1）　改革開放以前の教育

建国期から文革まで

中国の近代的学制が確立したのは，1922年の北京政府下においてであった．

この時採り入れられたのはアメリカの教育学者であるジョン・デューイ（John Dewey）が提唱した6（初級4年・高級2年）・3（初級中学—日本の中学にあたる）・3（高級中学—高校）制であった（入学年齢6歳，9月入学）．国民政府はこれを基本的に引き継ぎ，35年5月からは段階別に義務教育の実施を開始した．44年7月になると就学率を高めるため，「強迫入学条例」を発布し，罰金等の罰則を設けて強制的に入学を促した．そのため，義務教育は共産党によって「強迫教育」と批判された．しかし，その結果46年末には入学適齢児童の76％以上が小学校に入学するという成果をあげた（張・金［2001］539）．

　一方，共産党の支配地区であった各革命根拠地においては，毛沢東の指導下で独自の教育が実施された．根拠地では精力的に「民辦学校」（レーニン小学校・抗日軍政大学等）が建設され，「解放区教育」「遊撃型教育」と呼ばれる革命教育が実施された．そこでは，労働者や農民の実情にあわせた学制（全日制，二部制，半日制，夜間，教師巡回など）が導入された．「解放区教育」の特徴は，マルクス主義に基づく「半工（耕）半学」，すなわち「教育と労働の結合」を重視し，政治教育もしくは抗戦教育を偏重することにあった（溝口［1978］14-26）．

　建国後の教育政策の課題はこれら二つの潮流をいかに結合するかにあったが，採用されたのはソ連モデルであった．その後，各地域で個別におこなわれていた学制が統一され，教育の国有化が加速された．この過程で，外国人経営のミッションスクールを含む私立学校はすべて接収・管理され国公立に改編された．

　1951年10月1日「学制改革に関する決定」が公布され，新学制がスタートし，小学校はソ連に倣い5年制を採り（後4・2の6年制），中学はアメリカ型を引き継いで初級中学3年，高級中学3年制が採られた．大学はソ連型を採用して4年から5〜6年に延長された．また，専門学校の中の技術学校の充実に重点がおかれた．

　この時期の教育の問題は，中学校の絶対数が不足していたことにあった．その結果，中学への進学が熾烈を極め，中学浪人を大量に排出するという状況が生み出された．例えば，1953年の小学校卒業生は293万5000人であったが，中学収容人数は81万8000人で進学率は27.9％に過ぎなかった（Pepper［2000］213）．そのため，中学に進学できるのは，都市のエリート家庭の子女に限られ，貧しい労働者や村に中学がない農民の子は事実上進学できないという深刻な状況が生み出され，農民達の強い不満を引き起こした．

202　第4部　社　会

文革期の教育

　1966年5月7日毛沢東はいわゆる「五・七指示」を発令し，「教育制度を徹底的に改革する」ことを指示した．その結果文革開始後の9月の新学期を前にして大学を含むすべての学校は閉鎖されることとなった．

　1967年2月になると，党中央は小学校の学習内容は低学年では若干の算数と理科を学ぶが，高学年では『毛主席語録』『老三篇（「人民に奉仕せよ」「ベチューンを記念する」「愚公山を移す」）』や革命歌曲を中心に学び，軍事訓練にも参加することを指示した．大学・専門学院では政治学習と軍事訓練が中心で，生産への参加が必修となり，農村への下放も奨励された．同時に，毛沢東の「就学年数の短縮」の考えに基づき，都市では6・3・3制が5・3・2制へ，農村部では5・2・2制へ改変する指示が出された．

　文革期，大学の学生募集は1966年から5年間，大学院生の募集は12年間，留学生派遣は6年間停止した．このように文革期の教育が様々な点で深刻な打撃を受けたことは明らかである．しかし，そこには一定の成果も認めることができる．それは，中学が農村にほとんど存在していなかったため，農民達が自ら精力的に「民辦中学」を設立し，その普及に努めたことであった．人民公社内部に学校が建設されたことと就学年数の短縮によって，貧しい農民の子でも学校に行きやすくなった．人民公社内部に7年一貫制及び9年一貫制の学校が建設されたことは，中等教育を農村にも普及させるという役割を果した．

（2）　改革開放後の初等・中等教育

初等・中等教育制度改革——義務教育の導入

　文革終結後，教育問題に最も熱心に取り組んだのは鄧小平であった．まず，鄧小平が着手したのは高等教育すなわち，大学・専門学院の建直しであった．1977年8月4日鄧は教育工作座談会で「我が国の知識分子は，社会主義に服務する労働者である」と発言してまず知識人の地位回復をおこない，8月13日には全国高等学校招生（大学学生募集）工作会議が開催され，全国統一試験を実施することを決定した．これに基づいて同年全国で570万人が受験をした．同時に鄧小平は，海外留学も推奨した．現在英米などへの留学は，中国からが最も多くなっている．

　このような高等教育の早期の改革に対して，初等教育及び中等教育改革は迅速には進まなかった．初等教育改革は1980年末になってようやく開始されたが，

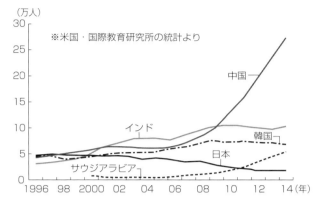

図10-2　米国の大学・大学院への留学生数の推移

全面的改革とはほど遠いものであった．初等・中等教育改革が遅れた理由は，① 農村部の小・中学校は人民公社内部に建設されている場合が多かったため，85年6月の人民公社の解体までは抜本的な改革ができなかったこと，② 義務教育導入のための党内調整と法整備とに時間がかかったことが考えられる．

　義務教育は，英語では"compulsory education"という．この"compulsory"という言葉はラテン語で「強制的な」という意味をもつ"compulsorius"をその起源とする．義務教育が初めて法制化されたのは1794年のプロイセン（現ドイツ）においてであったが，その後米国（1852年），英国（1870年）が相次いで義務教育を法制化した．義務教育は産業革命後，それぞれの国が資本主義を維持し，生産力を発展させるために国民に一定の知的水準を与えるために考案されたものであった．そのため，それは親に課せられた国家に対する「強制的」義務の一つとされた．

　日本においては，明治政府下の1872年の学制の改革において，「男女平等」「四民平等」の「義務教育」をアジアで初めて採り入れた（義務教育という言葉が使われたのは1886年の小学校令の発布から．年限は尋常小学校の範囲）．この時謳われたことは，「一般の人民を文明ならしめるのは，『国家の富強安康』をもたらす」ということであった．

　資本主義発展に寄与するための，また児童の労働を禁じた義務教育の特徴に

対して，マルクスは反発し，それを資本家階級の子女のためのブルジョア教育制度であると非難した．そして，貧しい労働者・農民のために，勉学と労働を共存させる多様な形態の教育制度確立の重要性を訴えた．そのため，ソ連をはじめとする社会主義国では義務教育制度は採用されなかったのである．

1985年5月15日に開催された「全国教育工作会議」において，建国後初めて義務教育問題が論議された．激しい議論の結果，段階別にまた計画的に9年制義務教育を実施することが決定した．この決定に基づき，翌86年4月12日第6期全人代第4回会議において「義務教育法」が採択された．それは，抜粋すると次のようになる．

第二条　国家は9年制義務教育を実行する（小学校6年，初級中学3年—筆者注）．
第四条　国家，社会，学校及び家庭は，法に依り学齢児童・少年が義務教育を受ける権利を保証する．
第五条　およそ満6歳に達した児童は，性別・民族・人種の区別なく入学し，規定の年限の義務教育を受けなくてはならない．条件が整わない地区においては，7歳まで入学を遅らせることが可能である．
第六条　学校は全国で通用する普通語（標準語）の使用を普及させなくてはならない．
第十条　国家は義務教育を受ける学生の学費を免除する．
第十一条　いかなる組織も或は個人も義務教育を受けるべき学齢児童・少年を雇用することを禁ずる．

このように法制化された義務教育であるが，その普及はスムーズではなかった．1990年の小学校就学率は74.6%，初級中学の就学率は40.6%であり，9年制義務教育の普及は困難を極めた．そこで，1994年1月国家教育委員会は，「9年制義務教育と青・中年『文盲』[14]消滅」を実現させることを決定した．

2006年6月「義務教育法」が改定された．そこでは，教育方針として「素質教育」の実施が謳われるとともに，国家財政による義務教育の全面的保障の強化が謳われた．法律改定によって2007年秋から胡錦濤国家主席の指導の下に，農村での義務教育の完全無料化が実施されるようになり，それまで実施されていた学費の無料化に加えて，諸雑費（水道代・プリント代など）も無料になった．これにより，2007年小学校入学率は99.5%に達した．

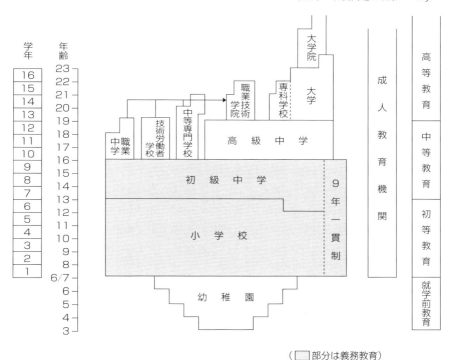

（□部分は義務教育）

（出所）文部科学省『諸外国の教育動向2013年度版』明石書店，2014年，338p．

図10-3　中国の学校系統図

初等・中等教育の現状と問題点

　中国においては中学校への入学時必ず全員が選抜試験を受ける必要がある．地域によっては，小学校の卒業生数と中学の募集人数に開きがあるため，中学に行きたくても行けない生徒が出て，中学浪人を強いられる場合がある．また，成績の悪い生徒には留年制度もある．その逆に学業に優れた生徒には「飛び級」ができる．そのため，従来詰め込み式の「応試教育」がおこなわれてきた．これに対する反省から1999年から2003年にかけてカリキュラム改革が実施され，個人の資質を高めるいわゆる「素質教育」が重視されるようになった．

　カリキュラム改正の主眼点は，①知識偏重から生徒の興味や経験を重視し，②生涯教育に必要とされる基礎的知識・技能を獲得できるように配慮することにある．それに基づいて，小学校から英語の授業が重視され，また「総合実

206 第4部 社 会

践活動」が小学校から高校まで必修となった．「総合実践」は，コンピューター・自由研究・労働技術・ボランティア・社会実践など複合的な科目として存在している．

中等教育は初級中学と高級中学（高校）から成り立っているが，高校進学率は2014年には86.5％まで上昇している．しかし，これは，中学卒業者を対象とした数字なので，中学退学者の多さを考慮すると，まだ低い水準にある．

高校には，普通高級中学・中等専業学校・技工学校（かつての労働者技術学校，生産労働が主）・職業高級中学高級中学（工業・農業・医学等）がある．この中の中等専業学校には，中等師範学校と各種中等専門学校（工科・農科・林科・医科等）があるが，通常は4年制，専門によっては5年制を採っている．

かつて中国における小・中学の教員はこの中等師範学校卒がほとんどであった．近年教師の質が問題となり，教員免許制度導入の必要性が叫ばれた．しかし，導入当時現職教員で教員免許がとれる可能性のある教員は，小学校で48％，中学校で46％，高校で56％程度と見込まれ（王［2004］229），全面的導入は困難な状況にあった．しかし，現在は4年制大学による教員養成が中心となりつつある．

初等・中等教育の問題点は次のようにまとめることができる．

① 教育の機会均等問題

9年制義務教育の普及はまだ完全ではない．義務教育達成のためには貧困撲滅が必須条件になる．胡錦濤政権は「和諧社会」創設のスローガンのもと，義務教育の徹底に力を入れたが，次節で述べるように2014年時点でも貧困層はまだ1億人以上いる．

教育の機会を失わせている原因は貧困だけではない．近年数多くの農民が「民工」として，都市へ出稼ぎに出ている．彼らは家族単位で移動している場合が多い．「流動児童」と呼ばれる「民工」の子は農村戸籍であるため，出稼ぎ先の都市の公立学校には入れない．そのため，私塾に近い無認可の「民工学校」に入ることになるが，学費などが高く，廃工場やマンションの一室に教室を設けるなど，教育環境は劣悪な場合が多い（仲田［2014］155-159）そのため，就学のため子どもだけが農村に帰るケースが多く，いわゆる「留守児童」が増加している原因となっている．公立学校に行けない「民工」の子の就学問題は，戸籍制度改正の問題と合わせて，習近平政権に負わされた重い課題となっている．

また，高校はその80％が都市部に偏在しているため，農民の子が進学する場合，都市に出る必要がある．それは，経済的に困難を極める．当然，農民の子がさらに上の高等教育を受ける機会はさらに限られることとなる．

② 教師の質の問題

前述したように小学校の現職の教師には中等師範学校出身者が多い．彼等は現実には日本の高卒程度の学歴しかないため，その学力には問題がある．特に新カリキュラムには対応できない教師が多く，彼等の再訓練（教育学院への再入学など）が課題とされる．

現在教員養成は，師範専科学校・師範学院・大学などでおこない，教員免許制度を導入しようという動きが強い．しかし，いまだに中等師範学校が教員養成学校の全体の70％を占めているのが現状である．若者は高等教育を受けてまで収入の少ない教師になろうとはせず，特に農村部で深刻な教師不足を起こしている．ここには教師に対する待遇の問題がある．このような中，2014年9月から12月にかけて黒龍江省や安徽省などの地方都市で小中学校（民辦学校を含む）の教師によるストライキが多発した．彼らは給料が公務員の半分以下であることの改善，福利厚生や身分保障などを要求した（『産経新聞』2014年12月26日）．

（3） 改革開放期の高等教育

高等教育の仕組み及び制度改革

中国において高等教育を担う学校は多様で，現在正式に高等教育機関として認可されているものは大別すると以下の2種類となる．

① 普通高等教育機関：総合大学・専門学院（単科大学・短大）・高等専科学校・職業技術学院から成っている．総合大学の専攻で一番多いのは工学であり，全体の3分の1を占めている．次が理学，医学と続く．また，専門学院の中でも最も多いのが理工系学院であり，やはり全体の3分の1を占めている．このように，中国の大学は理工系志向が極端に強いのが一つの特徴となっている．総合大学・学院の中で中核的・模範的役割を果していると認定された学校は1959年から「全国重点学校」とされ，当初は16校であったが，1993年からは約100の大学が「二二一工程」重点建設プロジェクトに組み込まれた．

② 成人高等教育機関：職工高等学校・農民高等学校・管理幹部学院・教育学院・通信教育学院・広播電視学院（放送大学）等がある．この他に特殊なも

のとして軍事高等教育機関（軍事学院・軍事大学等）などがある．

改革開放後，高等教育制度改革は次のようにおこなわれた．

① 学位制度の導入

改革開放以前，中国においては学位制度が確立されていなかった．1980年2月「中華人民共和国学位条例」が採択され，81年1月1日から施行された．それによると，国務院が学位委員会を設け，全国の学位授与工作を指導する．学位には学士・修士・博士があり，学科の種類は，哲学・経済学・法学・教育学・文学・歴史学・理学・工学・農学・軍事学・管理学の12分類とされている．

② 管理・運営に関する制度改革

中国の高等教育機関は，中央による統一指導，管理が実行されていた．この管理体制は1993年2月に公布された「中国の教育改革と発展綱要」の発布により，中央と省級政府の二重管理となり，学生募集やカリキュラム改正，人事などミクロな分野に関してはそれぞれの学校の運営自主権が保証されるようになった．

③「両包制度」改革——大学生の就職の自由化

本来社会主義における高等教育は，国家の社会主義事業に奉仕する人材を育てる目的のために存在していた．そのため，中国でも学費・寮費ともに国家が負担し，さらに奨学金を出している場合が多かった．その代わりとして大学生は卒業後の職場への配属は選択することができず，大学側の決定に従ってきた（「両包制度」）．しかし，学費は1986年から徐々に徴収されることとなり，私立学校も増加したため，この制度は1994年1月11日に開催された全国教育工作電話会議で見直されることとなり，卒業後の職業選択の自由が認められることとなった．

高等教育の現状と問題点

改革開放後の個人所得の向上によって，高学歴願望が急速に増大した．その傾向を受けて，1999年全国統一試験（7月7日）直前の6月25日，中央政府はその年の高等教育機関の募集定員を3割増大させることを発表した．その結果実際には前年度の108万3600万人より51万3200万人も多い159万6800万人の募集定員となった．これは，前年度比47.4％の増加であった．この年から年々募集定員は増加し，2013年には700万人に拡大した．まさに，高等教育の大衆化が

急速に起きたといえる．2014年の大学や専門学校などの高等教育学校への進学率は37.5％に達している（1990年は3.4％であった）．このことによって引き起こされた問題点は，以下のようである．

①　学費の値上げ：募集定員増加の背景には「教育産業化論」の存在がある．国家にとってまた地方政府にとって，学費は大きな財源となる．1999年募集定員拡大と同時に全国の国公立大学は学費を40％値上げした．これによって，それまで貧しくともなんとか進学の可能性があった優秀な農民の子の進学が極めて困難になった．

②　大学生の学力の低下：募集定員の増加は競争率の低下につながり，結果大学生の学力の低下につながることは当然である．この他に学力低下の原因としては，統一試験の簡略化と私立学校の増加をあげることができる．まず，統一試験であるが，これは文革後の1977年に復活してから毎年実施されている．従来，文系は「政治・語文（国語）・数学・歴史・地理・外国語」，理工系は「政・語・数・物理・化学・生物・外国語」が必修であったが，2000年から「三＋Ｘ」方式がとられるようになった．これは，「語・数・外国語」が共通必修で，「文科総合」「理科総合」「大総合」からそれぞれの地域・大学の指定する科目を選択する方式である．この目的は，「応試教育」から「素質教育」への転換にあるが，全体として学力の低下につながると考えられると同時に，地域によって合格ラインに偏差がつき，入学の機会不均等を引き起こす原因ともなっている．

③　私立学校の増加：私立学校の設立はまず1985年の「教育体制改革の決定」により個人経営など多様な経営形態が推奨され，93年の「私立大学設置暫定規定」によって正式に幼児教育から高等教育まで設立することができるようになった．95年高等教育機関は880校が一斉に設立されたが，正規の大学として認可されたのはわずか20校（ほとんどが単科大学もしくは専門学院）であったが，2014年には728校と増加している．

④　大学生の就職難：「両包制度」の廃止によって大学生は職業選択の自由を手に入れたが，その代わりとして就職難を経験するようになった．大学卒業生数の急増がこれを深刻化している．例えば，2003年9月の就職率は全国平均で70％であったが，その内，総合大学の卒業生の就職率は83％であり，私立学校などそれ以外の高等教育機関の卒業生の就職率は55％という低い水準にとどま

った．それ以後低下の一途をたどり，2013年の卒業生は699万人であったが，7月1日付けの内定率は73.3％であった．現在大学生の就職難は，深刻な社会問題となっている．

第3節　社会保障問題

（1）　社会保障の歴史

社会保障（Social security）は，各個人が抱えるリスク——病気やけが，障害，死亡，老化，失業など——による経済的困窮を予防するために，国家や社会が一定の所得を保障し，社会的なサービスを給付する制度を指す．社会保障の歴史は産業革命後の資本主義の発展と歩調を同じくする．それは，工場労働者たちが病気やけが，失業に備えるため，自ら賃金の一部を出し合って共済組合を結成したことから始まるといわれる．この互助組織はその後，国家の介入によって制度化していく．

ドイツの鉄血宰相といわれたビスマルク（Otto Von Bismarck）に，社会主義の普及に対抗するため，1883年から数年かけて疾病保険，労災保険，年金からなる社会保険制度を創設した．これに社会救済の要素が強くなったのは，1929年10月の世界大恐慌後の35年にアメリカのフランクリン・ローズヴェルト（Franklin Delano Roosevelt）が実施したニューディル政策の一つであった「社会保障法（Social Security Act）」からであるが，それは老齢年金，失業保険，障害者扶助，母子衛生，児童福祉関連事業から成り立っていた．

第二次世界大戦後，1948年12月の第3回国連総会で採択された「世界人権宣言（Universal Declaration of Human Rights-UDHR）」の第22条は，社会保障を人権の一つとし，「すべての人は，社会の一員として社会保障を受ける権利を有している」と明記している．現代社会おいては，社会保障制度の充実にその国の経済的繁栄，国民生活の充実を表す重要なバロメーターとなっている．

中国における社会保障の歴史

中国の伝統的な社会保障は，慈善事業や互助組織などの性格が強く，地縁・血縁・業縁を基礎にした地域密着型のものであった．1927年南京国民政府が全国を統一すると，次第に政府が統制・管理する動きが見られ，失業者や貧困者の救済などに乗り出し，医療・老齢保険（年金）制度も一部の地域では実施され

た．しかし，全国レベルでの普及は見られなかった（飯島・澤田［2010］45-46）．

一方，中国共産党の革命根拠地では「労働法」が制定され，1930年代から労働時間，休暇，女工の産休制度などの原型ができた．また，1948年8月にハルビンで開催された「第6回全国労働大会」においては「労働福利」「労働保障」「工場安全衛生」の三方向の決議がなされ，49年2月には晋冀魯豫辺区（山西・河北・山東・河南一筆者注）で「労働保険法」が制定され，これらが中華人民共和国の労働保険のひな形となった（劉［2002］15）．

（2） 中華人民共和国の社会保障（改革開放まで）

1978年の改革開放政策の開始までの新中国における社会保障の歴史は，2段階に分けることができる．第1段階は，1966年の文化大革命までで，次のような制度化がなされた．

表10-1　社会保障の制度化（1949〜1966年）

年月	制度化（法律・条例）	内　　　　容
1951年2月	中華人民共和国労働保険条例	都市部の社会保障・福祉制度の基礎となる．国営・公私合営企業と合作社が対象病気・障害・死亡・老齢・失業などの対策
1953年1月	労働保険条例の改正	適用範囲を都市部の全企業に拡大．企業負担（医療費・手術費・入院費・薬代など）と一部個人負担（特別高額な薬，入院時の食費など）．病気休業時の給与，6カ月，60〜100%保証など
1956年6月	「高級農業生産合作社模範規定」公布，「農村五保制度」の開始	身寄りのない高齢者，孤児，未亡人，障害者限定．「五保」……食料，衣服，燃料，教育，葬儀を扶助する農村の最低生活保障制度
1958年2月	「労働者・職員の定年退職に関する国務院の暫定規定」公布	企業，事業体の労働者，国家機関の職員に適用定年退職：男・60歳，女・50歳，女性職員・55歳．勤続年数5年，総年数：男・20年，女・15年．退職時給与の50〜70%
1959年11月	「全国農村活動会議」，「農村合作医療制度」の決定	農民による農村互助制度．人民公社単位での集団医療保障．保険ステーションの創設．

このように，文化大革命までの中国においては，いち早く都市部で「労働保険制度」が導入された．これは，革命根拠地での試行の実績があったためと考えられる．農村においては，扶助は限定的であり，伝統的な慈善・互助関係の残存が見られ，農業集団化による自己完結的な社会保障の性格が強かった．

212　　第4部　社　会

　社会主義中国において開始された社会保障制度は，不完全ではあったが発展
の可能性を秘めていた．しかし，1966年に開始された文化大革命に，これを全
面的に否定し，ほとんどの制度を破壊した．そのため，「労働部，内務部，全
国労働組合も廃止され，社会保険金の徴収，管理，給付は機能停止の最悪の事
態に追い込まれた」（王［2001］15）．例えば，年金（「養老保険」）の全国基金は
1969年に全面的に廃止となった．すなわち，改革開放期，社会保障制度はこの
破壊からの再構築を余儀なくされたのである．

（3）　社会保障制度の再構築と改革
改革開放後の社会保障制度
　社会保障制度に対する再構築と改革は，まず1978年6月2日に公布された
「労働者の定年退職と早期退職に関する暫定措置」から始まる．これにより，
定年は男・60歳，女・50歳となり，勤続年数は10年となった．支給額は，①
「建国前に革命に参加した者」と②「建国後に勤務する者」の二つのカテゴリ
ーに分類され，①には，80〜100％と高く，②に関しては勤続年数が10年から
15年の者には60％，15年から20年は70％，25年以上は75％と定められた．

　1978年の11期3中全会以降，社会保障制度は五カ年計画に盛り込まれるよう
になった．80年3月1日，「労働保険工作の整頓と強化に関する通知」が出さ
れ，労働保険機構の再建と同時に労働者の福利厚生の改善を目指した．しかし，
社会保障制度の改革はスムーズではなく，本格的なスタートは1990年代の後半
からとなった．

年金制度改革
　社会保障制度の中核となる年金制度は，改革開放以前資金は企業が全面的に
負担する仕組みとなっており，その負担が国営企業の財政悪化を招いたため，
1990年代に入ってから年金改革が本格化した．1992年10月の14全大会において，
年金制度や医療保険制度などの社会保障制度の確立は，社会主義市場経済の重
要な目標とされ，後国営企業は，国有企業となり改革が加速する．

　年金と医療に対しては，個人口座（従業員の名義で開設された年金口座を指し，従
業員と雇用者が保険料を積み立てていく）と社会統一基金を組み合わせるという原
則が明確に打ち出され，1997年に全国統一の都市従業員年金制度が導入された
（国務院「企業従業員の統一基本年金制度の確立に関する決定」——7月16日発布）．また，

2000年には国務院は新たな基礎年金制度改善の方針を打ち出し，2006年から全国レベルで実施されることとなった．

この制度改革の主な内容は以下の通りである（唐［2007］228より作成）．

表10-2　年金制度改革の比較

	1997年改革	2006年改革
財源	① 個人口座：従業員賃金の11% 個人負担……4%～8%の範囲に引き上げ 企業負担……8%～3%まで引き下げ ② 社会統一年金口座：賃金総額の20%以内．企業負担率は，各省の現状に合わせて決定できる	① 個人口座：従業員賃金の11%から8%に引き下げ．個人負担が8%に引き上げられ，個人口座は100%が自己負担となる ② 社会統一年金口座：賃金総額の20% ※政府が企業による企業年金制度の創設を奨励し，税制を優遇
給付基準	① 統一年金口座（現地の平均賃金の25%を基準），② 個人口座の両方から構成される	基礎的年金の給付の仕組みや給付水準を変更．基準となる賃金は地域の前年度平均月額賃金と個人の加入期間の平均月額賃金として，加入年数ごとに1%ずつ引き上げる． ※企業基金は，従業員が退職年齢に達した後，一時金または月次で年金待遇を受ける

都市部での従業員基礎年金制度は2回の改革によって，急速に普及し，年金基金の現役労働者の年金加入率は高まった．しかし，民営中小企業の年金加入率が低い水準にとどまり，保険料滞納率が高く，政府からの補填が大きいという状況が続いた．また，高齢者の急速な増加のため，財源確保の問題が深刻となった．この時期，退職者は年平均6%で増加していくと予想されたため，安定的な年金財源の調達が重要な課題とされた．

農村の年金制度は，都市に比べ大幅に立ち遅れていた．前述したように，農村社会保障の中核となっていた「五保制度」と農村合作医療を支えてきたのは，人民公社であった．しかし，改革開放政策による家庭生産責任請負制の導入は，従来の集団経済を弱体化させ，農村の末端組織である郷鎮，村政府などは年金，医療などの責任を果たすことができないという問題があった．

このような中，民政部は1991年11月10日に「一歩進んで農村社会養老保険活動を強化することに関する通知」を出し，「農村社会養老保険」の試行を指示し，その後，矢継ぎ早に「県級農村社会養老保険の基本方案（92年1月公布）」，「農村社会養老保険改革の強化に関する通達（92年4月）」，「一歩進んで農村社会養老保険事業の発展を速めることに関する通達（92年9月）」など十数通の通

達を出した．これにより，1997年9月までに30の省・自治区・直轄市が農村社会養老保険制度を導入した．しかし，加入率は上海市の81％に対して，貧困農村を抱える甘粛省では1.4％にとどまるという地域格差が顕著に見られた（王[2001] 50）．その理由は，①年金の拠出が個人の保険料が全体の50％以上を賄う原則であり，②農民が強制的に加入する制度ではなく，実際には各地方政府からの財政補助がほとんど受けられなかったことなどにあった．

医療保険制度改革

都市の医療保険制度改革は，1993年以降各地で実験的におこなわれるようになった．国務院はまず江蘇省鎮江市と江西省九江市で，後に「両江モデル」となる社会統一基金と個人口座を結びつける医療保険制度の改革を試行することを決定した．そして，96年4月には試行都市は57になり，98年12月からは全国統一の都市従業員医療保険制度が実施されるようになった．

その結果，都市部のすべての企業（国有企業，集団所有制企業，外資系企業，私営企業など）の労働者，政府機関や政府と民間の非営利団体の職員およびそれらの退職者が被保険者となった．また，保険料に関しては「最低限の公的保障と自己責任」の原則が確立された．これは，伝統的な「企業医療保障」から「社会医療保険」への転換を意味し，医療費の企業負担は減少したが，自己負担率は1割から3〜4割まで増加した．

この改革により，都市医療保険制度の加入率は大きく上昇した．しかし，農村から都市への出稼ぎ労働者である民工が適用外にある，また赤字経営の企業が保険料の未払いによって，従業員が医療保険を享受できないことが多発するなどの問題が残った（唐[2007] 232）．

一方，農村においては，人民公社が主体となっておこなっていた合作医療制度が改革開放後も維持され，1979年12月15日「農村合作医療規定（試行草案）」が公布され，実施は政府の行政命令となったが，人民公社解体にともない，次第に困難な状況に陥った．

そこで，国務院は1997年5月28日に「農村合作医療の発展と改善に関する若干の意見」を発布し，農民の自主参加を原則として，合作医療の再構築を全国に指示した．そして，2003年から「新型農村合作医療制度」が施行されるようになった．これを促進するため，2006年から中央と地方の財政投入が大幅に増額され，2008年に同制度に参加する農民への医療補助金の一人当たりの額を引

き上げた．その結果，同年末には全国約2800の地方で，合作医療制度が導入され，約8億人の農民がこれに参加し，加入率は80％に達した（飯島・澤田［2010］99）．

失業保険制度改革

失業保険は，国営企業改革によってレイオフや失業者が大量に排出される事態を受けて必要性が高くなった保険である．1986年7月12日，国務院は「国営企業労働契約制実施の暫定規定」を公布し，それまでの終身雇用制度を廃止し，労働雇用制度を打ち出すことを明らかにした．当初の失業保険の適用者は倒産した企業の労働者や契約制従業員に限られていたが，1993年に出された失業保険の新しい規定では，適用対象者の範囲が拡大し，個人による保険料の一部負担などの改定がおこなわれた．

1999年1月22日，国務院は公務員を除くすべての都市部の企業および事業機関（単位）従業員に適用される「失業保険条例」を施行し，失業保険制度の基本枠組みを形成した．この制度では事業体は賃金総額の2％を，本人は1％を保険料として納付し，給付は保険料の納付期間によって異なるが，最長12カ月から24カ月までと決まった．支給額は，居住地の最低賃金基準を下回り，都市部住民最低保障制度を上回る水準と決められた．しかし，非国有企業の加入率が低い状態が続いたため，全体の加入率が伸び悩むという問題があった．

最低生活保障制度改革

中国においては，従来「収入源と労働能力が無く，法定扶養者もいない貧困者（いわゆる「三無人員」）および生活に困っている在職労働者」に対して，社会救済がおこなわれてきた．しかし，国営企業改革によって生み出された新たな貧困者問題に対応するため，1993年6月上海市民政局は都市住民の最低生活保障のラインを設定する提案を市政府に提出した（王［2001］192・193）．これが基本となり，97年8月「各地で都市住民の最低生活保障制度の確立に関する国務院の通知」，99年9月28日には「都市住民最低生活保障条例」が正式に公布され，都市部のすべての住民に対して最低保障を提供すると同時に，徐々に保障対象の改善や保障基準を引き上げるなどの改善がおこなわれてきた．

都市最低生活保障制度の給付対象者は，非農業戸籍の都市住民であり，いわゆる「三無人員」，失業中で再就職できない者と在職者の賃金及びレイオフ者

216   第4部 社 会

の基本生活費，および退職金受給者の中で家庭の一人当たりの収入が最低生活保障基準より低い住民とされた．これにより，最低生活保障受給者は急増したが，受給率と支給額に地域格差が大きいなどの問題があった．

　農村においては，1994年1月23日国務院が「農村五保供養（生活保護）工作条例」を公布し，伝統的な五保制度を法制化したが，普及は困難であった．そこで，2004年から北京市，上海市，天津市，浙江省，広東省の農村部で「最低保障制度」が実施され，2006年には23の行政地区に拡大した．2007年3月国務院が「全国で農村生活保障制度を確立することに関する通知」を出し，その後急速に制度が普及し，2007年には3566万人が受給の対象者となり，2012年には5344万人にまで増加している（朱［2013］99）．

（4）「適度普恵型」社会保障の時代へ
「社会保険法」の制定[15]

　これまで述べてきた通り，1978年以降中国は社会保障制度の再構築と改革を繰り返してきた．その集大成として，2010年10月28日「中華人民共和国社会保険法」が第11期人民代表大会常務委員会第17回会議で採択され，翌11年7月1日から施行された．「社会保険法」は全12章98条で，第1章「総則」，第2章「基本養老保険（年金）」，第3章「基本医療保険」，第4章「労働災害保険」，第5章「失業保険」，第6章「出産保険」，第7章「社会保険料の徴収および納付」，第8章「社会保険基金」などから構成されている．

　社会保険事業に関しては，国家が監督管理し，県級以上の人民政府が実行の責任を負うと定められた．その目的は，「社会保険関係を規範化し，公民が社会保険に加入し，社会保険待遇を享受する合法的な権利・利益を保護し，……社会の調和と安定を促進するため」（第1章第1条）とされている．原則は，国家主導の基礎的「国民皆保険」制度であり，全国で統一された社会保険番号制度を導入し，番号は公民の身分証番号ともなる（「社会保険法」第7章第58条）．この適用範囲は，外国企業，中国で働く外国人にも拡大された（第7章57条）．本法は，それまでさまざまな保険制度改革で実施されてきた各法令が基盤となり，体系化したものである．その主な内容は，次のようである．

表10-3　中国の社会保険の概要

保険項目	都　市　部	農　村　部
養老保険 （年金）	都市部のすべての企業従業員対象 （国有・集団・株式・外資・私営企業，個人商店など），加入は強制 社会的統一運営と個人口座の統合の原則 納付期間：累計15年以上 受給開始：男60歳，女50歳（幹部は55歳）	新型農村社会養老保険の創設，基本養老金と個人口座養老金で構成 個人による納付と集団による補助金，政府による手当の三結合，加入は任意 納付期間：15年以上 受給開始：男60歳，女60歳 2015年加入率100%が目標
医療保険	雇用単位と従業員は，国の規定に基づいて基本医療保険料を分担して納付，加入は強制 都市住民基本医療保険は，個人による納付と政府による手当を結合	新型農村合作医療の管理運営は，国務院の規定による，加入は，任意 個人による納付と国と県級以上の人民政府による補助の結合 補助金240元，個人負担60元に引き上げ，2012年の加入率，98%
失業保険	雇用単位および従業員は，国の規定に基づいて，失業保険料を分担して納付 加入は，強制 受給資格：1年以上の保険料の納付 受給期間：1年〜5年の納付者→最長12カ月，5年〜10年→18カ月，10年以上→24カ月 保険金額：地方ごとの決定，都市住民最低生活保障基準を下回らない額	

（出所）「社会保険法」より筆者作成．

「適度普恵型」の社会保障

「適度普恵型」という言葉が，近年急速に普及している．沈潔によると，それは2007年10月に民政部が出した「適度普恵型社会福祉の建設に関する」建議書に由来する．「適度とは，社会保障の財政規模や給付水準を図るための尺度」であり，中国の経済発展の水準に相応しい社会保障を実行するためのバロメーターということになる．また，「普恵」は，「基礎レベルの保障制度を全国民に行き渡らせる」理念である（沈［2013］87）．

これは，胡錦濤政権の「科学的発展観」「和諧社会」創設の大きな柱となり，習近平政権に引き継がれたものである．胡錦濤が基盤を作ったものを，習近平がどこまで軌道に乗せることができるのかが注目される．農村の貧困基準は年間2300元であるが（2011年規定），1億2800万人が該当し，深刻な状況にある．都市との格差が目立つ農村部の社会保障の水準を引き上げ，社会の安定を図る

218　第 4 部　社　会

ことは，中国型「社会主義」達成の重要な試金石ともなる．

注

（ 1 ）　http://arkot.com/jinkou/index.htm（2015年 8 月 3 日最終確認）．

（ 2 ）　Cecilia Nathansen Milwertz, *Accepting Population Control- Urban Chinese Women and the One-Child Family Policy-*,Curzon Press, Richmond, 1997. p2.

（ 3 ）　http://www.hvri.catholic.ne.jp/zimmern0.4htm（2005年10月 1 日最終確認）．

（ 4 ）　のちに，この時に 1 億人の読み違いがあったことが指摘された．

（ 5 ）　劉少奇「提唱節育」（1954年12月27日），『建国以来重要文献選編』第 5 冊，1993年，712頁．

（ 6 ）　馬寅初「新人口論」，『人民日報』1957年 7 月 5 日．

（ 7 ）　馬寅初は1979年 7 月98歳という高齢で名誉回復したが，3年後101歳で死去した．

（ 8 ）　周恩来「応該確立社会主義人口論的正確観点」（1963年 7 月 8 日），『建国以来重要文献選編』第16冊，1997年，548頁．

（ 9 ）　2002年 9 月 1 日から施行された「中華人民共和国人口及び計画生育法」によると，現在は「独生子女父母光栄証」となっている．

（10）　2014年 1 月，江蘇省無錫市の計画出産当局は，中国映画界の巨匠である張芸謀（チャン・イーモウ）監督に一人っ子政策に違反して 3 人の子どもをもうけた罪で違反金748万元（約 1 億3000万円）の支払いを命じた．張監督の 3 人の子どもは2011年まで無戸籍であった．――『産経新聞』2014年 1 月 9 日

（11）　中国政府が「黒孩子」に関する報道を公式におこなったのは，1988年 6 月になってからである．この時「黒孩子」の数は100万人といわれた（『人民日報』 6 月29日）が，実際はその20倍以上であると推定された．90年代に入り，各県・郷政府は「黒孩子」を戸籍にいれるようテレビ・ラジオを通じて訴えるようになった．

（12）　2015年 1 月，中国国家衛生局計画出産委員会は，2014年中に全国で100万組の夫婦が第二子出産許可を申請したと発表した．

（13）　1946年国民政府下の中国には大学・専門学校は185校あったが，その内の64校（34.6％）が私立であった．（代表的な大学に，南開大学・復旦大学・広州大学などがあった．）――宋秋蓉『近代中国私立大学研究』，天津人民出版社，2003年，261頁．

（14）　日本の場合，「文盲」という言葉が死語となってから久しいが，中国ではいまだに使われている．非識字率は建国当時約80％であり，義務教育導入前は20％以上あったが，2007年には8.47％に下がった．中国政府は，「文盲消滅」に躍起となり，成人教育に力を入れている．

（15）　全文の日本語訳がJETORO調査レポート「中国の社会保険の概要とその最新動向」の「第五部　参考資料 1 ：中華人民共和国社会保険法」にある．https://www.

jetro.go.jp/world/reports/2012/07000964.html（2015年 8 月22日最終確認）.

（家近亮子）

第 5 部
外 交
―― 加速する大国化，危機をはらむ日中関係 ――

日中首脳会談を前に握手する安倍首相と習近平国家主席（2014年11月10日）

写真提供：共同通信社

第11章　冷戦期における中国の外交・国防戦略

第1節　冷戦のアジアへの拡大と中国

（1）　冷戦の幕開け

　第二次世界大戦の終結とともに国際社会は新たな秩序形成を模索する時期を迎えた．戦後台頭した二つの超大国，米国とソ連がその主導的な役割を果たすこととなった．米国は，新しい国際機構（国際連合）と戦勝主要国（米ソ英仏中）を中心とする秩序形成を目指した．一方，ソ連は，自国の防壁となる「空間」を拡大すべく大戦中に占領した東欧諸国を自己の勢力圏に組み入れ，地中海・大西洋，アジア・太平洋，中東などにも進出する構えを見せた．また，ソ連は，日独などの敗戦国の処遇を巡って米英と対立した．

　米国は，1946年を転換点として対ソ協調路線を改め，ソ連ならびにその指導下の「国際共産主義運動」の拡張を抑える「封じ込め」政策を推し進めた．また，その一環として1947年以降，西欧諸国の経済再建（マーシャル・プラン）に着手するとともに，1949年に北大西洋条約機構（NATO）を組織して西欧諸国との集団安全保障体制を確立した．

　一方，ソ連は，1947年10月に欧州共産党情報局（コミンフォルム）を設立して東欧諸国への支配を強化し，経済面では経済相互援助会議（コメコン），軍事面ではワルシャワ条約機構という枠組みから構成される社会主義陣営を構築した．

　こうして1940年代末までに，その後約半世紀続く東西対立の構造，すなわち冷戦構造が先ず欧州で造り出された．

　冷戦とは，共に強大な軍事力を保有する米ソ間の直接武力行使が抑止された状況下で，米国が軍事・外交・経済・情報・イデオロギーなど多様な直接的・間接的手段を用いて社会主義陣営の勢力拡大の阻止とソ連の政治指導体制の瓦解を追求し，ソ連も同様の手段を用いて米国の企図に対抗しようとした闘争状態と定義し得よう．

（2） ヤルタ体制と「中間地帯」論

米国は，第二次世界大戦末期，日本を無条件降伏に追い込むべく，ソ連に対日参戦を働きかけた．1945年2月，米英ソの首脳が集まったヤルタ会談において，外モンゴルの独立，日露戦争で失われたロシアの中国東北部における旧利権の回復，ソ連と中国（中華民国）との友好同盟条約の締結，ソ連による日本領土（南カラフト，千島列島）の譲渡を条件としてソ連の対日参戦が決定された（ヤルタ協定）．

これに基づき，ソ連は1945年8月8日に日本に宣戦布告し，ソ連軍は中国東北部と朝鮮半島の北緯38度線以北に進出した．

ソ連の中国における特権を認めたヤルタ協定は，中華民国の主権に抵触するものであった．しかし，中華民国の執政党であった中国国民党は，米ソ両超大国の支持を獲得すべくヤルタ協定の内容を受け入れ，日本降伏前夜の8月14日にソ連と中ソ友好同盟条約を締結した．米英はもとよりソ連も国民党による国家統合を支持し，国民党と対立していた中国共産党に自制を促した．

中国の支配権をめぐり国共両党の軍事衝突が発生すれば，米ソ協調に基づくヤルタ体制が動揺し，ヤルタ協定で保障されたソ連の権益が損なわれ，米国の中国共産党やソ連への攻撃を誘発するかもしれない．ソ連の指導者スターリンは，このような事態を警戒して中国共産党に国民党との妥協を要求した．

中国共産党としては，中国の支配権をめぐる闘争を続けるには，国共間の衝突が米ソを巻き込んだ世界戦争に発展しないことを内外に示す必要があった．そうした背景から登場したのが毛沢東の「中間地帯」論である．

毛沢東は，米ソの間にはヨーロッパ，アジア，アフリカなどの資本主義国・植民地・半植民地からなる広大な「中間地帯」が存在し，米国がソ連を攻撃するには先ずこの「中間地帯」を支配することが不可欠となるという認識を有していた．この前提に立脚し，毛沢東は中国を含む「中間地帯」の人々が一致団結して「米帝国主義とその手先（例えば国民党）」に対する「民族解放闘争」を展開すれば，米国はソ連を包囲・攻撃する体制を整えることができず，それによって世界戦争は回避できると主張した．このような国際情勢に関する独自の解釈に基づき，共産党は国民党との内戦に踏み切り，中国の支配権を勝ち取ったのである．

第11章　冷戦期における中国の外交・国防戦略　225

（3）「向ソ一辺倒」宣言と中ソ友好同盟相互援助条約の締結

中国共産党は，日中戦争を契機として米国との関係構築を模索するようになり，国民党との戦争が不可避となった後も，米国に対して友好的なシグナルを送り続けた．一方，米国においても中国共産党の対ソ自主性に着目し，中国共産党との関係強化を求める声は存在した．しかし，米国国内ではソ連との対立が深まる中で「ソ連と国際共産主義運動とは一枚岩である」という認識が徐々に支配的となり，1948年4月，米国議会は中国援助法を採択し，国民党に対する支援を強化した．

同じ頃，ソ連は，米ソ対立の深刻化に伴い，コミンフォルムを通じて各国社会主義政党に対する統制の強化を図った．自力で社会主義政権を樹立した関係でソ連に対する自主性が強かったユーゴスラヴィアは，米国のマーシャル・プランの受け入れに積極的な姿勢を見せたことをきっかけとして1948年6月にコミンフォルムから除名された．

中国援助法とユーゴのコミンフォルム除名を主たる動機として，中国共産党は，1949年6月，「向ソ一辺倒」を宣言するに至る．これは中国共産党が，東西対立の冷戦構造を自己の国際情勢認識として受け入れ，ソ連を盟主とする東側陣営の側に立つことを表明したものであった．

中国国民党は，米国による支援にもかかわらず，1948年9月以降に展開された共産党の激しい攻勢の前に敗北を重ね，台湾への撤退を余儀なくされた．1949年10月1日，共産党は中華人民共和国の成立を宣言した．

新中国の誕生に伴い，共産党政権は新たな外交関係の構築に乗り出す．その第一歩として，毛沢東が1949年12月から1950年3月までソ連を訪問し，中ソ友好同盟相互援助条約を始めとする複数の外交協定を締結した．中国の新政権は，ヤルタ協定で保障されたソ連の中国における特殊権益の大部分を放棄させることに成功し，ソ連から軍事・財政援助の確約も得た．

中ソ友好同盟相互援助条約は，日本およびその同盟国（米国）による侵略の脅威に対し中ソが共同で対処することを明記した安全保障協定であった．長年日本の脅威に晒された中国とソ連は，当然ながら日本の戦後処理に重大な関心を有していた．中ソは，日本の非武装中立化を望み，同時に貿易を含む日本との関係再構築に前向きな姿勢を見せた．

しかし，米国トルーマン政権は，1947年以降，政情が不安定な中国に替わって日本をアジアにおける「封じ込め」の要と見なすようになり，特に新中国成

立後には日本が中ソに対する依存度を強めることを警戒した．このような観点から米国は，日本・米国・東南アジアから成る貿易体制の整備によって日本経済を建て直し，日本をアジアにおける反共陣営の前線基地に変えるべく準備を進めた．

その一環として，米国は，中ソを除外した対日講和条約ならびに日本との安全保障条約の締結の準備を進め，日本の再軍備も検討し始めた．ロソ友好同盟相互援助条約の締結は，そうした米国の対日政策に対抗する動きであったということができる．

大陸の支配権を失った中国国民党に失望したトルーマン政権は，1950年1月，台湾海峡不干渉宣言をおこない，米国が中国の内戦に介入する意志がないことを明らかにした．同月，米国務長官アチソンはアリューシャン列島，日本列島，フィリピン諸島からなる大陸沿岸島嶼帯をアジアにおける米国の「不後退防衛線」（アチソン・ライン）とすることを発表した．台湾および朝鮮半島はこの防衛線に含まれなかった．

このため，ソ連から軍事支援を受けた中国共産党による台湾制圧は，時間の問題となったかに見えた．しかし，1950年6月に朝鮮戦争が勃発すると中国を取り巻く国際環境は大きく様変わりすることとなる．

（4）　朝　鮮　戦　争

第二次大戦後，朝鮮半島は北緯38度線を境に南は米国，北はソ連が占領し，1948年8月南に大韓民国（韓国），9月北に朝鮮民主主義人民共和国（北朝鮮）が成立した．1950年6月，北朝鮮の指導者金日成は朝鮮半島を統一すべく，ソ連の援助で建設された軍隊をもって韓国に対する軍事侵攻を敢行した．米国は，これを単なる内戦としてではなく，アジアにおける「共産主義」陣営の攻勢と捉え，これを契機にアジアにおいて積極的に「共産主義」勢力を迎え撃つ決意を固めた．

米国は，ソ連が欠席していた国連安全保障理事会の支持を得て，国連派遣軍という名目のもとに朝鮮半島へ大規模な派兵をおこなうとともに，台湾海峡に第7艦隊を派遣して台湾海峡の「中立化」を宣言し，中国共産党による台湾制圧を阻止する行動に出る．

朝鮮半島における米軍を中心とする国連派遣軍の反撃により，北朝鮮軍は一時的に総崩れとなり，国連軍は勢いに乗って38度線を越えて朝鮮半島全域の制

圧に乗り出した．中国政府は国連軍が38度線を越えて北上することに対し「座視しない」という警告を発したが，米国はこの警告を真に受けなかった．

1950年10月，中国共産党は「抗美援朝（米国と対抗し，朝鮮を救う）」を遂行するために，中国人民解放軍を義勇軍（「中国人民志願軍」）として朝鮮半島に派遣した．解放軍は，中朝の国境である鴨緑江を越え，中国の参戦を予期していなかった国連軍を撃退した．しかし，すぐに態勢を建て直した米軍の圧倒的戦力の前に解放軍は甚大な損害を被り，その攻勢は鈍化し，戦局は38度線付近で一進一退の膠着状態に陥った．

1953年7月に休戦調停が締結された朝鮮戦争は，冷戦の東アジアへの拡大を決定的なものとした．米国は，中国と北朝鮮をソ連指導下の社会主義陣営の一員と見なし，その「封じ込め」に乗り出した．その一環として米国は，一度は放棄することを決めた中国国民党への支援を再開した．これにより，本来中国の国内問題であった国共対立は，冷戦構造に組み込まれる．国共両党の勢力圏の境界であった台湾海峡は，朝鮮戦争を転機として東西対立の前線と化し，共産党は東側陣営，国民党は西側陣営の一員として対峙を続けることとなった．

第2節　「平和共存」の模索

（1）「平和共存」に基づく対外戦略の形成

朝鮮戦争への参戦を決定した際，中国共産党は中国本土に対する米軍の大規模な攻撃を想定していた．ところが，米国はソ連との全面衝突を避けるべく中国本土に対する爆撃を控えた．朝鮮戦争では，核兵器を保有する二つの陣営が特定の問題・地域を巡って軍事的に衝突しつつも，戦争のエスカレートを回避しようとする政治的配慮から武力行使の手段と範囲が制限された．このような戦争を限定戦争と呼ぶ．

中国共産党は，ソ連との同盟関係により中国本土への攻撃が抑止され，中国に対する軍事的脅威が大幅に軽減されたという認識に立脚して軍事支出を減らし，国家資源を経済建設に重点的に投入する方針を固めた．この方針に基づき，1953年以降第1次五カ年計画が推進され，国防費と兵力の大規模な削減が実行された．

朝鮮戦争以降も朝鮮半島・台湾海峡・インドシナ半島において再び米国と限定戦争を戦う状況を想定していた中国共産党は，解放軍の近代化を必要として

228 第5部 外 交

いた．しかし，度重なる戦争で国力が疲弊していた中国には，近代的な軍隊を
建設・維持するだけの物質的基盤が整っていなかった．そこで，当面は中ソ同
盟によって軍事的脅威が軽減された環境を利用して経済・産業を優先的に発展
させ，総合的な国力の増強を図り，物質的基盤の拡充に伴って解放軍の近代化
を推進するという戦略が採られた．

　一方，スターリンが死去した後のソ連の新指導部は，東西対立の緊張を緩和
すべく米国との平和共存の道を模索し始める．中国共産党も1953年以降，平和
共存路線を基本的に支持するようになる．中国国内の社会・産業構造を抜本的
に改変しつつ中国の国力を増強するには，平和的な国際環境の存続が必要不可
欠であった．こうした背景から中国政府は，1954年4月以降，領土と主権の相
互尊重・相互不可侵・相互内政不干渉・平等互恵・平和共存という平和五原則
を外交の中心に据えるようになる．

　1954年5月のジュネーヴ会議において中国は，平和的な国際環境の形成に意
欲的な姿勢を見せ，フランスとヴェトナム独立同盟（ヴェトミン）との間で1946
年から戦われていたインドシナ戦争を終結させるべく，両者の調停に乗り出し
た．米国の介入による戦争の拡大を懸念した中ソは，ヴェトミンに戦争続行を
再考させ，その結果，フランスとヴェトミンは北緯17度線に沿って暫定的な軍
事境界線を引き，休戦に合意した．しかし，休戦の交換条件であった全国選挙
が米国によって阻止されたことにより，ヴェトナムが17度線を境に南北に分断
される状態が固定化した．

（2）「平和共存」の二面性と台湾海峡危機

　朝鮮戦争以降米ソ間で進行した平和共存への取り組みは，中国にとって重大
な矛盾を内包していた．米ソが希求するところの平和共存は，既存の勢力配置
図の枠内で東西両陣営が共存することを前提としていた．東西両陣営の勢力圏
の現状維持は，民族自決の要求に優先され，その結果，ドイツ・朝鮮半島・ヴ
ェトナムにおいて分断国家が誕生した．これは中国にとって対岸の火事ではな
かった．なぜなら，米ソが志向した「現状の固定化」は，米国の支援を受けた
中華民国の存続，換言すれば，中国が二つの政府の下に分断された状態が定着
することを意味したからである．

　米国は，1951年から1954年にかけて日米安全保障条約・日韓相互防衛条約・
東南アジア条約機構等からなるアジアにおける「封じ込め」体制を構築し，台

第11章　冷戦期における中国の外交・国防戦略　*229*

湾をこの体制に組み込むべく中国国民党との間で相互防衛条約締結の準備を進めていた．中国共産党からすれば，台湾が米国の反共「封じ込め」体制に組み込まれてしまえば，台湾への攻撃は西側陣営への攻撃とされ，共産党による国家統合が困難となる．

　また，当時の米国は，中華民国を中国の合法政府として承認し続け，国連でも中国代表として扱った．このため，台湾問題の固定化は，中華人民共和国が国連の場で合法政府として認められない状態の継続を意味した．

　要するに，平和共存は，中国に経済建設をおこなう余裕を与える反面，国家統合の実現と国際社会からの承認に関して中国に我慢を強いるものであった．平和共存のディレンマとも呼べるこの矛盾をいかに打開するか．これが，その後の中国外交の最重要課題となった．

　中国共産党は，平和共存のディレンマに陥ることを避けるべく，国共対立の冷戦構造への編入を阻止しようとし，その具体的な手段として，1954年9月に国民党支配下の金門島を砲撃した（第一次台湾海峡危機）．金門島への砲撃に際して，共産党は米軍艦船への攻撃を避け，国民党との戦闘は西側陣営への攻撃ではなく，あくまで内戦の延長であることを示そうとした．しかし，結局，1954年12月には米華相互防衛条約が締結される．

　金門島砲撃によって国際社会の緊張を高めた上で，中国共産党は1955年4月に開催されたアジア・アフリカ会議（バンドン会議）で，「第三世界」の民族自決運動を支持するとともに，台湾問題を巡って米国と平和的な交渉をする用意があることを明らかにした．平和五原則が大々的に謳われたバンドン会議の場を借りることによって，中国は台湾問題が民族自決に関わる問題であり，東西冷戦の文脈で扱われるべきではないという立場を示した．

　中国の呼びかけに対し，米国も一定の歩み寄りを見せ，この結果，ジュネーヴにおいて米中大使級会談が開催されることとなった．会談の場で，中国が提案した台湾問題の解決に米国は応じなかったが，ソ連を経ずに直接米国と交渉するパイプを得たという意味で中国は重要な外交成果を得たといえる．

　1957年7月から10月にかけて，ソ連は世界で初めて大陸間弾道弾（ICBM）と人工衛星の打ち上げに成功した．ソ連の指導者フルシチョフは，新たに開発された核ミサイル関連技術が米国に対する戦略的優位性をもたらすものであると大々的に宣伝した．

　中国共産党は，その気運を利用して，平和共存のディレンマを再び打破しよ

230 第5部 外 交

うと試みる．1957年11月に開催された社会主義十二カ国共産党・労働者党代表者会議（モスクワ会議）に参加した毛沢東は，「東風は西風を圧す」，すなわち東側陣営の西側陣営に対する戦略的優位が確立されたという認識を示し，その戦略的優位性の下で米国に譲歩を強いる強硬姿勢を採ることを主張した．

　この際，毛沢東は，「中間地帯」論を再び持ち出し，アジア，アフリカ，ラテン・アメリカなどの中間地帯において，反米闘争を積極的に展開するよう要求した．中国側の狙いは，東側陣営にICBMを後ろ盾とした対米強硬路線を採択させ，その下で台湾問題に関して有利な立場を確保する点にあった．

　しかし，フルシチョフは，毛沢東の主張を一蹴した．実は，この時点においてソ連のICBMはまだ実戦配備されておらず，ソ連は依然として米国に対し軍事的に不利な立場にあった．フルシチョフは，ICBMの打ち上げ成功による米国官民の深刻な危機感（スプートニク・ショック）を利用して，実際にはソ連に勝る核戦力を保有する米国との間に可能な限り有利な形で平和共存体制を確立することを狙っていた．この目標を達成するには，米国に対する挑発的な行動は極力避けねばならなかったのである．

　対米強硬に関してソ連の同意を得られなかった毛沢東は，ソ連のICBMがもたらした「東風が西風を圧す」状況に乗じて，独断で行動を起こす挙に出た．すなわち1958年8月に再び金門島に対する大規模な砲撃を開始したのである（第二次台湾海峡危機）．この際，ソ連は中国が台湾を攻略する意図が無いことを確認した上で，米国が中国を攻撃すればソ連は座視しないという立場を表明した．しかし，ソ連は，米国に台湾から手を引くことを積極的に求めることはなかった．このため，中国共産党は，この時も台湾問題を巡って米国から譲歩を引き出すことが出来なかった．

第3節　反米・反ソの時代

（1）　中ソ関係の悪化

　モスクワ会議の直前の1957年10月，中ソ間で国防新技術協定が締結された．この協定では，ソ連が中国に通常兵器，原子爆弾，ミサイルなどに関する技術を提供することが決められていた．しかし，モスクワ会議以降顕在化した中ソ間の対米戦略の相違は，中ソの安全保障面での足並みの乱れをもたらし，やがて両国関係全体に大きな影響を及ぼすに至る．

第11章　冷戦期における中国の外交・国防戦略　*231*

　1957年11月以降，米国は，ソ連のICBMに対抗すべく欧州に中距離弾道弾
（IRBM）を配備する準備に着手し，その過程で西ドイツにIRBMを配備する案
が浮上した．これを阻止すべく，ソ連は苦肉の策として核拡散防止と核実験禁
止を掲げる外交キャンペーンを打ち出し，その一環として1958年4月に中国に
対して核保有の断念を働きかけた．

　中国は，これに反発し，逆に1958年5月以降，核兵器開発の意図を繰り返し
表明するようになる．また，ソ連は，海軍に関する中ソの連携を強化すべく，
1958年を通じて幾つかの提案をおこなったが，中国はこれに対しても難色を示
した．ソ連の提案は，中国にとって自主性の確保や台湾問題の冷戦構造からの
切り離しという点で決して望ましいものではなかった．こうした安全保障面で
の中国の非協力的態度や第二次台湾海峡危機でみられた中国の独断専行は，ソ
連の中国に対する信頼を低下させた．

　逆に，中国共産党指導部は，1956年にフルシチョフがおこなった「スターリ
ン批判」を契機として，フルシチョフに対する不満を募らせていった．社会主
義体制の権威の象徴であったスターリンへの批判は，社会主義のイデオロギー
により国家統合を推進し，支配の正当性を確立しようとしていた各国の社会主
義政党にとって必ずしも歓迎すべきことではなかった．実際，これを契機にポ
ーランドやハンガリーで社会主義体制の動揺が見られた．

　当時の中国共産党にとっても，「スターリン批判」は共産党，とりわけ毛沢
東の権威を揺さぶりかねない危険性を秘めていた．こうした点から中国共産党
は，フルシチョフを社会主義陣営の統率者として不適格と認識するようになっ
た．

　1958年における一連の出来事を契機に，フルシチョフはソ連の意向になかな
か従わない中国を蚊帳の外に置く形で米国との平和共存体制を推し進める姿勢
を強めた．その手始めに，ソ連は1959年6月に中国に対して国防新技術協定の
破棄を通告し，中国の核開発計画への支援を中止した．米国との緊張緩和によ
って東西の平和共存を実現しようと腐心していたフルシチョフにとって，対米
強硬路線を掲げ，金門島を砲撃して国際情勢を緊迫化させた中国に核兵器を持
たせるのは賢い選択ではあり得なかった．

　同時に，フルシチョフは西側との対話に積極的に乗り出した．1959年5月に
は，米英仏との四カ国外相会談が実現し，さらに7月以降，米ソ首脳会談の実
現に向けた準備が進められた．そうした矢先の1959年8月に中印国境紛争が勃

232　第5部　外　交

発した.

　金門島砲撃に続く形で勃発した中国の領土問題を巡る紛争によって西側との
対話の成果が水泡と化すことを懸念したソ連は,この紛争に対して中立の立場
を表明した.これは国防新技術協定の破棄と相まって中国共産党のソ連に対す
る不信感を増大させた.

　中印間の国境紛争は1962年にも再発する.かつて平和五原則の下でのアジア
の団結を共に謳った中印の友好関係は領土を巡る利害対立によってもろくも崩
れた.

　1959年9月,フルシチョフは訪米し,歴史的な米ソ首脳会談(キャンプ・デー
ビッド会談)を通じて平和共存体制の重要な足掛かりを築いた.その帰路,フ
ルシチョフは北京を訪れ,中ソ首脳会談で,米国との平和共存の重要性を訴え,
台湾に対する中国共産党の自制を促した.また,海軍問題に関する中国の協力
を再び求めた.これに対し中国共産党は,海軍に関するフルシチョフの要請を
再度拒絶し,中印国境紛争に対するソ連の態度に不満を表明することで応じた.

　1960年を皮切りとするいわゆる中ソ論争において,中国は,繰り返し米国の
脅威を強調しつつ,ソ連の対米宥和的な平和共存路線を批判した.これに対し,
ソ連は,中国の対米強硬姿勢は世界平和を脅かすものであるという批判をもっ
て応じた.中ソ間の批判の応酬が激化する中で,ソ連は1960年7月に対中支援
の一環として中国に派遣していた各種専門家を一斉に引き上げさせ,対中経済
援助も打ち切るという挙に出た.このようなソ連の仕打ちは,中国共産党のソ
連に対する反感を一層強める結果をもたらした.1962年に起きた新疆イリ地区
住民のソ連への集団逃亡事件も当然ながらソ連に対する悪感情を助長させた.

　以上のように,1958年以降,中ソは形式上,同盟関係にありながら,実質面
での関係は決定的にこじれつつあった.ソ連の世界戦略が中国の国益に合致し
ないことが判明するにつれて,中国共産党は「向ソ一辺倒」の姿勢を全面的に
見直し,それに替わる新たな外交・国防戦略を編み出さねばならなくなった.

(2)　対ソ自主性の強化と国防戦略の改変

　1962年10月,ソ連によるキューバへの核ミサイルの配備を巡って,米ソ間の
緊張が高まった(キューバ危機).ソ連との軍事衝突も辞さないという米国の強
硬な態度に結局フルシチョフが折れ,キューバへの核ミサイルの配備を諦めた.
　こうして軍事的な対米優位を確立できなかったソ連は,その後核戦争の脅威

を緩和すべく米英との核軍備管理の強化に乗り出し，1963年8月，米英との間で部分的核実験禁止条約を締結した．この条約では，ミサイル開発や核実験に様々な制約が加えられ，米ソ間の相互核抑止の安定化が図られた．この条約によって地下核実験以外の核実験が禁止されたことは，国防新技術協定の破棄以降独力で核開発を進めていた中国に対して大きな圧力となった．

中国は，ソ連のこうした動きを厳しく批判し，米英ソの圧力に対抗する一環としてフランスに接近した．フランスは，1960年に米ソ英に次いで4番目の核保有国となり，独自の核兵器を背景に対米自主路線を打ち出し，1966年には米国主導のNATOから脱退した．中国は，フランスと1964年1月に外交関係を樹立し，同年10月には独力で原爆実験を成功させた．

このようにして米ソ二極体制に対し，新たな核保有国である中仏が異議申し立てをおこなう局面が形成された．また，中国は，米国のアジアにおける「封じ込め」体制の要であった日本とも民間貿易を通じて関係改善を進めた．日中間の民間貿易は，1950年代より紆余曲折を経て1962年10月に民間貿易協定が締結されたことを契機として大きな発展を見せ，1964年までに日本は中国の最大の貿易相手国となった．中国は，1960年代を通じて日仏やアフリカ諸国との接近を図ることにより，冷戦構造における自国の位置を徐々にシフトさせていったのである．

1965年2月，米国は前年8月に起きた北ヴェトナムの水雷艇と米駆逐艦との交戦事件（トンキン湾事件）を口実に，北ヴェトナムに対する戦略爆撃（北爆）を開始し，3月以降南ヴェトナムに続々と地上軍を派遣し始めた．南ヴェトナムでは，北の支援を受けた南ヴェトナム解放民族戦線（ヴェトコン）が政府に対し広範なゲリラ戦を展開し，政局も混迷の度合いを深めていた．

米国は，南ヴェトナムが北に併合されれば，ヴェトナムを起点として「共産主義」が東南アジア全域に拡散し，その結果，日本までが「共産主義」に対する抵抗力を弱めるのではないかという懸念を抱いていた（ドミノ理論）．そこで，「共産主義」の拡散を南ヴェトナムで防ぐべく，大規模な軍事介入をおこなって，南ヴェトナムの崩壊を防ごうとした．

朝鮮戦争の場合と異なり，ヴェトナムでの米国の戦争目的は南ヴェトナムの保全に限定され，米地上軍が軍事境界線である北緯17度線を越えることはなかった．また，米国は，中国の大規模軍事介入を招かないように，中国に対して繰り返し北ヴェトナムおよび中国に侵攻する意志がないことを表明した．

234　第5部　外　交

　これに対し，中国は，米国のヴェトナムへの軍事介入を厳しく批判し，北ヴェトナムに対する軍事支援を強化したものの，北ヴェトナム軍と米軍との戦闘に直接参入することはなかった．こうして，米中は，ヴェトナム問題を巡り対立しつつも，朝鮮戦争時に見られたような武力衝突は回避された．しかし，米軍が朝鮮半島と台湾海峡に続いてインドシナ半島にも進出し，北ヴェトナムを空爆したことは中国共産党の危機感を煽った．

　トンキン湾事件まで中国は，ソ連の核の傘によって中国本土の基本的な安全保障を確保しつつ，経済発展に伴い陸海空の通常戦力の近代化を進めて米国との限定戦争に備えるという国防戦略を維持していた．しかし，この戦略は，1958年以降，その有効性と意義が問い直されるようになっていた

　1958年以降の大躍進運動は，中国経済に深刻な打撃を与え，解放軍の近代化計画を狂わせた．それは，中ソ国防新技術協定の破棄や原爆開発への国家資源の優先的投入により一層顕著となった．解放軍のカリスマ的指導者で，ソ連軍を模範とした近代化路線を積極的に推進していた彭徳懐は，大躍進を主導した毛沢東と対立し，失脚に追い込まれた．

　これらの要因から解放軍では，将兵の士気・練度の低下と規律の乱れが顕著となり，組織が混乱状態に陥った．彭徳懐に替わって国防部長に就任した林彪は，この混乱を収束すべく毛沢東の著作の学習といった政治運動を軍内で展開し，将兵の革命精神・士気・規律の回復を図ろうとした．

　中ソ関係の悪化と米ソ間の平和共存体制の強化は，従来の国防戦略の根幹を成したソ連の核の傘への信頼性を低下させた．中国独自の原爆は，国際政治の文脈では大きな意味を持ったが，核抑止力という点ではまだまだ微弱で信頼性が低かった．このため，中ソ対立の深刻化に伴い，中国では米国あるいはソ連による中国に対する先制核攻撃への懸念が高まった．

　中ソ関係の悪化，軍隊の近代化路線の挫折，トンキン湾事件以降のインドシナ情勢の緊迫化などを背景として，中国の国防戦略の全面的な見直しがおこなわれた．新たな国防戦略は，限定戦争ではなく中国本土への核攻撃をも含む総力戦を想定し，国家全体の戦時体制への移行，核攻撃に備えた軍隊と主要産業の分散配置，指揮命令系統の地方分権化，中国内陸部における抗戦の拠点となる複数の後方基地の構築などに主眼を置いた．

　敵の侵攻を受けた際には，各地に分散配置された部隊がそれぞれの後方基地に拠って民衆を動員しつつ，国民党や日本との戦いを通じて培われた毛沢東の

人民戦争（ゲリラ戦）の諸原則に基づいて敵を迎え撃つことが決められた．この戦略の一環として，沿海部に集中していた工業施設を内陸部に移転して後方基地を構築する「三線」建設が1965年以降本格的に進められた．こうした措置は，中国の経済発展の阻害要因となった．

（3） 中ソ対立の深化

中国が原爆実験を成功させた1964年10月，ソ連ではフルシチョフが失脚し，新たにブレジネフを中心とする指導体制が形成された．しかし，これによって中ソの矛盾が解消されることはなかった．

1966年5月以降本格的に展開された文化大革命の下では，中国共産党の党組織や外交機関が機能不全に陥り，中ソ間の外交ルートに混乱が生じ，ソ連の新たな指導部と中国共産党との意志疎通と信頼関係の構築を困難にした．こうした状況下で，1968年8月にソ連軍とワルシャワ条約機構軍が社会主義陣営内のチェコスロヴァキアに進駐し，当時チェコで進められていた「自由化」政策を弾圧するというチェコ事件が発生した．ブレジネフは，陣営の論理が国家の主権に優先されるという「制限主権論」（ブレジネフ・ドクトリン）を掲げて他の社会主義国への内政干渉を正当化した．

中国共産党が「社会帝国主義」と批判したブレジネフ・ドクトリンは，中国共産党指導部内でソ連軍の中国侵攻というシナリオへの懸念を増大させた．チェコ事件のわずか3カ月後の1968年11月，中国共産党はそれまでヴェトナム問題を巡って痛烈に批判していた米国に対し，ワルシャワにて大使級会談を再開することを急遽求めた．このことは当時の共産党指導部の危機感を示すものであったと言えよう．

中ソ関係は，1969年の3月から8月にかけて起きた中ソ国境紛争によってさらに緊迫化し，一触即発の様相を強めていった．最悪の事態を回避すべく，同年10月から国境問題を巡る中ソの会談が開催され，1970年には文革の影響で不在だった大使の交換が実現し，対話のパイプが再建された．

しかし，その後，ソ連は中国に対する軍事的圧力を強め，1975年までに大規模な兵力を中ソ国境に沿って展開した．また，ソ連は1971年8月にインドと平和友好条約を締結した．中国はこれを南北から中国を挟撃することを目的とした軍事同盟と認識した．

このように1960年代末から1970年代初頭にかけて中国は，ヴェトナム問題に

236　第5部　外　交

関して米国と間接的闘争状態にありながら，同時にソ連とも軍事的に対峙するという深刻な戦略的窮地に陥った．この窮状を脱すべく，中国は対米関係を抜本的に見直すこととなるのである．

第4節　米中接近と独立自主外交

（1）米中接近

　中ソ対立が深化の一途を辿っていた1969年1月に誕生した米国のニクソン政権は，発足直後から中国への接近を図った．米中の緊張緩和を画策したニクソン政権の狙いは，泥沼化したヴェトナム戦争からの「名誉ある」撤退，戦略核兵器制限交渉（SALT）においてソ連に圧力を加えること，アジアにおける米軍削減による財政負担の軽減などにあった．中ソの対立に乗じて米国が中ソ双方と良好な関係を結ぶことで漁夫の利を得ようとしたこの時の外交は一般に「三角外交」と呼ばれる．1970年以降，水面下の交渉を重ねた両国は1972年2月のニクソン訪中によって電撃的な和解を実現させ，国際社会に大きな衝撃を与えた（ニクソン・ショック）．

　和解に向けた米中交渉の最大の焦点は，台湾問題であった．中国は「一つの中国」の原則，すなわち台湾は中国の不可分な一部であるという中国の主張に対する米国側の理解を取り付けた（上海コミュニケ）．しかし，ソ連の脅威を背に受けている状況下では中国も強硬な立場は採れず，米国の台湾に対する軍事的関与が将来的に弱まることへの期待を表明しつつも，軍事支援の全面停止を和解条件として強く要求するまでには至らなかった．

　米国は，1979年1月，中国との外交関係を樹立し，4月までに台湾から米軍部隊を撤退させた．しかし，その一方で，台湾との経済・文化面での交流の維持および台湾の安全保障に関して米国が武器供与などの形で引き続き関与することを定めた台湾関係法が1979年4月に米国議会で採択された．これにより台湾は引き続き米国の軍事的支援を受けることとなった．

　米中和解の動きに先立ち国連では中国の代表権承認を巡る動きが活発化した．1971年10月，中国と同じくソ連と対立関係にあったアルバニアの発案に「第三世界」の多数の国々が賛同する形で中国の国連加盟が決定した．逆に台湾の国民政府は，この時国連での議席権を失ったことに加え，中国と国交正常化した国々が「一つの中国」の原則に基づいて次々と台湾との公式外交関係の解消に

第11章　冷戦期における中国の外交・国防戦略　　*237*

踏み切ったため，国際社会で孤立していった．

　ニクソン・ショックは，日中の接近にも拍車をかけ，1972年 9 月に日中国交正常化が達成された．こうした西側諸国との相次ぐ和解は，中国が1970年代末以降改革開放政策を推し進め，経済発展を遂げる上で重要な前提条件となった．また，中国は，日米との接近を図ることによって，この頃主要敵と位置づけられていたソ連を牽制しようと試みた．すなわち，1978年の日中平和友好条約の締結交渉と1979年 1 月に実現した米中国交正常化に関する交渉の過程で，事実上「反ソ」を意味する「反覇権」条項を日米に認めさせることに成功したのである．米国との国交正常化を果たした直後の1979年 4 月，中国は中ソ友好同盟相互援助条約の廃棄をソ連に通告した．

　中国にとって米中接近の代償は，ヴェトナムとの関係悪化であった．中国が北ヴェトナムの宿敵である米国と和解をしたことは，北ヴェトナムの指導部から裏切り行為と見なされた．米中の手打ちを契機として1973年 1 月にヴェトナムの分断の存続を前提としたパリ和平協定が調印された．これにより米国は南ヴェトナムからの撤退を始めた．米軍の撤退後，北ヴェトナムは，南に対する攻撃を再開し，1975年 4 月に悲願の国家統合を達成した．

　南北の統一を達成したヴェトナムは，ヴェトナム国内の華僑（中国系移民）の扱い，中国が支援していたカンボジアのポル・ポト政権との関係，パラセル諸島の領有権といった問題をめぐって中国と鋭く対立した．このため中国は，1977年から78年にかけてヴェトナムに対する支援を全面的に停止した．

　一方，ヴェトナムは，ソ連との結びつきを強め，1978年にコメコンに参加し，ソ連とソ越友好協力条約を締結した．また，同年にカンボジアに侵攻し，ポル・ポト政権を打倒した．

　1978年以降中国共産党の指導権を掌握した鄧小平は，米中国交正常化がなされた1979年 1 月に歴史的な訪米を成功させ，米中の絆を強化した．その直後の2 月，中国は，ヴェトナムに「懲罰」を加えるという名目でヴェトナムへの軍事侵攻をおこない，中越戦争が勃発した．解放軍は大規模な攻勢を展開したが，ヴェトナムの民兵に対して苦戦を強いられ，多大な犠牲を払って 3 月にはヴェトナムから撤退した．

（2）　改革開放期の外交・国防戦略

　米中接近以降の中国の外交方針は，1974年の「三つの世界」論において象徴

的に示された．ここでは，米ソ両超大国が「第一世界」，西側先進諸国が「第二世界」，中国を含むアジア，アフリカ，ラテン・アメリカの発展途上国が「第三世界」に属するとされ，中国は第二，第三世界の国々と協力して第一世界の米ソと対抗していくことが謳われた．この頃中国が既に米国と和解していたことを考えれば，これは実際には米国を初めとする西側諸国と第三世界の国々との連携を深めて主要敵ソ連と対抗するという外交方針を宣言したものといえる．

　中ソは，1970年代を通じて対立していたが，1982年3月のブレジネフによる中国に関するタシケント演説を契機として徐々に和解の方向へと向かった．ソ連は1979年12月のアフガニスタン侵攻によって西側諸国との関係が著しく悪化し，1980年に米国大統領に就任したレーガンは，対ソ強硬路線を打ち出した．ソ連は国際的な孤立を避けるべく，タシケント演説によって中国に関係改善を呼びかけたのであった．

　ソ連が中国との関係改善の意志を有していることを確認した中国政府は，1982年9月に「独立自主の対外政策」の外交路線を打ち出した．ここでは，中国がいかなる大国にも従属せず，社会主義国をも含むすべての国と平和五原則に基づく外交関係を結ぶ用意があることが宣言された．

　社会主義国間の関係への平和五原則の適用は，内政不干渉という点でソ連のブレジネフ・ドクトリンとは相容れない方針であった．しかし，そのブレジネフが1982年11月に死去し，その後，1985年に書記長に就任したゴルバチョフがブレジネフ・ドクトリンの見直しをおこなったことで中ソ和解の道が開け，1989年5月のゴルバチョフ訪中を機に中ソは関係を修復させた．この際，中ソが発表した北京コミュニケに平和五原則が盛り込まれた．中国は上海コミュニケで米国に，北京コミュニケでソ連に内政不干渉を掲げた平和五原則を認めさせ，1950年代以来の悲願であった国際社会における独立自主の地歩を固めたのである．

　このような国際環境の変化は，中国が米ソとの総力戦を想定した国防戦略を見直す契機となった．米ソとの戦争の危機が軽減したことにより中国は従来の軍事偏重路線を改め，再び経済建設に国家資源を集中的に投入することが可能となったのである．しかし，軍の既得権の大幅な喪失を意味するこのような路線の転換は容易な作業ではなかった．

　1978年以降党内で指導権を確立した鄧小平は，経済優先の国家発展戦略を推

第11章　冷戦期における中国の外交・国防戦略　　*239*

し進める第一歩として，米ソ間の「核の手詰まり」・中国と米ソとの緊張緩和・中国自身の核戦力の強化といった要因から米ソ中を巻き込んでの全面戦争が起きる可能性は極めて低くなったという国際情勢認識（「世界戦争可避論」）を示した．また，この認識に基づいて，総力戦に替わって再び限定戦争に主眼を置く国防戦略を策定した．

限定戦争では，陸海空軍から成る通常戦力の質が勝敗を決する主要因となる．常に高い質を保持するためには技術革新に応じた兵器体系および将兵の技能の改良を絶え間なく推進し続ける必要があり，国家の経済力・技術力の充実が前提条件となる．この論理に基づき，鄧小平は経済建設に国力を集中し，中国の経済力・技術力の向上に伴い軍隊の「現代化・正規化」（装備の近代化・組織の専門職業集団化）を推進するという国防建設の方針を打ち出した．

1979年の中越戦争は，限定戦争に対する解放軍の適応力の低さを白日の下に晒し，これを契機として解放軍内では，鄧小平の新路線に賛同する幹部が急増した．鄧小平は文革の混乱で損なわれた党中央の軍に対する指導権を建て直し，国防費と兵力の大々的な削減を1985年以降本格的に推進した．その結果，中国は国家資源を経済建設に集中的に投入することが可能となり，それによってもたらされた中国の急速な経済発展に引っ張られる形で中国の軍事力も着実に改良が進むという軌道に乗ることとなったのである．

（3）　第二次天安門事件と冷戦の終焉

数十年に及んだ米ソの軍拡競争はソ連の国力を疲弊させ，1985年に書記長に就任したゴルバチョフは，民主化を念頭に入れた国家体制の抜本的な改革を断行し，同時に米国との敵対関係に終止符を打つことを決断した．この結果，1989年12月，マルタ島でおこなわれた米ソ首脳会談で，冷戦の終結が宣言された．その前後から東欧諸国で社会主義政権の崩壊が相次ぎ，1991年12月にはゴルバチョフの改革も功を奏することなくソ連の崩壊という事態に至る．

1989年5月，中国では「民主化」運動が空前の盛り上がりをみせ，東欧・ソ連に先駆けて社会主義体制の動揺が表面化した．鄧小平は，共産党の一党支配体制を固守するために武力を用いて「民主化」運動を弾圧するという決断を下す．その結果，1989年6月4日，北京の天安門広場で展開されていた大規模な「民主化」デモは，解放軍によって鎮圧された（第二次天安門事件）．

これにより中国共産党は，東欧諸国やソ連とは対照的に一党支配体制を維持

することに成功したが，その代償として民主主義ならびに人権に関して拭い難い負のイメージを帯びることとなった．この負のイメージは，西側諸国の対中世論に深刻な悪影響を及ぼし，こうした世論を背景に，民主主義に不寛容な国家の台頭に懸念を抱く「中国脅威論」が1990年代に巻き起こることとなる．

一方，中国では「民主化」運動の弾圧に対して西側先進諸国が一斉に対中制裁を発動したことは平和五原則の内政不干渉に反する行為と認識され，これ以降，西側先進諸国が「平和的手段」によって中国の社会主義体制の崩壊を画策しているという「和平演変」に対する懸念が高まった．

東欧・ソ連での社会主義体制の瓦解や東西ドイツの統合に象徴されるように，欧州では1980年代末から1990年代初頭にかけて冷戦は終焉を迎えた．それとは対照的にアジアでは，中国・北朝鮮・ヴェトナムにおいて社会主義を標榜する政党による一党支配体制がその後も存続し続け，台湾問題や朝鮮半島問題も未解決のまま現在に至っている．

中国では欧米日の先進民主主義諸国との経済的相互依存関係は深まったものの，これらの国々において共有されている社会理念・価値観を共有し，それを積極的に国家体制や社会の在り方に反映することには強い反感がある．第二次天安門事件において改めて浮き彫りにされた国家体制の相違は，先述のごとく中国と先進諸国との間の相互不信の土壌となり，1990年代を通じて様々な政治的軋轢が絶えず表面化する環境を生み出す原因の一つとなった．

こうした環境は，中国と日米を始めとする周辺諸国との安全保障面での信頼醸成と関係強化を困難にした．これにより，アジア・太平洋地域では主として1950年代に形成された米国を中核とする同盟関係のネットワークが引き続き地域の安全保障と秩序維持の骨格を成すこととなった．その意味で1990年代以降もアジアでは冷戦が完全に終結したとはいえない現実が今も継続している．

（阿南友亮）

第12章　冷戦終結後の中国外交

　1989年12月に地中海のマルタ島でゴルバチョフソ連邦最高会議議長兼ソ連邦共産党書記長とジョージ H. W. ブッシュ米大統領が会談し，米ソ両国は冷戦の終結を宣言した．その後の1991年12月にソ連邦は消滅し，独立国家共同体（CIS）が誕生した．こうして冷戦という国際秩序が解体してから20年余，米国を唯一の超大国とする国際秩序が持続してきた．この秩序の中で中国が台頭している．

　中国の対外政策の目標は，自国の発展と平和を維持するために，中国が一極を占める多極的な国際秩序の実現をめざすことにある．中国指導部は，この目標を実現するためには，経済発展をつうじて自国の国力を増強させることが不可欠であると考え，経済発展に有利な平和な国際環境を整える取り組みを積み重ねてきた．そして中国指導部は，その鍵が超大国である米国との協調関係の深化と維持にあると理解してきた．冷戦終結後の中国外交の展開とは，米国を唯一の超大国とする国際秩序への適応の過程といえよう．

　経済成長にともない国力を増大させてきた中国は，近年，大国意識を強めている．中華人民共和国の建国以来，中国指導部は自国を大国として意識しつつも，自国の対外行動を大国外交と表現することはなかった．中国は大国ではあるとしても，自らを発展途上国の大国や第三世界の大国と位置付けてきた．中国指導部が，自らの外交を大国外交と呼ぶようになったのは，およそ2000年代以降のことである．アジアインフラ投資銀行（AIIB）の設立や「一帯一路」イニシアティブの提唱，「アジア安全保障観」をはじめ，近年の中国は地域秩序の形成に関する構想を次々と提起し，地域の平和に影響を与えるパワーとしての存在を強めている．国際社会は，中国が次第に地域秩序構想を提起し，それを具体化する力をもつ大国へと変化しつつあると認識するようになってきた．

　こうした中国にたいする国際社会の関心の焦点は，既存の国際秩序を構築してきた米国との関係の行方である．「アテネの台頭とそのことにたいするスパルタの警戒が戦争を不可避とした」というツキジデスの洞察が，米中関係にも当てはまるのではないかと危惧されている．顕在化してきた中国の大国意識は，既存の国際秩序に対する挑戦を意図したものであるのか．これが今日の中国外

交と国際秩序をめぐる中心的な関心の所在といえるだろう．

第1節　ポスト冷戦期の中国外交

（1）　冷戦後にむけた中国外交

　冷戦という国際秩序が解体するよりも前に中国指導部の国際情勢認識の転換ははじまっていた．例えば，1988年年末に開催された中国共産党中央政治局での国際情勢認識と自国の対外政策に関する議論のなかで中国指導部は，国際情勢が「対立から緩和，緊張から緩和へ向かっている」こと，「世界平和の擁護，発展の促進に有利な新しい時期が出現する可能性がある」，と認識していた．

　当時の中国指導部は，従来の外交方針である「独立自主の平和外交政策」の正しさを確認するとともに，これを「発展させ豊かにしていかなくてはならない」と認識していた．中国政治において「発展」や「豊か」という表現は，従来の路線を継承しながら，実質的にこれを変更する際に用いられる表現である．中国指導部は，「発展」や「豊か」との表現の提起をつうじて，冷戦後の対外政策の転換を内外に示した．

　中国指導部内では，この後，国際情勢の緩和と対話の必要性と　米ソによる二極構造にかわって多極化することを展望した．そして鄧小平は　経済のみならず政治的にも国際社会のパワーバランスが多極化していること　将来的には軍事面でも多極化に向かう可能性があると認識し，従来から提起している「国際経済新秩序」の確立に加えて「国際政治新秩序」の確立に向けて行動する必要性を提唱した．

　しかし鄧小平は，こうした国際情勢の緩和と対話の潮流が中国にとって総じて有利であるとしても，経済力や科学技術力等の総和としての国力による競争において，中国は不利な立場にあるとの認識をもっていた．そのため中国指導部は，冷戦後の時代における中国の中心的な内政と外交の政策課題を経済発展の追及においていた．

　1980年代に中ソ両国が関係の正常化にむけて歩みはじめたこと（1989年5月にゴルバチョフ書記長が訪中）は，こうした観点から理解するべきである．また，米中関係も同様である．1980年代に米中両国は軍事交流を含むハイレベルの接触を盛んにおこない，ハイテクを含む両国間の経済貿易や米国からの軍事協力は盛んであった．このように，この時期の中国は，米ソを含めた「全方位」の協

調外交の道を歩んでいた.

（2） 二つの国際的孤立

しかし，ポスト冷戦期にむけた中国指導部の国際情勢認識の変化と，この認識の変化にともなって選択した協調外交は，すぐに深刻な問題に直面した.

一つには，1989年6月の第二次天安門事件と，その結果として米国をはじめとする西側諸国が中国への武器輸出の凍結や要人の相互訪問の禁止，経済協力計画の延期といった制裁措置を採り，中国が国際的に孤立したことである．いま一つには，同年11月のベルリンの壁の崩壊から91年12月のソ連邦消滅をへてウランバートルに到る「ドミノ倒し」のように社会主義国家が崩壊したことによって，中国が唯一の社会主義大国として孤立したことである.

中国指導部は，第二次天安門事件とこれとほぼ同じ時期に生起した社会主義体制の「ドミノ倒し」的な解体を，相互に深く関係したものであると理解していた．国際社会による中国共産党一党体制を平和的に転覆させようとする試み，すなわち「和平演変」だと強く警戒した.

鄧小平は東欧やソ連における民主化要求運動を「国際的大気候」といい，それが国内の民主化要求を後押し（「国内的小気候」）して，第二次天安門事件が発生したと認識していた．第二次天安門事件後に趙紫陽に代わって中国共産党総書記に就いた江沢民は，「和平演変」という脅威への「抵抗と反対」を戦略的任務と位置付けた.

なお，「和平演変」のような「中国は包囲されている」という中国指導部の国際情勢認識は，この時期に限定したものではない．中国指導部が，中華人民共和国の建国以来，終始一貫して継承してきた国際情勢認識である.

中国指導部は，反「和平演変」を戦略的な任務と位置付けつつも，第二次天安門事件直後から西側諸国との関係の回復に努めていた．また米国もまた，中国を完全に孤立させようとしたわけではなかった．事件から20日を経ずして，鄧小平はジョージ H. W. ブッシュ大統領からの秘密書簡を受け取っていた．その後，ブレント・スコウクロフト大統領補佐官やヘンリー・キッシンジャーをつうじて，鄧小平とブッシュ大統領間の間でメッセージが交換されていた.

中国指導部は，国際的な孤立からの脱却の過程で，日本を西側諸国による対中制裁の解除にむけた突破口として位置付けていた．第二次天安門事件直後に西側諸国が制裁を発動した際，日本は日中関係と米中関係とは異なる性質のも

244 第5部 外 交

のであることを理由に，中国へ制裁措置を発動することに否定的であった．制裁をすることによって，中国が再びかつてのような閉鎖的な体制にもどることを懸念したからである．その後，日本は対中制裁に同調するが，1990年には中国への第三次円借款を再開し，1992年10月には天皇訪中を実現させていた．銭其琛外相（当時）は，円借款の再開について，「西側の対中制裁連合戦線の脆弱な部分」であり，「西側の制裁を突破する最も良い突破口となった」と回顧していた．

また，1990年代前半の中国は，近隣の東アジア諸国に対する積極的な外交を展開した．権威主義的な国家であった東アジア諸国は，第二次天安門事件における中国指導部の措置に同情的であった．1989年11月には，北朝鮮の金日成国家主席が中国を訪問した．特に中国が東南アジア諸国と関係を改善することは，国際社会への復帰をイメージさせるものであることから，中国は事態の打開のためにこれらの国々との関係の改善を急いだ．中国は1989年8月にラオスと関係を正常化した．その後中国はインドネシアとの国交再開交渉を加速させ，1990年8月に李鵬総理がインドネシアを訪問して国交を再開した．10月にはシンガポールと国交を樹立し，91年10月にカンボジア問題の和平合意が成立したことを受けて，11月にベトナムとの関係正常化した．また韓国とも国交を樹立し，これによって，中国はすべての東アジア諸国との正常な国家関係を構築した．さらにソ連邦の解体が始まると，中国は旧ソ連邦の15カ国とも外交関係を結んだ．

（3） 国際的孤立の克服と多極世界の追求

中国の国際的な孤立からの脱却を促したのは，急速な経済成長であった．

国際的な孤立に追い込まれた中国指導部内では，東欧諸国やソ連邦の崩壊以降，「和平演変」を警戒する声は大きく，改革開放政策に対する疑念は小さくなかった．こうした批判を排除するために鄧小平は，1992年年初に深圳をはじめとする華南地域や上海を視察し，改革開放政策を再評価する談話をおこない（「南方談話」），改革開放の意義を評価する談話を繰り返し発表した．鄧小平のイニシアティブの下で92年10月に開催された中国共産党第14回全国代表大会は，新しい指導部を選出するとともに，社会主義市場経済という概念を党規約の中に書き込む決定を下した．こうして改革開放政策の継続と経済発展の加速化が中国共産党の方針として確認されたのである．

第12章　冷戦終結後の中国外交　*245*

「南方談話」の後，中国は急速な経済成長を実現した．92年の経済成長率は14.2%，93年は13.1%，94年は12.6%を記録した．こうした経済成長の成果を背景に，中国指導部は，自国が国際的な孤立から脱却したとの認識を持つに到った．

これ以降，中国経済は世界経済との統合を深め，中国の経済力は世界の中で着実に重要重視されてゆくことになる．また，国内政治をめぐっては，中国共産党が市場経済原理を取り込んで経済の一層の発展を促し，その成果をもって中国共産党による一党体制に正当性が付与されるという統治の構造が完成し，中国政治は安定化していった．

第2節 「一超四強」の多極世界

（1） 米国を中心とする同盟戦略の強化と協調外交

国際的孤立からの脱却に成功した中国指導部は，冷戦後の国際社会において決定的に重要な役割を果たす主要なアクターとして，米，露，EU，日本，そして中国を位置付ける国際秩序観を持つようになった．

中国指導部は，国際社会の権力構造を超大国としての米国と，露，EU，日本，中国の四強によって構成されていると理解し，「一超四強」という国際秩序における自国を除く四つの大国との関係（「大国外交」）を重視した．「一超四強」間の競争は，中国が目指している国際秩序の多極化を促すものと理解し，また，こうした国際秩序は比較的長期にわたって持続するだろうとみていた．

しかし，1990年代半ば以降，冷戦期に形成された米国および米国と同盟関係を結んでいる諸国が，同盟関係を再確定し，関係の強化を模索しはじめたことは，中国指導部に，上述した国際情勢認識の見直しを迫った．例えば，1995年2月に米国国防総省は『東アジア戦略報告』（ナイ・イニシアティブ）を発表し，地域の平和と発展を維持するためにアジア太平洋地域において10万人の軍事プレゼンスの維持を宣言したこと，1996年4月に日米両国が日米安全保障共同宣言によって日米同盟の役割と機能を対ソ連抑止から地域の安定装置へと変化させ，同盟の強化を確認したことは，中国指導部に大きなインパクトを与えた．

米国を中心とする同盟戦略の強化を受けて，中国はどのような対応をしたのだろうか．一つには中国はロシアとの関係の強化をはかった．1996年4月に中露は同盟という国家間関係に替わる新しい関係として「戦略夥伴関係（戦略的

246　第5部 外 交

パートナーシップ)」の確立を宣言した．97年4月には，「世界の多極化と新しい
国際秩序に関する中ロ共同声明」が発表され，「パートナーシップの精神を踏
まえて世界の多極化の発展と新たな国際秩序の確立を推し進める」決意を表明
した．

　同時に中国は，西側諸国との協調関係を深化させた．中国は「一超四強」と
の関係を重点として戦略的パートナーシップの確立をめざし，大国との関係の
安定化を模索した．97年10月には，中国は米国との間で「戦略的パートナーシ
ップ」関係を創り上げることを目標とすることに合意し，98年10月にはEUと
「全面的なパートナーシップ」，11月には日本とも「友好協力パートナーシッ
プ」を確立した．

　こうした取り組みをすすめたものの，中国の対米関係を含む西側諸国との協
調外交は，すぐさま様々な障害に直面した．例えばNATOが1999年4月に
「新戦略概念」を採択し，NATO加盟国の範囲を超えて，欧州・大西洋地域の
安全と安定強化のために紛争防止に貢献し，積極的な危機管理に従事すること
を自らの任務と位置付けたことである．中国は，自らが政治大国として活動す
る舞台である国連安保理の承認決議を回避して，NATOが内戦へ介入したこ
とに警戒感を高めた．同年5月のベオグラード駐在の中国大使館が「誤爆」
(中国はNATO側の「誤爆」とする説明を受け入れてはいない)されたのは，こうした
NATOの行動の結果であった．アジア・太平洋地域も同様だった．日本で新
たな防衛協力の指針（ガイドライン）関連法が5月に成立し，日米司盟が強化さ
れたことについて，中国指導部は協調外交という外交方針の障害と理解した．

　これとほぼ同じタイミングで，米中両国間で個別の問題が悪化していた．世
界貿易機関（WTO）加盟を目標としていた中国指導部は，1999年5月に朱鎔基
総理を訪米させて米中貿易に関する交渉をおこなわせていた．しかし同交渉は
合意に到らず，結果として，このタイミングで中国のWTO加盟は実現しな
かった．翌年の米国大統領選挙では，対中関与政策を展開したクリントン政権
の対中政策を批判し，中国を「戦略的競争相手」と表現するジョージW.ブッ
シュ氏が大統領に当選した．加えて就任直後には海南島沖で米中両軍の航空機
が衝突し，中国側パイロットが墜落死した．

　こうした状況下で，中国国内の政策コミュニティーでは，協調外交の是非が
議論された．協調外交の正統性の源泉としてきた鄧小平によって提起された
「平和と発展」という国際情勢認識の是非が問われたのである．また，中国の

国内社会では，ベオグラード駐在の中国大使館が「誤爆」されたことをはじめとして，「反米愛国主義」が高まっていった．

しかし，中国が経済発展を中国の主要な政策課題として位置付ける限りにおいて，経済発展に専念する平和な国際環境を構築することは自らの中心的な外交目標である，という中国指導部の判断は揺るぐことはなかった．江沢民総書記は「経済建設を中心とすることを今後も揺ぎなく堅持しなくてはならない」と強調し，外交は「経済発展に奉仕しなければならない」と主張し，協調外交の継続を確認した．

（2） 周辺外交の重点化

2000年10月に開かれた中国共産党15期中央委員会第5回全体会議は，「新世紀の三大任務」を設定した．

1982年に鄧小平が提起していた80年代の「三大任務」（「現代化建設」，「祖国統一」，「覇権主義への反対と世界平和の擁護」）と，この「新世紀の三大任務」（「現代化建設の継続」，「祖国統一の完成」，「世界平和の擁護と共同発展の促進」）は異なる．具体的には，かつての米ソを念頭に置き，冷戦終結後は米国を念頭に置いてきた「覇権主義への反対」が新しい「三大任務」のなかでは消え，「世界平和の擁護と共同発展の促進」が盛り込まれた．「発展」を「平和」の問題と並列して重視した．

「世界平和の擁護と共同発展の促進」への貢献をめざす中国の活発な外交は，アジアの多国間協力への積極的な姿勢として現れた．従来，中国は多国間協力に消極的な姿勢を示してきた．多国間協議は二国間のそれに比べて，中国の影響力を低下させるとの考えがあったからである．1980年代半ば以降，中国の多国間協力は協力分野を経済，文化面に限定していた．90年代半ば以降，中国はASEAN地域フォーラム（ARF）や「上海ファイブ」といった安全保障面での多国間対話に積極的な姿勢を示し始めた．しかしそれは，95から96年春にかけて中国が台湾海峡付近に向けて実施したミサイル演習によって高まった「中国脅威論」への反駁，日米同盟やNATOといった同盟関係の強化への反発という意図が強かった．

2000年以降，中国は協力分野を限定せずに多国間協力に取り組むようになった．2001年6月には，「上海ファイブ」にウズベキスタンを加えて，ユーラシアを跨ぐ地域協力機構として「上海協力機構」を成立させた．「ASEAN＋3

（日中韓）」枠組みにおける東アジア協力についても，中国は金融面での協力とともに，自由貿易協定（FTA）の締結と早期実行をめざした積極姿勢が顕著である．また，99年にマニラで開かれた ASEAN＋3首脳会議では「東アジア協力に関する共同声明」を採択し，経済のみならず，安全保障を含めて協議することに合意した．2000年にシンガポールで開かれた ASEAN＋3首脳会議でも，東アジア諸国が対等の立場で，経済にくわえて安全保障を協議する「東アジア・サミット」を将来，定例化することに合意し，「東アジア共同体」の実現をめざした．

東南アジア諸国との最大の懸案事項であるスプラトリー（南沙）群島の領有権問題については，中国は2000年5月に「南シナ海における行動規範」に向けた多国間交渉を開始し，2002年11月に「南シナ海における行動宣言」として合意に達した．ASEAN との協力関係の進展を受けて，2003年に中国は，ASEAN との関係の基本枠組みを「戦略的パートナーシップ」に格上げした．戦略的パートナーシップは，従来，米国やロシアなど大国との関係枠組みに適用されてきたものであった．これは中国外交における対 ASEAN 関係の位置付けが高まっていることを示していた．

多国間協力を通じた周辺地域との関係強化をめざす中国外交の方向性は，2002年11月の中国共産党第16回全国代表大会（16回党大会）で党と国家の方針として公式に確認された．そして同党大会で発足した胡錦濤を総書記とする指導部は，「与隣為善，以隣為伴（善意をもって隣国に対処し，隣国をパートナーと見なす）」を新たな外交方針として依拠しながら「周辺外交」を外交路線の一つとして明確に打ち出し，「大国外交」に並ぶ高い位置付けを与えた．李肇星外交部長（当時）は，現在の中国外交について「大国が鍵で，周辺が首要（最も重要）である」と位置付けた．

周辺外交の重点化の背景には，地域における政治・安全保障面での協力関係を強化することを通じて，なお残る米国の対中圧力強化の可能性を低減させたいという指導部の狙いがあった．例えば2003年6月の ARF 閣僚会議において，李肇星外交部長は ARF の常設機構として「安全保障政策会議」の創設を提案した．さらに2004年11月には ARF「安全保障政策会議」の第1回会合を北京で開催し，米国を含めた多国間の戦略対話のメカニズム化をめざした．

（3）「和諧世界」論の提起

　この後，中国指導部が掲げた外交目標が「和諧世界（調和のとれた世界）」の構築である．和諧世界論を指導部が体系的に提示したのは，2005年9月の国連創設60周年記念首脳会議における胡錦濤国家主席の演説であった．「チャンスと挑戦が併存する重要な歴史的時期にあって，世界のすべての国が固く団結することで，はじめて永続的平和と共同繁栄の和諧世界を真に建設することができる」と述べていた．

　当時の中国指導部は，中国経済の成長を最優先の課題としてきた江沢民政権期（1989年から2002年）に顕在化し，深刻化した問題の解決を国内政治における解決しなければならない課題として掲げていた．改革開放政策の恩恵を享受できていない社会的弱者の救済や社会的弱者を生み出す構造的な問題としての社会的不正義・不公平・不公正の是正である．加えて，急速な経済成長によって生み出された環境汚染・破壊の解決もそうであった．胡錦濤を総書記とする指導部は，これらの問題の解決にむけて積極的に取り組む政権の姿勢を内外に示すために，協調的な，持続可能な発展という政策理念を「和諧社会」の構築という表現で説明した．指導部は「和諧社会」の構築という目標を国内政治だけなく対外政策においても適応させて「和諧世界」の構築を外交目標として提起したのである．

　中国指導部は，自国の国力が増大していること，アメリカという超大国のパワーが相対化しはじめていること，これらの結果として国際社会のパワーバランスが変化しつつあることを踏まえて，日本やドイツのような過去の新興国家とは異なり中国は既存の国際秩序に挑戦しようとしているのではなく，平和的な発展を目指しているという「平和的発展」という考え方を提起した．さらに中国指導部は，これに国際社会に積極的に貢献する必要があるという国際協調の考え方を取りまとめるかたちで，「和諧世界」の構築という外交目標を提起したといわれる．

　この目標設定をうけて，中国指導部はアフリカ等の発展途上国・地域にたいする支援や援助を強化した．周辺外交についても，例えばASEANとの関係において，安全保障分野での協力に着手した．海上の治安確保についてはASEANと中国との間で連絡・情報交換メカニズムの確立がめざされた．国連平和維持ミッションの分野でも，国連の主導的な役割を確認しつつ，地域機構が積極的な役割を果たすべきとして，2007年11月に中国国防部平和維持弁公室

250 第5部 外 交

は北京で「中国・ASEAN 平和維持シンポジウム」を開催した.

　この時期の中国指導部は,なぜ「和諧世界」論という協調外交をあらためて確認したのか.そこには中国を取り巻く国際環境に対する指導部の情勢認識が影響している.前述のとおり,1980年代以来,中国指導部は改革開放政策をつうじて自国経済を発展させ,国際社会に認知される大国として発展することを目指していた.国民生活を豊かにしたという実績は,中国共産党政権の支配の正統性となることから,経済の発展は指導部にとっての必須の命題であった.それを実現する上での外交方針の基本目標は,国際社会との協調であった.安定した国際環境を構築し,外資を中国国内に呼び込んで経済を発展させてゆくという戦略である.1980年代から90年代の中国共産党の実力者である鄧小平は,「韜光養晦,有所作為」という戦略方針を提起し,これが,指導部内で安定した国際環境を構築する上での外交方針として確認されつづけてきたのである.

　この方針は,江沢民政権,そして胡錦濤政権にも継承されてきたものの,両政権期では,国際情勢認識に関して若干の相違あった.胡錦濤政権期の指導部は江沢民政権期と比較して中国を取り巻く国際情勢に対して危機意識を抱いていた.江沢民政権期も胡錦濤政権期もいずれも「21世紀最初の20年間を中国が発展するための『戦略的チャンス期』」だとみていた.しかし江沢民期の指導部は,この「戦略的チャンス期」を比較的に楽観視していたものの,胡錦濤期の指導部はぐずぐずしていたら「戦略的チャンス期」を失ってしまう可能性があると認識していたのである.

　そうした中国指導部の認識を的確に表現したものが,2007年2月の『人民日報』紙に掲載された温家宝国務院総理の署名付き論文であった.温家宝総理はこの論文において,「今世紀のはじめの20年は,わが国にとって逃してはならない,しかも非常に重要な戦略的チャンスの時期」であり,この戦略的チャンス期を逃さずに,かつチャンス生かさなければならないと述べていた.そして,チャンスをしっかりと捉えるためには,今後中国は「平和的発展の道を歩む」必要があると確認し,この方針を貫くには「チャンスを逃さず,妨害を排除し,脇目もふらず,自国を発展させる必要があり,国際的には,あくまでも旗振り役や先導役を務めないようにするべき」であると確認していた.中国指導部が,パブリック・ディプロマシーの重要性を認識しはじめたのは,ちょうどこの時期であった.

第3節　転換する中国外交

（1）大国意識の顕在化

「和諧世界」の構築が提唱される一方，この時期の中国社会には，これとは異なる国際情勢認識が存在し，その影響力は次第に顕在化していた．大国意識の高揚である．

中国指導部は，1990年代以来の急速な経済成長にともなう国力の増加によって，次第に自らを大国と認識しはじめた．例えば，2002年末，唐家璇外交部長が『人民日報』紙のインタビューに答えるなかで，今後の外交方針として「中国の特色をもった大国外交を推し進める」と述べた．中国指導部が，自国の外交路線を「大国外交」と性格付けをしたのはこれが初めてであったといわれる．そして，こうした中国の特色のある大国外交は，周辺外交の重点化，「和諧世界」の構築というかたちで現れていた．

経済成長ともに国力が大きくなるとともに，中国社会もまた自らを大国と意識しはじめた．それは情報社会化の深化とともに強まっていった．しかし大国意識を持ちはじめた指導部が描く対外政策と，大国意識を持ちはじめた中国社会が期待する対外政策は，必ずしも同じではなかった．

1980年代にしろ90年代にしろ，中国の若者達は社会に対する批判と懐疑の精神にもとづく言論を展開し，その批判的な表現はナショナリズムと深く関わっていた．1990年代末以降，特に2000年代に入って中国社会の情報社会化の歩みは急速に早まった．中国における情報社会化は，中国の若者達にインターネットをつうじて自由に主張を表出する手段を提供した．「憤青」といわれる集団が登場したのはこの頃である．彼らはインターネット空間をナショナリズムな言動で覆いつくした．

中国にとって国際社会，とくにアメリカや日本は，中国の先を行く存在であり，学習の対象であった．しかし国際社会の一員として組み込まれてゆく過程で，中国社会は自信をつけ，自らの存在を再認識しはじめた．あるべき国際社会における地位を要求しはじめたのである．

例えば2001年4月の海南島沖での米中空軍機衝突事故後に中国国内でおこなわれた反米デモや，2005年春に深圳や広州，成都，北京，上海で連続して発生した反日デモは「憤青」が主導した．反日デモが中国の主要都市において繰り

252　第5部　外　交

広げられる前段階として，インターネット空間では国連安保理の常任理事国に
日本が加わることに反対する署名運動がすすめられていた．この署名運動は中
国国内のみならず在外の華人，華僑が一体となった運動であり，「憤青」がそ
の活発化を誘導したといわれる．2008年2月のチベット暴動をきっかけとした
中国の人権状況に関する批判やオリンピック聖火リレーに対する妨害活動に対
して，中国の若者達は中国国内外で激しい抗議行動をおこした．これも「憤
青」が積極的な役割を果たしていた．

　情報社会化が生み出した「憤青」と表現される中国の若者達が中国の政治社
会に与える影響力は小さくない．インターネットという空間を利用することに
よって，彼らは（比較的）自由な言論空間を手に入れることに成功しただけで
なく，国境という地理的空間を越えたネットワークをもった．インターネット
空間を介した影響力は，ネット空間を飛び出して現実空間における動員力に結
びついた．彼らはネット空間における暴力のみならず現実的な空間における暴
力（街頭デモ活動）を組織することも可能であった．

　こうして中国社会で顕在化してきた，国際社会におけるあるべき地位を要求
する声は，大国意識と渾然と融和していった．上海社会科学院が2001年3～4
月に実施した世論調査では，8割近い青年層が将来，中国は「世界の一極にな
り得る」と回答しているが，中国が世界の一極を占めるために採るべき外交政
策は強硬な路線だという回答も多数を占めていた．また北京大学国際関係学院
の葉自成教授は，「中国が国際社会において多くの貢献をしようとする意識が
ますます明確になっている」というものの，「中国人自身が如何に中国の国際
的地位をみているのか」については十分に認識を整理できておらず，その結果，
中国独特の歴史的背景である「百余年の屈辱の外交史」に由来する自尊心から
抜け出せていないことを指摘していた（『南方週末』2002年12月6日）．

　大国意識を持ちはじめた中国社会が期待する中国外交は，時に強硬なものを
求めた．こうした「民意」は，しばしばインターネット空間で表出され，実際
の外交政策の決定過程に影響を与えていた．最も典型的な事例は対日外交であ
った．2003年の北京上海間の高速鉄道建設に際しての日本の技術の導入に対す
るインターネット空間での「民意」の反対表明や黒竜江省で発生した旧日本軍
が遺棄した化学兵器による死傷事故をうけてインターネット空間で広がった補
償要求，2005年の日本が国連常任理事国入りを目指していることに対して反対
を表明するインターネット空間で集まった前述した反対署名がそうである．こ

れらの「民意」は「愛国主義」と重なって表出されるために，中国指導部もその影響力の大きさを認めざるを得なかった．国務院新聞弁公室は，「愛国主義」という名目の反日論調が「一旦発生すると，インターネット空間を通じて伝播することは止められない」と述べていた．中国外交における日本の重要性は低下しているわけではないが，中国指導部は中国社会の対日「世論」を意識しながら，対日関係を舵取りしてゆかなければならないのであった．

（2） 転換する中国の外交方針

1990年代以降，中国外交の基本的方針は協調外交であった．しかし，今日の中国外交を協調外交と形容するには様々な意見が提起されるだろう．

中国指導部は，超大国である米国との協調関係の深化と維持を中国外交の鍵とこれまで位置付けてきた．これからもその方針は変わらない．この中米間における協調関係の構築に関しての重要な契機は，2001年9月に米国で発生した同時多発テロ事件後にアフガニスタンへの米英両軍による武力行使やイラク戦争の開始の時期にあったといってよいだろう．中国指導部は，こうした米英の動きに対して警戒感を高めながらも「テロリズムへの打撃」を国際社会との共通利益と見なし，また政権発足以降中国に厳しい態度を示してきたジョージW. ブッシュ政権と中国指導部は協力関係を模索したのであった．

後述するように，現在の中国指導部は米中関係を「新型大国関係」と表現している．この関係もまた中国側の説明によれば，従来の協調関係の構築に向けた取り組みである．しかし今日の米中関係を含む中国の対外行動は，かつてと比較して積極的で自己主張の強い行動（assertive）へと変化したと表現される．その転換点はどこにあったのだろうか．しばしば指摘されるのは，2009年夏に開催された中央外事工作会議であった．

この会議において胡錦濤総書記が示した，2008年9月の国際金融経済危機後の中国は，「経済の安定した比較的早い発展を維持するために重要な時期」あり，「新たな重要なチャンスと挑戦に直面している」という認識と，それにもとづく外交方針は，いくつかの点において過去のものとは変化していた．一つには中国外交を「国家の主権，安全，発展の利益を擁護するために奉仕する」ものと定義したことである．「発展の利益の擁護」という表現の前に，国家の主権と安全が提起されたことが変化であった．いま一つには，中国は国際社会に対して政治面でのより高い影響力と，経済面でより高い競争力，イメージの

面でより高い親和力，道義の面のより高い感化する力を持てるよう努力しなければならないと確認したことであった．政治面での影響力の強化を経済的競争力の強化よりも上位に位置付けたことが変化であった．

こうした外交方針の変化を説明する概念として，会議で胡錦濤総書記が言及した「堅持韜光養晦，積極有所作為」という表現に注目が集っている．1990年代の中国の外交方針として鄧小平が提起した「韜光養晦，有所作為」，つまり「爪を隠し，才能を隠し，時期を待ち」，「為すべきことをする」に「堅持」と「積極」という表現が加わったことである．「韜光養晦」の前に「堅持」を書き加え，「有所作為」の前に「積極」を書き加えたことによって，鄧小平の示した言葉の意味は大きく変わった．すなわち「爪を隠し，才能を隠し，時期を待つ」という方針の下で「為すべきことをする」から，「爪を隠し　才能を隠し，時期を待つ」という方針を堅持しつつ，「積極的に為すべきことをする」へと変化したのである．

この会議の後の中国の外交は，国家主権や安全，そして発展の利益を追究し，政治や経済活動，対外イメージなどの分野における影響力を一層高めるよう務めることになった．かつてと比較して積極的で自己主張の強い行動（assertive）へと変化したのである．

その最も顕著な事例が中国の海洋進出だ．東シナ海と南シナ海における活動の活発化と，その結果としての沿岸諸国との対立と衝突である．東シナ海では，2010年9月の尖閣諸島周辺領海内における日本の巡視船と中国漁船との接触事案を契機に活発化した尖閣諸島周辺海域における中国公船等の動向（正確には，同諸島周辺海域における活動は2008年12月からはじまる）や，中国国防部が2013年11月に「東シナ海防空識別区」を設定したことがそうである．南シナ海でもほぼ同様の時期に中国とフィリピンやベトナム，マレーシア，ブルネイといった沿岸諸国との島礁や海洋国境，排他的経済水域の設定をめぐる対立が過熱化している．

（3）「中華民族の偉大な復興」と中国外交

2012年11月，中国共産党総書記に選出されたばかりの習近平中国共産党総書記は，記者会見において「我々の責任は中華民族の偉大な復興を実現すること」と語った．公式報道によれば，習近平を総書記とする指導部は「中国の夢」の実現に向かう道を歩んでいる．習近平によれば，「中国の夢」とは「中

華民族の近代以来の最も大きな夢」である「中華民族の偉大な復興」を果たすことという．この夢の実現にむけて，指導部は二つの進行表を設けてている．一つには中国共産党建党100周年をむかえる2021年頃までに中国社会を「全面的な小康社会」という水準に到達させることであり，いま一つには2049年の中華人民共和国建国100周年までに中国の経済と社会を先進国の水準にまで引き上げることである（「二つの百年」）．

　習近平をはじめ中国指導部は，いったいどの様に，この「二つの百年」を実現するための道を歩もうとしているのだろうか．現在の中国指導部がはじめて自らの外交政策に関する方針を示した会議が，2013年10月に開催された周辺外交活動座談会である．「周辺外交」を中心議題とする会議が開催されたのは初めてのことである．

　本章をつうじて繰り返し確認してきたように，周辺外交をふくむ中国の対外政策は，経済発展をつうじて自国の国力を増強させるために有利な平和的な国際秩序，特に周辺地域の環境の形成を目標としていた．周辺外交活動座談会で確認された外交の目標は，こうした従来の目標を継承しつつも，中国の主導性をより強く唱えたものであった．

　その主導性の中身とは，アジア・太平洋においてより積極的な態度で地域協力を促進し，地域が共有する共通の理念や行動準則をつくりあげること，また安全保障協力に関しても，相互信頼，互恵，平等，協力合作にもとづく新安全保障観の下で，周辺地域の協力メカニズムを深化させて，戦略的相互信頼を増進させてゆく必要性を唱えていることである．こうした外交を展開してゆきながら中国は「中国の夢」と周辺各国のよい暮らしへの願いや地域発展の展望をドッキングさせ，従来の経済的利益を追求する協力関係から一歩踏み込んだ，運命共同体意識を周辺諸国との間で創りあげようとするものであった．

　その具体的な取り組みが，「一帯一路」イニシアティブであり，アジアインフラ投資銀行（AIIB）の設立だといえよう．また安全保障協力に関しては，2014年5月に上海で開催された第四回アジア相互協力信頼醸成措置会議において習近平国家主席が提起した「アジア安全保障観」である．習近平は，「アジアのことは，つまるところアジアの人々がやればよい．アジアの問題は，つまるところアジアの人々が処理すればよい．アジアの安全保障も，つまるところアジアの人々が保っていけばよい．アジアの人民には相互協力を強化することによりアジアの平和と安定を実現するだけの能力も知恵も備わっている」とい

256　第5部　外　交

い，「中国はアジア安全保障観の積極的な唱道者であり，確実に実践してゆく」と述べたのであった．

　周辺外交とともに中国外交の中心にあるのが大国外交である．これまで中国指導部は米中関係を極めて重視してきた．江沢民は「国際情勢に大きな変化が発生しようとも，中米関係の戦略的重要性は決して変わらない」と述べていた．胡錦濤も中国にとって中国との関係は「最も重要な二国間関係」と表現してきた．そして，習近平の対米関係を修飾する言葉が「新型大国関係」である．米国のオバマ政権が，アジア太平洋地域へのリバランス（rebalance），アジアへの「旋回」（pivot）と呼ばれる戦略の力点をアジア太平洋地域へシフトする戦略を提起するようになったことを受けて，中国指導部は米国との間の関係を一層に重視するようになった．

　中国指導部が米国との関係を「新型大国関係」という言葉で表現したのは，2012年2月に習近平国家副主席（当時）として米国を訪問した際といわれる．実際には，2009年7月にワシントンで開催された第1回米中戦略・経済対話において戴秉国国務委員がこの言葉に言及し，米中関係の発展の方向性を示していた．この時「新型大国関係」にはは，「相互尊重，和諧相処，合作共贏」（「相互に尊重し，調和的に共存し，協力的でウィンウィンの関係」）という修飾語がついていた．

　2013年6月に国家主席として訪米した際，習近平はあらためて「新型大国関係」を用いて米中関係を論じた．しかしこの時の修飾語は前回のそれとは異なっていた．「不衝突・不対抗，相互尊重，合作共贏」（「衝突・対抗せず，調和的に共存し，協力的でウィンウィンの関係」）であった．冒頭の修飾語が「相互尊重」から「不衝突・不対抗」へと変わったことの意義は大きい．中国指導部が「不衝突・不対抗」という表現を提起した意図は何か．中国が覇権国とそれを追走する新興大国との間の差が縮まり，さらに力の交代が生じる事象を指す「パワー・トランジッション」論にもとづいて対米政策を認識しはじめた結果である．

　中国の経済の発展とともに中国の国力は増大し，アジア・太平洋地域の力（パワー）の分布は変化した．この結果，この地域の秩序は大きな影響を受けている．こうした状況下において，アメリカのオバマ政権のアジア・太平洋地域への戦略関心のシフトは，中国の警戒感を高めている．これを背景として，中国は「新型大国関係」という新しい対米政策の理念を提起したのである．中国側が提起する「新型大国関係」という米中関係の構築には，依然として長い道

のりが必要であろう．米国側はこの関係を受け入れたわけではない．アメリカは「新型大国関係」という用語に同調することは慎重に避けている．中国は対米関係の基本方針として「不衝突，不対抗」を最優先に位置付けてはいるが，何が譲歩できない利益なのかについて米中間で認識の共有ができていない．すなわち中国が提唱する「新型大国関係」は，「核心的利益」の相互尊重であるものの，何がそれであるかが米中間で理解が一致していない．中国の核心的利益には国家主権と領土保全が含まれる．アメリカが中国の「新型大国関係」をそのままうけ入れた場合，アメリカのアジア太平洋地域における関与は限られることになるかもしれないのである．

新興大国の登場が既存の大国との衝突を生むツキジデスの洞察を避けるために，かつて胡錦濤総書記は「平和的発展」を謳った．「新型大国関係」をめぐる議論の背景である．

中国の大国化によって，米中間における新しい政策展開が生まれている．国際社会はツキジデスの洞察が，米中関係にも当てはまるのではないかと危惧している．

※本章を執筆するにあたり，旧版第16章を引用のうえ，加筆修正した．

（加茂具樹）

第13章　中国の対日外交と日中関係

　中華人民共和国建国以来およそ70年にわたり，日中両国の関係は構造の異なる時代を経験して大きく変容してきた．「一衣帯水の隣国」は日本の代名詞として中国では定着しており，海を隔てた隣国日本との関係構築は中国にとって常に重要な外交課題の一つとなっている．近くて遠い両国は協調と対立の間を揺れ動きながら，相互依存関係を深めている．

　両国関係には協調と対立はつきものであるが，問題はむしろ，協調体制を維持させ，対立を抑制するメカニズムが両国間で構築されているのか，そしてこうしたメカニズムが有効に機能しているか，なのである．そこで本章では，主に中国の視点から，日中関係の異なる段階において，両国の相互依存関係がどのような様相を呈し，いかなる対立回避メカニズムを構築してきたのかを考察した上で，最後に中国国内における対日外交決定の構造的変化を概括する．

第1節　冷戦下の日中関係
——「積み上げ方式」の日中関係（1949〜1972年）

　第二次世界大戦終結後の中国には，対外的には抗日戦争の過程で実現した国家主権の完成と，国内的には主権国家としての政権統一の未完成という，対外条件と国内条件の著しい乖離があった（池田ほか編［1998］164）．中華人民共和国建国当初，台湾解放に十分な軍事力を有していなかったため，北京の共産党政権（以下，中国）と台北の国民党政権（以下，台湾）が並存していた．このような状況において，経済復興の観点から日本政府は大陸，台湾の一方だけとの関係を持つことは避けようとしていた．

　しかし，朝鮮戦争の勃発が状況を一変させた．戦争勃発直後トルーマン米大統領が朝鮮，台湾介入を宣言した．第7艦隊の派遣による台湾海峡の中立化は中国を代表する唯一の合法政府とお互いに主張しあう共産党政権と国民党政権の並存状況を固定化させた．そしてアメリカはアジアにおいて中国を経済的かつ軍事的に封じ込める政策を採用した．経済的にはごく一部の物資を除いて対

第13章　中国の対日外交と日中関係　259

中全面禁輸の措置を取る一方で，軍事的には米台協定，日米安全保障条約など
アメリカとの二国間軍事協定の締結に注力した．

　朝鮮戦争を契機に東西冷戦がアジアに拡大するなか，日本に残された戦略的
選択余地はほとんどなかった．アメリカのアジア戦略の転換に伴い，日本はア
メリカと日米安全保障条約を締結し，中国を代表する合法政府として台湾を承
認した．その結果，1952年4月日華平和条約が台北で締結された．

　台湾解放が実質的に不可能となった中国にとっては，アメリカの封じ込め政
策への対抗と台湾問題の解決が外交の最重要課題であった．アメリカの対中封
じ込めの一端を担った日米安保条約は，中国にとって無論受け入れがたいもの
であり，「新たな侵略戦争を準備する条約にほかならない」と中国から強く非
難された．当時日本は戦後の経済復興に余念がなかったはずであったが，「ア
メリカ支援の下での中国に対する日本の攻撃」は，建国したばかりの中国には
現実味を帯びた軍事的脅威の一つとして映っていた．このため，中国に対する
日本の軍事的脅威を取り除き，日米による対中封じ込めを切り崩すことが中国
の対日政策の中心となっていた．この大きな課題を達成するために，さまざま
な方策が模索された．

　中ソ関係の蜜月時代において，中国は特にアジアにおける共産主義運動の展
開に大きな責任を負っていた．日中関係にあたっては，中国政府は日本共産党
と緊密な関係を保ち，日本共産党を支援した．しかし，1952年のモスクワ国際
経済会議以降，中国はアメリカと他の資本主義諸国とを区別し，アメリカ以外
の西側諸国との交易を通じてアメリカの対中包囲網を切り崩す戦略に転じた．
中国の対日政策も「積み上げ方式」へと傾斜した．つまり，日本との経済関係
を積み上げることによって，日本の国会議員や民間人のなかの親中人士の増加，
民間関係の増大を図り，最終的には正式な両国政府関係に結びつけていくとの
道筋であった．

　時期を同じくして，特需景気が後退する中で，日本からも中国市場への期待
が一部で高まり，対中貿易を求める声が強くなっていた．このような機運の中，
1952年6月，中国国際貿易促進委員会主席南漢宸と日本の国会議員高良とみ，
帆足計，宮腰喜助3名との間で第一次日中民間貿易協定（片道3000万ポンドのバ
ーター貿易），1953年10月の第二次日中民間貿易協定，1955年3月第三次日中民
間貿易協定が結ばれた．だが，これらの協定の実行率は第一次5％，第二次39
％，第三次75.1％に過ぎず，経済効果そのものは限られていた．こうした経済

260 第5部 外 交

交流とともに，中国在留邦人の引き上げ問題（1953年10月までに，約2万6000人を送還），日本兵捕虜の帰還問題が52年末ごろから53年にかけて解決に向けて始動するとともに，限定的であるが文化・人的交流もおこなわれた．冷戦下での制限付きながら，「人道主義」，「経済交流」をキーワードに展開された両国交流は，その後の日中交流のチャンネルや親中感情を確実に培ったのである．

1955年，中国政府は初めて，かつ唯一の体系的な対日指針を作成した．鳩山内閣が日中貿易拡大に積極的な姿勢を示したと受け止めた中国は1カ月をかけて「対日政策と対日活動に関する中共中央の方針と計画」を作成し，1955年3月1日に中央政治局で承認された．この「指針」において，「日本における米軍の撤退を求め日本の再武装に反対する政策」や「日本人民への働きかけを通じ，日中外交関係の正常化へ漸進的に達するよう日本政府に影響力を与え，アメリカを孤立させる」といった対日政策の基本原則が打ち出された（張［1998］226-227）．

しかし，こうした柔軟な対日姿勢も長続きすることはなかった．1956年から毛沢東は国内問題と台湾問題を中国の最重要課題として捉え，当面は「帝国主義国家」との国交や貿易関係をさらに発展させるのではなく，「現状維持で国交を急がない」方向へと転換した．そして第4次日中民間貿易協定を巡る交渉や58年5月に発生した長崎国旗事件を経て，日中の民間交流はほとんどすべて中断され，貿易額も1959，1960年は2年連続して2000万ドル前後と低迷した（林［1997］119）．

その後，両国関係改善の条件として周恩来は，中国を敵視せず，「二つの中国」の陰謀をおこなわず，両国の正常関係への努力を妨害せずという「政治三原則」を提示した．1959年2月，毛沢東は日中両国の民間貿易を継続させる意向を示し，日中貿易再開のゴーサインを出した．石橋湛山，松村謙三らの訪中を通じた両国関係修復や貿易拡大に向けた努力を受け，1960年8月周恩来が「貿易三原則」（政府間協定，民間契約，個別的配慮）を提起した．この貿易原則に従い，中国と貿易できる300社あまりの企業が中国によって「友好企業」に認定された．これら企業は表面上ほとんど規模の小さい中小企業だが，実際には大手商社や大手企業が出資した日中貿易をおこなうためのダミー会社が含まれていた．1962年11月，「日中総合貿易に関する覚書」（署名者廖承志，高碕達之助の頭文字をとって「LT貿易」という）が締結された．かくして1960年代の日中経済交流は，実質的に政経分離のもとで「友好企業」を主体とする貿易と準政府協

定「LT貿易」によってスタートを切った.

しかし,「政経分離」とはいえ中国との貿易を深化させる日本政府の姿勢は台湾政府を強く刺激した. LT貿易に基づいておこなわれる対中プラント輸出に日本輸出入銀行の融資が許可されたため, 台湾政府は駐日大使を召還し, 日本製品買い付けの一時停止といった強硬手段をとった. 日台関係調整のため, 1964年2月吉田茂元首相が台湾に出向き, 張群総統府秘書長宛の書簡(「吉田書簡」)で, 輸銀融資は当分おこなわないと約束した. この日本政府の決定により, LT貿易額は激減し, 友好企業を通じた貿易が日中経済交流の主体となった. それでもLT貿易が期限切れを迎えた1968年に, 新しい準政府協定「覚書貿易」(メモランダム・トレードの頭文字をとって「MT貿易」という)が調印された.

1970年4月19日, 周恩来が日中貿易に関する四つの条件(「周四条件」)を新たに提起した. この周四条件とは中国は4種類の企業とは交易をしないという方針であった. この4種類の企業とは, 台湾と韓国を援助する企業, 台湾と韓国に投資する企業, ヴェトナム, ラオス, カンボジア侵略のために使用する武器を製造する企業, 日米合弁企業および日本にあるアメリカの子会社であった. この条件は1971年の民間貿易協定にも付け加えられた. この周四条件は, 中国政府が日中貿易に関する条件を「政経分離」から「政経不可分」へと方針転換したことを意味するほかならない. 周四条件表明後, 日中貿易のダミー会社の使用が認められなくなり, 日本企業は中国か台湾かの選択を余儀なくされた.

第2節　冷戦下の日中関係
——日中関係の「72年体制」(1972～1989年)

「周四条件」に示された中国の対日姿勢の強硬化の背景には, 秘密裏に進められていた米中接近があった. 71年に実現した中国の国連復帰と米中接近はアジアにおける冷戦の構図を一変させた. そしてその後, 冷戦が収束するまで, 世界政治における米・中・ソの戦略的トライアングル, アジアにおける日米中対ソ連という基本構図が日中関係を拘束することとなった. 他方,「反ソ」と台湾問題は中国外交の原則問題となった.

1972年9月27日, 日中国交正常化が実現し, 日本は台湾との関係を断絶した. 日中国交に関する中国の立場は, 公明党委員長の竹入義勝が訪中した際に, 周恩来から渡された中国側の共同声明案(「竹入メモ」)に記された.「日本政府は

262 第5部 外 交

日中国交回復3条件を十分に認識し，中華人民共和国が中国を代表する唯一の合法政府であることを認め，中国政府は戦争賠償の請求権を放棄し，日米安保条約に異議を唱えない」といった内容であった．この中国側の草案は大きな修正がおこなわれることなく，日中共同声明の成案となって調印されたのである．

この日中共同声明をもとに，それまでの準政府間経済協定が政府間協定に取って代わられることとなり，貿易，航空，海運，漁業，商標保護などの実務協定が日中間で結ばれた．他方，1974年からスタートした日中平和友好条約をめぐる交渉は反ソ問題——「反覇権条項」で難航した．中ソ関係は1969年珍宝島事件で直接武力衝突にまで発展し，その後も緊張が続いていた．「三つの世界論」を打ち出した直後の中国にとっては，反ソ条項である「反覇権」を条約に盛り込む要求は必然であり，必須であった．また周恩来の外交権限が低下しているなか，対日交渉の譲歩が許されないという中国側の事情もあった．他方，日本はソ連に無用な刺激を与えることを恐れ，譲歩を渋った．

1976年四人組が失脚し，1978年中国は改革開放へと舵を取った．経済建設を国家目標の中心に据える中国の政策転換は友好条約に対する態度の軟化をもたらした．その結果，78年8月12日，日中平和友好条約が北京で調印された．「反覇権条項」とともに「この条約は，第三国との関係に関する各締約国の立場に影響を及ぼすものではない」との「第三国条項」も盛り込まれての合意であった．

平和友好条約の交渉に当たって，日中間の領土問題である尖閣諸島が交渉の議題とはならなかったことを特記しておく．中国側の友好条約交渉に指導的な役割を果たした鄧小平は領土問題の棚上げ論を主張し，日本政府も尖閣諸島は歴史的に日本の領土であり，領土問題自体が存在しないとの立場をとったためである．

平和条約調印直後の1978年12月，米中共同声明（1979年1月1日付けで米中が外交関係を樹立，米国は台湾との国交を断絶）が発表され，日米中の安定関係を促進した．このような流れのなか，日中交流も急増した．1978年2月日中長期貿易取決め，同年5月上海宝山製鉄所建設に関する日中議定書が締結された．また1979年12月大平首相が訪中した際に日中文化交流協定，対中第一次円借款覚書が調印された．第一次対中円借款は対中経済三原則に基づいたもので，六つのプロジェクトと500億円（1979年度）の資金供与（年利3％，10年据え置きを含む30年返済）をおこなう内容であった．第一次円借款は，日本政府が「中国の安定的

第13章　中国の対日外交と日中関係　　*263*

発展を確保することがアジアの安定につながり，日本の国益である」との立場に立脚し，国民の強い贖罪意識に後押しされ，日本のエネルギー問題解決を優先した政府開発援助（ODA）であった．改革開放をスタートさせた中国に対する貴重な資金協力であったといえよう．

　日中経済交流への期待が高まるなか，中国では「洋躍進」政策の軌道修正がおこなわれるようになった．1981年はじめ，宝山製鉄所の二期工事などを含む対中プラントの解約が中国から一方的に通告された．プラントのキャンセルは「宝山ショック」と称され，日本関係者に強い衝撃を与えた．2月11日谷牧副首相は，日本に対し謝罪と損失分の補償を表明した．日本政府は中国側の事情に理解を示し，対中 ODA のプロジェクトを変更し，その資金の一部をプラント向けに転用，さらに輸銀バンクローンを供与し，民間金融ローンに対する保証をおこなうといった金融支援でこの問題の解決を図った．こうしてこじれかけた二国関係が修復された．

　82年5月末から6月にかけて，趙紫陽首相が訪日した．「日中関係正常化以降の10年間，両国間には平和かつ友好的な政治関係と平等互恵の経済関係が確立されている」とそれまでの日中関係を評価し，「平和友好，平等互恵，長期安定」の日中関係発展のための三原則を提起した．

　しかし，趙紫陽訪日直後，いわゆる「教科書問題」が発生し，祝賀ムードは一気に冷却した．問題の発端は日本の高校教科書検定で「侵略」を「進出」に書き換えたとの6月26日付けの日本の新聞各紙の報道であった．中国は日本政府に抗議し，教科書の適切な記述を求めたことから，教科書問題は日中の外交問題に発展した．問題を収拾するために，文部省はまず文部省の方針，検定制度の仕組みについて中国に説明し，8月日本政府は記述修正に応じる方針を示した．9月はじめに中国政府は日本の説明に理解を示し，教科書問題はやっと沈静化へ向かった．そして9月26日に訪中した鈴木善幸首相が教科書問題などについてさらに日中間で協議した．

　1983年11月，胡耀邦中国共産党総書記が来日し，日中関係発展のための三原則に「相互信頼」の一項目を加えた日中関係四原則を提起し，3000名の日本青年を中国に招待する計画を発表した．翌84年3月，中曽根首相が訪中し，対中第二次円借款覚書が調印された．

　こうした友好ムードはまたもや長続きしなかった．1985年8月15日，中曽根首相が戦後初めて首相として靖国神社を公式参拝した．これを受け，9月18日

264 第5部 外 交

北京大学を中心とする学生のデモがおこなわれ，学生デモは中国国内各地に飛び火した．これ以降，閣僚の靖国参拝問題をめぐる応酬がたびたび日中間でなされるようになった．

1986年，「日本を守る国民会議」編纂の高校用日本史教科書をめぐる教科書問題（「第二次教科書問題」），さらに光華寮問題をめぐり中国は日本を厳しく非難した．光華寮は京都にある中国人留学生寮で，戦時中から国が所有者から借りて京都大学に管理を委ねていた．1952年台湾との外交関係樹立に伴い台湾が所有権を有するようになった．1960年代から「中，台のどちらが所有権を有するべきか」をめぐって裁判が始まった．日本が台湾と断交し，中国と外交関係を有していることを理由に，1977年京都地裁は中国の所有権を認めた．しかし，1982年大阪高裁は所有権の移転を認めず，差し戻し判決を出した．その後の裁判で1986年京都地裁，1987年大阪高裁は台湾の所有権を認める判決を出した．

この判決を，中国は日本における「二つの中国の動向」の一環として受け止め，強く反発した．共同声明締結当初，中国は日本と台湾の民間交流を認めていた．しかし，80年代に入ってから，日本の国会議員の訪台が目立つようになり，日台貿易が急速に増加する（72年14億3000ドル，1986年128億ドル）など，日本と台湾の政治的かつ経済的連携強化に中国は強い危機意識を抱くようになった．光華寮問題では司法の独立に理解を求める日本と，「一つの中国」の原則の厳守を求める中国との認識が大きく食い違っていた．

1980年代において教科書問題，歴史問題で日中両国の政治的な乖離が見られたが，それでも米中日――ソ連という基本構図や「日中友好」という両国共通の目標が日中関係の「72年体制」下の比較的安定した交流を支えたのである．

第3節 政治・安全保障と経済・人的交流の相克
――冷戦終結後の日中関係（1989年～）

旧ソ連や東欧の民主化が冷戦の崩壊をもたらし，新たな国際秩序への幕開けを告げた．日中関係の「72年体制」もこうした国際構造変動のなか変容し始めた．1989年5月，ゴルバチョフソ連大統領が訪中し，中ソ正常化が実現したことで，中国の北方の軍事的脅威が取り除かれ，安全保障環境は大きく改善された．他方，ソ連ファクターの消失で東アジアにおける日米中間の戦略的協調基盤が揺らぎ始めた．特に1989年の天安門事件がこのような戦略的不安定さをさ

第13章 中国の対日外交と日中関係 265

らに助長させる一因となった.

それでも，冷戦終結直後の日中両国の関係は良好な基調を保っていた．西側諸国は天安門事件直後，政治・軍事的交流の禁止，経済援助の停止，経済交流の制限など厳しい対中制裁を取った．このような環境に対応するために，中国政府は「近隣諸国との関係改善，日本など西側先進国との関係促進，発展途上国との一体性の創出，アメリカ最重視政策」という四つの柱を中核となす対外戦略を新たに策定した．近隣国家であり，西側先進国の一員である日本との友好関係構築はアメリカに次ぐ重要な対外戦略の対象となった.

他方，日本は天安門事件後独自の対中政策を推し進めた．民主化を弾圧する中国の姿勢を厳しく糾弾する一方で，「中国を孤立させない」方針を日本は明確に打ち出した．1989年7月のアルシュ・サミットで中国を孤立させるべきでないと強く訴え，この旨を中国の人権抑圧を非難する『中国に関する宣言』に盛り込むことに成功した．このような姿勢はその後も貫かれた.

日本独自の対中姿勢とともに1990年8月に始まった湾岸危機も中国には追い風となった．国連安保理におけるイラクに対する武力行使決議に際し，拒否権を行使せず棄権したことで示された西側に対する中国の協調姿勢が武器輸出を除く対中制裁の全面解除や米中の関係改善を加速した．このなか，1990年11月，日本政府は他の先進国に先んじて第三次円借款（1991年分）の一括供与など援助を再開した．1991年1月橋本蔵相が訪中，8月10日には天安門事件後西側諸国では初の首脳訪問として海部首相が訪中した．1992年の天皇訪中の実現がさらに日中関係の「完全正常化」を後押しした.

両国の良好な関係が構築される一方，日中両国の対立の流れも顕在化する兆しが見え始めた．90年から中国人偽装難民問題，そして92年から中国の核実験，領土問題に対する日本の関心が高まった．他方，日中関係で解決すべき問題として中国が特に注目しているのは領土問題，自衛隊の海外派遣問題，戦後処理問題などであった．90年10月，日本の右翼団体が尖閣諸島に標識灯を設置したことに対して中国は強く抗議し，92年尖閣諸島を中国領土と明記した領海法を公布した．また1990年8月湾岸危機後日本で議論されていた自衛隊の海外派遣問題を，中国は「敏感な問題」として捉え，日本政府に慎重な対応を度重ねて求めた．1992年から中国政府は中国に遺棄された化学兵器の廃棄・処理に対する日本政府の責任を強調し，慰安婦問題や強制労働問題をめぐる民間賠償請求を容認する姿勢をとり始めた．1992年4月の江沢民訪日で「未来志向の日中関

係の構築」の重要性が訴えられたが、戦後処理に対する中国政府の姿勢変更に伴い、歴史問題が新たな問題として浮上した。

　日中関係における対立の流れが着実に進行していたにもかかわらず、米中関係改善や中国の孤立脱出の窓口として日本が果たしてきた橋渡しの役割に対する中国のプラス評価は問題拡大の抑制効果を果たした。1990年代初頭、日中両国はともに対米関係で大きな問題を抱えていたことも日中関係の安定を支えた。1994年12月、日中第四次ODA協議が開催され、40件のプロジェクトへの5800億円の借款供与が決定された。1995年5月村山富市首相が訪中した際に、日本の首相として初めて盧溝橋および同地の中国人民抗日記念館を訪問し、侵略行為や植民地支配に深い反省を表明した。中国政府は終戦50周年におこなわれたこの村山談話を高く評価した。

　しかし、友好ムードを主流とする日中両国関係は1995年以降、とりわけ1996年以降様相が大きく変化し、経済的な相互依存を深め、人的交流が拡大する一方、政治・安全保障における両国の対立も顕在化し、恒常化するようになった。

　1995年の5月と8月、中国は2度にわたり地下核実験を実施した。これに対して、日本政府は強く抗議し、95年度の対中無償資金協力を一部を除き凍結することを決定した。

　そして1990年代後半から、日米同盟は強化する方向へと一気に動き出した。1995年2月に発表された米国の「東アジア戦略構想（ナイ・レポート）」では、日米軍事同盟の重要性が再確認され、日米間の経済紛争と日米軍事関係の強化を切り離す方針が確認された。こうした流れで、1996年に日米安保共同宣言、さらには1997年に「日米防衛協力のための新たな指針（ガイドライン）」が締結された。中国はアジアにおける日米安保体制の強化とヨーロッパにおける北大西洋条約機構（NATO）の東方拡大と結びつけて考え、台湾問題に与える影響やアメリカによる対中包囲網の形成を強く危惧し、日米安保に対する批判的な姿勢を明確化した。

　2007年には、台頭する中国やインドといかに向き合うかを主題とする（アーミテージほか［2010］25）「日米同盟——2020年までアジアをいかに正しい方法に導くか」（第二次アーミテージ・ナイ報告書）が発表され、2015年に弾頭ミサイル防衛、サイバー、宇宙などの幅広い分野における日米安保・防衛関係の拡大と強化を目的とする新「日米防衛協力のための指針」が18年ぶりに改訂された。かくして日米安保は「アジア太平洋地域、さらには世界全体の安定と繁栄のため

の『公共財』として機能[4]」するようになった．むろんのこと，こうした動きは経済成長を背景とする中国の軍事費増大や南シナ海及び東シナ海における中国の強硬姿勢に対する日本の高まる懸念を反映したものである．

　日中両国の相互不信が増幅するなか，アジア太平洋地域を取り巻く安全保障環境は大きく変容していった．2000年代後半から，中国は海洋問題において強硬な政策に転じたが，2011年秋から，アメリカは「アジア復帰」を宣言し，「アジア地域における米国の一国優位体制を維持する」というメッセージを強く発信した．アメリカは経済的には環太平洋パートナーシップ（TPP）を推進し，軍事的には日米豪，日米豪印をはじめとするアジア太平洋地域における安全保障協力のネットワークの構築に力を入れている．中国はTPPについて参加を検討すると冷静な反応を示しつつも，アメリカと日本が主導する安全保障ネットワークの構築を「中国を封じ込めるための戦略」と厳しく批判し，反発している．アジア太平洋地域において，安全保障をめぐる中国と日米の対立が顕著化してきた．

　こうした日中間の戦略的不安定な関係を背景に，1990年代初めに抑制されていた日中問題が噴出した．尖閣諸島をめぐる問題は日中両国の政府と民間を巻き込んだ対立へと発展した．95年以降も中国政府は領土所有権を主張し続けた．尖閣諸島に対する中国の所有権を主張する民間運動も活発化し，大陸，台湾，香港「保釣」団体（尖閣諸島を守る団体）の連携行動がしばしば試みられたが，その間日中両国政府は新しい漁業協定協議において，東シナ海の境界画定問題を棚上げにして交渉を進めた．さらに2000年代半ばごろから日中両国政府による活発な紛争管理がなされ（フレイヴェル［2010］135-141），尖閣諸島が大きな対立イシューに発展することはなかった．しかし2008年12月に中国公船が初めて尖閣諸島の12カイリ内に侵入し，2012年の日本政府による尖閣諸島の国有化に続いて，2013年に中国政府は尖閣諸島の上空を含む東シナ海の広い範囲に防空識別圏の設定を発表した．尖閣問題は国連海洋法条約と絡み，いまや両国の大きな対立イシューに発展した．日中両国は不測の事態を回避するための海上連絡メカニズムを模索しつつも，尖閣海域周辺において中国海警局と海上保安庁の巡視船のにらみ合いが続いている．

　閣僚の靖国神社参拝問題，教科書問題などの「歴史問題」にかかわる日中の対立もエスカレートしている．1998年11月に江沢民が訪日した際に「平和と発展のための友好協力パートナーシップの構築に関する共同宣言」が発表された

268 第5部 外 交

が，歴史問題で示した江沢民の強硬的態度が日本世論の反発を招くこととなった．2000年代に入ってから歴史問題をめぐる日中両国の対立はさらに深刻化した．2001年4月に就任した小泉首相が毎年靖国神社を参拝したことに対して，中国政府は強く抗議し，中国のインターネット上でも厳しい批判が繰り広げられた．そして日中首脳による相互訪問は中断した．

　靖国神社参拝問題や「新しい歴史教科書を作る会」が編纂した中学校歴史教科書問題，中国に遺棄された化学兵器による毒ガス事故（2003年8月黒竜江，2004年7月吉林，2005年6月広東）が歴史問題をさらに複雑化させ，歴史問題は戦後処理の問題とあいまって中国において国民を巻き込んだ大きなイシューとなった．2004年7月から8月にかけてのサッカーのアジアカップにおける中国人サポーターの反日パフォーマンス，2005年4月に中国各地で発生した反日抗議デモなどにより，日中双方の国民感情はさらに悪化した．

　こじれた日中の政治関係の修復は第一次安倍政権の発足とともに動き出した．安倍晋三首相は靖国参拝について明言を避け，総理就任直後の2006年10月日本の首相として5年ぶりの中国訪問を果たし，日中両国が政治と経済の両輪で「共通の戦略的利益に立脚した互恵関係の構築に努力する」ことで合意した．日中共同プレス発表では東シナ海における共同開発の方針が確認され，また日中有識者による歴史共同研究も動き出し，2007年4月，温家宝首相が来日した際に，中国首相として初めての日本の国会で演説をおこない，過去の歴史について日本は深い反省とお詫びを表明したことを「積極的に評価する」と表明し，また中国の改革開放への日本の支援に対しても謝意を述べた．

　2007年9月に発足した福田政権で「日米同盟とアジア外交の共鳴」が外交方針として掲げられ，就任から3カ月後の12月に福田首相は訪中した．「氷を砕く旅」（安倍首相の訪中），「氷を溶かす旅」（温家宝首相の訪日）に続くこの「迎春の旅」で実現した日中首脳会談で，温家宝首相は拉致問題に関する日本の関心へ理解を示した．2008年5月，「暖春の旅」と位置付けられた中国の最高指導者の日本訪問が10年ぶりに実現した．翌6月，日中両政府は東シナ海のガス田について境界線を棚上げし，共同開発することで合意した．

　日中関係が良好な時期には歴史問題について触れながらも中国は対日批判を控えていたが，特に2013年12月の安倍首相の靖国参拝以降，歴史問題に関する中国による対日批判が一気に噴出し，その動きも活発化した．2014年2月に全国人民代表大会常務委員会は，9月3日を抗日戦争勝利記念日，12月13日を

「南京大虐殺犠牲者の国家哀悼日」と定めた．そして2014年6月に中国は南京事件と従軍慰安婦の関連資料を国連教育・科学・文化機関（ユネスコ）の世界記憶遺産への登録を申請し，2015年に「南京大虐殺文書」が登録された．

　さらに，2013年に中国の裁判所が戦時中の強制連行をめぐる日本企業への提訴を日中国交正常化以降初めて受理し，日中共同声明で戦争賠償への政府の請求権を放棄したものの，民間や個人の請求権を放棄していないとの立場を明確にした．

　安全保障，尖閣問題，歴史問題をめぐる日中両国の対立が高まっているなか，しかしながら，経済や人的交流の分野における両国関係は深まる様相を示している．日本において成長する中国を経済的脅威ととらえる向きもあったものの，すぐに消え去った．2001年に，タオル産業，また畳に使用するイグサや，ネギ，生シイタケなどの農産品の対日輸出をめぐり貿易摩擦が発生した．日本の主要企業が生産拠点を中国にシフトする動きが加速すると日本の産業空洞化を引き起こすのではないかとの懸念が高まったが，小泉首相は中国経済脅威論を否定した．2002年4月の第1回ボアオ・アジア・ファーラムにおける基調講演の中で小泉首相は「中国の経済発展は，日本にとって脅威ではなく，挑戦であり，好機である．そして日中経済関係の進展は，産業空洞化ではなく高度化を図る好機だ」と発言し，日中両国間の互恵的な経済連携を強化する重要性を強調した．こうした考え方は徐々に一般的に受け入れられるようになり，2002年には中国にまつわる経済脅威論は雲消霧散したのである．

　2012年9月の日本政府による尖閣諸島の国有化を契機に発生した大規模な反日デモ後に落ち込みを見せた日中貿易や日本の対中投資は2015年現在，いまだに完全には回復していないものの，日中貿易総額と日本の対中直接投資総額はそれぞれ3092億ドル，43.3億ドル（2014年）となっており，中国は日本最大の貿易相手国であり，日本は中国の2番目の貿易相手国である．そして，経済成長により所得が大幅に向上し，旺盛な購買力を持つ消費に期待する日本企業は増大している．国際協力銀行が毎年実施している調査の2015年度調査では「中期的（今後3年程度）有望事業展開先国・地域」において中国は前年調査の3位からインドネシアとともに2位に上昇したが，有望な理由の第1位は「現地マーケットの現状規模」（67.9%），第2位は「現地マーケットの今後の成長性」（59.9%）であった．また冷めた政治関係をよそに，日本企業は中国市場で健闘している．経済産業省の統計によると，尖閣諸島国有化の翌年にあたる2013年

270 第5部 外 交

度の日本企業の売上は36兆3583億円であり，香港を含めると44兆円を越えた．

また日中両国間の人的交流も盛んである．2014年に日中の人的往来は513万人であり，そのうち訪中した日本人は272万人，訪日した中国人は241万人である．日中間の友好姉妹都市の数も354組（2014年6月時点）に上る．

このように，冷戦後の日中関係は，経済のみならず各方面に作られた多層，多チャンネルの複合的な対話，協力関係によって下支えされている．しかしながら不安要素も存在する．共通の戦略的基盤はまだ弱く，国民感情レベルでの二国間の隔たりも大きい．現状では，政治・安全保障分野における対立と経済・人的交流が同時に拡大している．

第4節　対日政策決定と日中関係

（1）　中国の対日政策の形成と決定

米ソ両陣営が対峙する冷戦期において，アメリカ以外の資本主義国家との関係構築は，中国にとっては常に重要な課題であった．なかでも，イギリス，西ドイツなどのヨーロッパの資本主義国家と異なり，隣国である日本との関係は中国の外交戦略の中で格別な重要性を有していた．このことは毛沢東時代の対日政策の構造にも反映されている．

毛沢東時代の対日交流は一元的なピラミッド型の指導体制のもとで，限定されたチャンネルを通じておこなわれていた．1950年代に設立された中国国際貿易促進委員会（以下貿促会），中国人民対外文化協会，中国人民外交学会，そして1960年代に設立された中国日本友好協会，東京に設置された廖承志事務所が主な対日交流の窓口であった．こうした窓口を通した対日交流に対する指導体制は最高政策決定者毛沢東—外交政策責任者周恩来—対日実務担当者廖承志のラインであった．廖承志の指導下には「日本通」と称される実務集団が存在し，対日交流の具体的実務に責任を負っていた．

具体的な対日政策の策定が必要なときには，廖承志が会議を招集する．中聯部，対外貿易部（現在の商務部），貿促会などの関係組織の責任者が会議に参加し，対日政策の立案をおこなう．1958年3月に国家の対外関係を統括する国務院外事弁公室が設立され，その下に「大日本組」と「小日本組」が後に設置された．日本組が設立されてからは，日本組による会議召集が一般的となった．この日本組は正式な組織名称を有していないにもかかわらず，対日政策の立案

と執行，監督において多大な役割を果たしていた．

こうした政策立案，執行体制は対日関係にのみ存在し，中国対外関係全般を俯瞰するときわめて特殊的な存在であった．「廖承志はカバンがオフィスだ」と言われていたが，廖承志が毛沢東と周恩来との直接の結びつきによって，組織をあまり重視しない対日活動を展開していたことを如実に示すエピソードの一つであろう．言い換えれば，対日戦略は中国外交全般のなかで格別な扱いを受け，非常に重要視されていた．

しかし，1970年代に入ってから外交問題に対する周恩来の権限が低下するなか，日本組の影響力も徐々に弱まっていった．1976年周恩来，1983年廖承志の死去はさらに対日政策決定における日本組の影響力低下に決定的な影響を及ぼした．

改革開放以降，日中経済，文化交流の深化に伴い，対日関係に携わる組織が急増し，日中交流も限定されたチャンネルから多チャンネル時代へと突入した．しかし，最高政策決定者が鄧小平となってからも，外交政策面での対日傾斜が見られ，対日交流は主に旧来のチャンネルが利用された．このため，かつて日本組に属し，廖承志の下で対日関係に携わっていた日本通である孫平化，張香山，肖向前らの対日活動は活発であった．

1990年代に入ってから，国交回復以前から日中関係に従事してきた日本通らは第一線を退いた．この結果，対日政策の執行にかかわる人材と組織が多様化し，外交部を通じた公式ルートの接触が日常的となった．

他方，中国外交政策の形成の制度化が進行するなか，対日政策決定も対外政策決定の一環としておこなわれるようになった．最終政策決定は中央政治局常務委員会によって下されるが，1990年代に入ってから政策形成の前段階において政策提言が幅広くおこなわれるようになった．そしていまや政府の対日政策を含めた対外政策全般が大衆の対外世論によって大きく拘束されている．

中国の対外世論は二つの空間で形成されている．一つは，学者や専門家が主導的な役割を果たす公的メディアの場である．もう一つは一般大衆が中国の対外戦略について意見を述べ，自分の態度を示し，ひいては中国の対外政策に何らかの影響を及ぼす場として利用されているインターネット空間である．政府の規制を受ける学者たちが主導する世論と経済的豊かさを享受する若者を中心として形成されるネット世論，両者ともに中国の対外世論全体を的確に反映できていないのが現状である．しかしながら，こうした対外世論が中国の対日政

272　第5部 外 交

策，そして日本の対中政策に一定の影響力を及ぼしていることも否めない．

　かくして，中国の対日政策決定と執行は，国際環境，国内情勢，日本の対中政策，大衆世論によって規定されるようになった．「政策形成の多元化と政策決定の集権化」は今日の対日政策形成と決定の大きな特徴となっている．そして対日政策決定の人的，組織的変遷を通じて，「特殊な日中関係」から「普通の日中関係」へ向かう中国国内情勢の変化に起因した構造的変化を見て取ることができる．

（2）　中国の対日外交と日中関係

　これまでを振り返れば，日中関係は二つの構造的転換を経て今日に至っている．「積み上げ方式」の時代においては，冷戦そして米中対決という国際構造が日中関係の交流を大きく拘束していた．中国は試行錯誤を繰り返しつつ対日政策を転換させたが，冷戦という大きな制約を超えるような日中関係の進展は結局不可能であった．米中接近後，桎梏を取り除かれた日中関係は協調と対立の間を揺れ動きながらも，飛躍的発展を遂げ，「日中友好」という両国の共通目標が対立拡大の抑止効果を発揮した．冷戦崩壊後の1990年以降，特に1990年代後半から今に至っては，グローバル化の流れの中，日中関係は協調と対立がともに進展する展開を呈している．

　中華人民共和国建国後の日中関係は国際秩序によって大きく左右されていることは否めないが，こうしたなかでも両国の自国国益規定や国内の社会的な流れによって，双方の政策ひいては日中関係のあり方に大きな影響を与えている．日中交流の当初，中国は戦後処理における人道主義を掲げ，友好人士を特に重視し，友好企業の選別を通じて，日中関係構築のチャンネルと日本国民の親中感情を培うことに成功した．その結果，こうした対日交流は，冷戦期を通じ，中国ファクターを日本の国内政治に深くかかわらせ，日本の柔軟な対中政策に作用する役割を果たした．冷戦終結と世代交代による国際環境と国内政治社会の構造的変化により，以前の対日交流パターンの有効性が問われているが，両国の対立を解消でき，深まりゆく相互依存関係に比例した共通の戦略的利益を見出し，新しい日中関係の構築が求められている．

　注

（1）　日中国交回復3条件とは，1971年6月，公明党代表団訪中時に提示された国交正常

化に関する中国の条件のこと．具体的には，1．中華人民共和国は中国を代表する唯一の合法政府であることを認め，2．台湾は中国の不可分の領土の一部であることを認め，3．台北政府との間で調印した日華平和条約は不法且つ無効であり廃棄することである，の三つの条件．

（2）　対中経済三原則とは，欧米諸国との強調を図り，アジア，特に東南アジア諸国連合（ASEAN）とのバランスに配慮し，軍事協力はしないという3原則であった．

（3）　この六つのプロジェクトとは，石臼所港建設事業，兗州・石臼所間鉄道建設事業，北京・秦皇島間鉄道建設事業，衡陽・広州間鉄道拡充事業，秦皇島港拡充事業，五強渓水力発電所建設事業である．以上のプロジェクトは中国から石炭を日本に輸出できるように鉄道と港の建設に力点を置かれていた．

（4）　「新『日米防衛協力のための指針』パンフレット」http://www.mod.go.jp/j/publication/kohoshiryo/pamphlet/pdf/shishin.pdf（2015年11月6日最終確認）．

（青山瑠妙）

「新版」へのあとがき

　本書は，歴史・政治・経済・社会・外交の５分野から現代中国を描き出した入門書である．歴史的視点に留意し，各部・各章を有機的に関連付け，平易かつ本格的な記述に努めた結果，他に類を見ない構成と内容になったと自負している．若干残念なのは，軍事や安全保障の観点を十分に反映しきれなかったことと，紙幅の関係上，台湾，香港，マカオなどについてつっこんだ記述ができなかったことである．それでもなお，本書を読めば，現代中国を理解する上で重要なポイントを５つの分野からきちんと理解できるようになっている．読者は，是非本書を踏み台にして，巻末の引用・参考文献目録に列挙した文献に読み進み，さらに勉強を深めていただきたい．

　本書の構想は，執筆グループの中心的存在である家近亮子（敬愛大学）が2003年秋に「現代中国に関する新しい教科書を作ろう」と提案し，若手研究者に呼びかけたことから始まった．同年11月と12月に編者の家近，唐亮（横浜市立大学，現早稲田大学），松田康博（防衛研究所，現東京大学）に加え，段瑞聡（慶應義塾大学）が集まって，どんな教科書にすべきか，侃々諤々の議論を行った．ところが，基本的なコンセプト，章立ておよび人選をおおむね確定した時に，唐亮が客員研究のため渡米することになった．彼は後半の編集作業に携わることができなくなったため，編者に名を連ねることをいったんは辞退したものの，構想当初から関わってもらった経緯に鑑み，編者の一員として踏みとどまってもらった．なお，唐亮が抜けた後は，段瑞聡が積極的にサポートに回ってくれた．

　2004年１月には，執筆者の顔合わせを行い，全体の構成，章立てと節立ての詰めを行った．そして５月から９月に至るまで，４回に分けて，原稿を持ち寄って合評会を行った．執筆者達が懐かしく思い出すのが，この合評会である．半日または１日かけて行ったこの合評会はほとんど勉強合宿の様相を呈していた．原稿内容に対する容赦ない批判や議論は果てしもなく，夕食時まで続いた．よくもあれほど議論をする体力があったものである．しかも執筆期間中，メーリングリストを使っての議論も白熱した．インターネット上で，我々は互いに専門領域を侵犯し合い，異論を戦わせ，資料を紹介し合い，原稿を訂正し合い，そして励まし合った．その結果，締め切りの10月１日（中華人民共和国の国慶節）までに15名の執筆者全員が17本の原稿の入稿を済ませるという「快挙」まで成

し遂げてしまった.

　2005年3月に出版された後，幸いなことに本書は多くの大学で教科書として指定された．それから3年が経ち，初版がほぼ売り切れそうになった段階で，原稿に最小限の修正やアップデートを加えてから増刷しようということになった．ところが，原稿を書き直して同年5月に合評会を行っているうちに，我々は3年の間に発生した多くの変化から逃げられなくなったことに気が付いた．中国の変化はあまりにも速すぎる．我々は覚悟を決め，大幅に改訂することで合意し，こうして改訂版の出版にいたった．

　それから，さらに6年の月日が流れた．この間，中国は胡錦濤政権から習近平政権へと移った．北京オリンピックやリーマンショックを経て，中国は世界第二位の経済大国へと上り詰めたが，他方その対外行動は強硬化していった．日本との関係でも民主党政権との間での尖閣諸島問題の悪化や，安倍政権との間での歴史認識問題の悪化などが相次いで発生した．こうした経緯は中国のイメージ悪化とともに，「中国はなぜこのような行動をとる国なのか」という疑問を生んでいる．我々はこうした疑問に答えるべく再度の改訂を「新版」と銘打って出すこととした．「新版」では，「改訂版」をアップデートしただけでなく，執筆者を一部交代してリフレッシュし，全体的に平易な記述を心がけている．

　執筆者達は，主に日本で教育や研究に従事する日中両国の中堅研究者である．我々はたまたま慶應義塾大学を介して中国研究の世界に迷い込んだ仲間であったが，専門領域が多岐にわたっているため，今回初めて顔を合わせた人も多かった．もともとは，学生やビジネスマンにどうやったら現代中国を理解してもらえるか，という動機で本書の執筆を始めたのだが，今から思えばいちばん勉強になったのは間違いなく我々執筆者であった．本書の執筆過程は，まさに教育と研究は密接不可分であるという真理を改めて教えてくれたと思う.

　改訂版に引き続き，本書を「新版」として再度上梓することができたのは，ひとえに川東義武・晃洋書房社長のご厚意のおかげである．末筆であるが，川東社長がこの「新版」企画をこころよく引き受けてくださったことに対し，執筆者を代表し，この場を借りて感謝を申し上げたい．また，編集を担当していただいた井上芳郎氏，吉永恵利加氏にも衷心より御礼を申し上げたい.

　　2016年3月

　　　　　　　　　　　　　　　松 田 康 博

引用・参考文献

説明：各章ごとに引用・参考文献をまとめた．後半には，5つの領域とは別に現代中国を理解するのに有用な書籍やホームページを紹介した．

第1部　歴　　史

第1章
〈日本語〉

天児慧（2004）『中国の歴史11　巨龍の胎動　毛沢東 vs 鄧小平』，講談社.

飯島渉・久保亨・村田雄二郎編（2009）『シリーズ20世紀中国史1　中華世界と近代』，東京大学出版会.

飯島渉・久保亨・村田雄二郎編（2009）『シリーズ20世紀中国史2　近代性の構造』，東京大学出版会.

家近亮子（2002）『蔣介石と南京国民政府』，慶應義塾大学出版会.

家近亮子（2012）『蔣介石の外交戦略と日中戦争』，岩波書店.

石島紀之（2014）『中国民衆にとっての日中戦争——飢え，社会改革，ナショナリズム』，研文出版.

石島紀之・久保亨編（2004）『重慶国民政府史の研究』，東京大学出版会.

石島紀之（1984）『中国抗日戦争史』，青木書店.

臼井勝美（2000）『新版日中戦争』，中公新書.

エズラ・ヴォーゲル，平野健一郎編（2010）『日中戦争の国際共同研究3　日中戦争期中国の社会と文化』，慶應義塾大学出版会.

尾形勇・岸本美緒編（1998）『新版世界各国史3　中国史』，山川出版社.

小野川秀美（1969）『清末政治思想研究』増補版，みすず書房.

菊池秀明（2005）『中国の歴史10　ラストエンペラーと近代中国　清末 中華民国』，講談社.

金冲及主編，村田忠禧・黄幸監訳（1999〜2000）『毛沢東伝』上・下，みすず書房.

久保亨（1999）『戦間期中国〈自立への模索〉——関税通貨政策と経済発展』，東京大学出版会.

久保亨編著（2006）『1949年前後の中国』，汲古書院.

久保亨・波多野澄雄・西村成雄編（2014）『日中戦争の国際共同研究5　戦時期中国の経済発展と社会変容』，慶應義塾大学出版会.

小島晋治（1993）『太平天国運動と現代中国』，研文出版.

小島晋治・丸山松幸（1986）『中国近現代史』，岩波新書.

辛亥革命百周年記念論集編集委員会編（2012）『総合研究辛亥革命』，岩波書店．

高橋伸夫編著（2010）『救国，動員，秩序——変革期中国の政治と社会』，慶應義塾大学出版会．

田中恭子（1996）『土地と権力——中国の農村革命』，名古屋大学出版会．

ジェローム・チェン著，守川正道訳（1980）『袁世凱と近代中国』，岩波書店．

中央大学人文科学研究所編（1999）『民国前期中国と東アジアの変動』，中央大学出版部．

中国現代史研究会編（1986）『中国国民政府史の研究』，汲古書院．

徳田教之（1977）『毛沢東主義の政治力学』，慶應義塾大学出版会．

西村成雄（1991）『中国ナショナリズムと民主主義——20世紀中国政治史の新たな視界』，研文出版．

西村成雄・国分良成（2009）『党と国家——政治体制の軌跡』，岩波書店．

西村成雄・石島紀之・田嶋信雄編（2011）『日中戦争の国際共同研究4　国際関係のなかの日中戦争』，慶應義塾大学出版会．

狭間直樹・長崎暢子（1999）『世界の歴史27　自立へ向かうアジア』，中央公論新社．

波多野澄雄・戸部良一編（2006）『日中戦争の国際共同研究2　日中戦争の軍事的展開』，慶應義塾大学出版会．

浜下武志（1990）『近代中国の国際的契機——朝貢貿易システムと近代アジア』，東京大学出版会．

ルシアン・ビアンコ著，坂野正高訳，坪井善明補訳（1989）『中国革命の起源：1915–1949』，東京大学出版会．

姫田光義編著（2001）『戦後中国国民政府史の研究』，中央大学出版部．

姫田光義・阿部治平・石井明・岡部牧夫・久保亨・中野達・前田利昭・丸山伸郎（1993）『中国20世紀史』，東京大学出版会．

姫田光義・山田辰雄編（2006）『日中戦争の国際共同研究1　中国の地域政権と日本の統治』，慶應義塾大学出版会．

藤井昇三・横山宏章編（1992）『孫文と毛沢東の遺産』，研文出版．

安井三吉（2003）『柳条湖事件から盧溝橋事件へ』，研文出版．

山田辰雄（1980）『中国国民党左派の研究』，慶應義塾大学出版会．

山田辰雄（2002）『国際社会研究II——中国近代政治史』，放送大学教育振興会．

山田辰雄・松重充浩編著（2013）『蔣介石研究——政治・戦争・日本』，東方書店．

山本英史編（2011）『近代中国の地域像』，山川出版社．

横山宏章（1996）『中華民国史——専制と民主の相剋』，三一書房．

劉大年・白介夫編，曽山三郎・谷渕茂樹・松重充浩・丸田孝志・水羽信男訳（2002）『中国抗日戦争史』，桜井書店．

引用・参考文献 279

〈中国語〉

張憲文等著（2005）『中華民国史』全4巻，南京大学出版社，南京.

李新総編，韓信夫・姜克夫主編（1997）『中華民国大事記』全5巻，中国文史出版社，北京.

呂芳上主編（2015）『中国抗日戦争史新編』全6冊，国史館，台北.

〈英語〉

Fairbank, John K.（1992）*China: A New History*, Cambridge: Harvard University Press.

Huang, Ray（1988）*China, A Macro History*, New York: M. E. Sharp.

第2章

〈日本語〉

飯島渉・澤田ゆかり（2010）『叢書　中国的問題群10　高まる生活リスク　社会保障と医療』，岩波書店.

家近亮子・川島真編著（2016）『東アジアの政治社会と国際関係』放送大学教育振興会.

泉谷陽子（2007）『中国建国初期の政治と経済——大衆運動と社会主義体制』，御茶の水書房.

上原一慶（2009）『民衆にとっての社会主義——失業問題からみた中国の過去，現在，そして行方』，青木書店.

エズラ・F・ヴォーゲル著，益尾知佐子・杉本孝訳（2013）『現代中国の父　鄧小平』上・下，日本経済新聞出版社.

宇野重昭・小林弘二・矢吹晋（1986）『現代中国の歴史　1949〜1985』，有斐閣選書.

王曙光（1996）『詳説中国改革開放史』，勁草書房.

岡部達味・天児慧編（1995）『原典中国現代史第2巻　政治　下』，岩波書店.

加々美光行（2001）『歴史のなかの中国文化大革命』，岩波書店.

笠井孝之（2002）『毛沢東と林彪』，日中出版.

加藤弘之（1997）『中国の経済発展と市場化——改革・開放時代の検証』，名古屋大学出版会.

加藤弘之（2003）『シリーズ現代中国経済6　地域の発展』，名古屋大学出版会.

加藤弘之（2013）『「曖昧な制度」としての中国型資本主義』，NTT出版.

加藤弘之・久保亨（2009）『叢書　中国的問題群5　進化する中国の資本主義』，岩波書店.

加藤弘之・上原一慶編著（2011）『シリーズ・現代の世界経済2　現代中国経済論』，ミネルヴァ書房.

加藤弘之・渡邉真理子・大橋英夫（2013）『21世紀の中国　経済篇　国家資本主義の光と影』，朝日新聞出版.

加茂具樹・飯田将史・神保謙編著（2011）『中国改革開放への転換——「一九七八年」を越えて』，慶應義塾大学出版会.

川島真・毛里和子（2009）『叢書　中国的問題群12　グローバル中国への道程　外交150年』，岩波書店.

祁建民（2006）『中国における社会結合と国家権力——近現代華北農村の政治-社会構造』，御茶の水書房.

久保亨（2011）『シリーズ中国近現代史④　社会主義への挑戦』，岩波新書.

厳家祺・高皋著，辻康吾監訳（1996）『文化大革命十年史』上・下，岩波書店.

厳善平（2009）『叢書　中国的問題群 7　農村から都市へ　1億3000万人の農民大移動』，岩波書店.

高文謙著，上村幸治訳（2007）『周恩来秘録　党機密文書は語る』上・下，文藝春秋.

小島麗逸・石原享一編（1994）『原典中国現代史第 3 巻　経済』，岩波書店.

国分良成（2004）『現代中国の政治と官僚制』，慶應義塾大学出版会.

国分良成・添谷芳秀・高原明生・川島真（2013）『日中関係』，有斐閣アルマ.

金野純（2008）『中国社会と大衆動員——毛沢東時代の政治権力と民衆』，御茶の水書房.

宗鳳鳴著，高岡正展編訳（2008）『趙紫陽——中国共産党への遺言と「軟禁」15年余』，ビジネス社.

高原明生・前田宏子（2014）『シリーズ中国近現代史⑤　開発主義の時代へ』，岩波新書.

趙紫陽著，河野純治訳（2010）『趙紫陽極秘回想録』，光文社.

フランク・ディケーター著，中川治子訳（2011）『毛沢東の大飢饉』，草思社.

唐亮（2012）『現代中国の政治——「開発独裁」とそのゆくえ』，岩波新書.

中兼和津次（1992）『中国経済論——農工関係の政治経済学』，東京大学出版社.

西村成雄・国分良成（2009）『党と国家——政治体制の軌跡』，岩波書店.

西村成雄編著（2011）『20世紀中国政治史研究』，放送大学教育振興会.

姫田光義ほか（1993）『中国20世紀史』，東京大学出版会.

姫田光義（2009）『林彪春秋』，中央大学出版部.

古澤賢治（1993）『中国経済の歴史的展開——原蓄路線から改革・開放路線へ』，ミネルヴァ書房.

ロデリック・マクファーカー，マイケル・シェーンハルス著，朝倉和子訳（2010）『毛沢東最後の革命』上・下，青灯社.

三宅康之（2006）『中国・改革開放の政治経済学』，ミネルヴァ書房.

毛里和子（2012）『現代中国政治［第 3 版］——グローバル・パワーの肖像』，名古屋大学出版会.

毛里和子・国分良成編（1994）『原典中国現代史第 1 巻　政治　上』，岩波書店

矢吹晋編著（1990）『天安門事件の真相』上・下，蒼蒼社.

山本恒人（2000）『現代中国の労働経済1949～2000——「合理的低賃金制」から現代労働市場へ』，創土社.

山本裕美（1999）『改革開放期中国の農業政策——制度と組織の経済分析』，京都大学出版会.

渡辺利夫・小島朋之・杜進・高原明生（1999）『毛沢東，鄧小平そして江沢民』，東洋経済新

報社.

〈中国語〉

王年一（1996）『20世紀的中国　大動乱的年代』，河南人民出版社，鄭州.

何蓬（2003）『毛沢東時代的中国2』，中共党史出版社，北京.

叢進（1996）『20世紀的中国　曲折発展的時期』，河南人民出版社，鄭州.

孫健（1992）『中華人民共和国経済史』，中国人民大学出版社，北京.

中共中央文献研究室編（2004）『鄧小平年譜1975－1997』上・下，中央文献出版社，北京.

鄭謙・張化（2003）『毛沢東時代的中国3』，中共党史出版社，北京.

鄧小平（1993）『鄧小平文選』第3巻，人民出版社，北京.

鄧小平（1994）『鄧小平文選』〔第2版〕第1・2巻，人民出版社，北京.

馬斉彬・陳文斌ほか編著（1989）『中国共産党執政四十年』，中共党史資料出版社，北京.

龐松（2003）『毛沢東時代的中国1』，中共党史出版社，北京.

房寧・王炳権・馬利軍ほか（2002）『成長的中国――当代中国青年的国家民族意識研究』，人
　　民出版社，北京.

林蘊暉・范守信・張弓（1996）『20世紀的中国　凱歌行進的時期』，河南人民出版社，鄭州.

〈英語〉

Gries, Peter Hays (2004) *China's New Nationalism: Pride, Politics, and Diplomacy*,
　　Berkeley: University of California Press.

Zhao, Suisheng (2004) *Nation-State by Construction: Dinamics of Modern Chinese
　　Nationalism*, Stanford: Stanford University Press.

第2部　政　　治

第3章

〈日本語〉

川島弘三（1988）『中国党軍関係の研究』上中下，慶應義塾大学出版会.

川島弘三（1990）『社会主義の軍隊』，講談社.

久米郁男・川出良枝・古城佳子・田中愛治・真渕勝（2003）『政治学』，有斐閣.

経済産業省（2014）「模倣品・海賊版対策事例集（ベストプラクティス集）No.25」.
　　www.meti.go.jp/policy/ipr/bestpractice/case25.pdf（2015年8月3日最終確認）.

小嶋華津子（2012）「エリート層における等の存在――中国エリート層意識調査（2008～9）
　　に基づいて」，菱田雅晴編『中国共産党のサバイバル戦略』，三和書籍.

佐野淳也（2013）「中国習近平政権による国務院改革――重点は許認可権限の見直しと管理
　　機能の統合」，『環太平洋ビジネス情報』，日本総合研究所，Vol.13, No.50.

塩沢英一（2014）「指揮系統の総合と海・空軍重視――中国が進める軍事改革」『東亜』2014

年5月号.

朱建栄（2012）「党中央の研究機関——「学習型政党」建設と "調研" 活動」, 菱田雅晴編
『中国共産党のサバイバル戦略』, 三和書籍.

人民網（日本語）「中国における立法制度」, http://japanese.china.org.cn/japanese/80527.
htm（2015年7月29日最終確認）.

鈴木隆（2012）『中国共産党の支配と権力——党と新興の社会経済エリート』, 慶應義塾大学
出版会.

高原明生（2014）「政治—国家体制と中国共産党」, 高原明生・丸川知雄・伊藤亜聖編『社会
人のための現代中国講義』, 東京大学出版会.

高見澤磨（2014）「「法」—中国法の枠組みと役立ち」, 高原明生・丸川知雄・伊藤亜聖編
『社会人のための現代中国講義』, 東京大学出版会.

田中信行（2013）「法と国家」「紛争解決」, 田中信行編『入門中国法』, 弘文堂.

唐亮（1997）『現代中国の党政関係』, 慶應義塾大学出版会.

中居良文（2012）「党政分離の政治過程」, 菱田雅晴編『中国共産党のサバイバル戦略』, 三
和書籍.

中野彩香（2013）「中国鉄道部解体, 行政と経営の分離へ」『運輸と経済』第73巻第5号.

21世紀中国総研編（2014）『中国情報ハンドブック〔2014年版〕』, 蒼蒼社.

渡辺直土（2015）「国家発展改革委員会の機能とその変遷」, 佐々木智弘編『変容する中国・
国家発展改革委員会——機能と影響に関する実証分析』, アジア経済研究所.

〈中国語〉

大公網「中央財経領導小組召開会議習総 "破例" 兼任組長」（2014年6月13日）, http://
news.takungbao.com/mainland/focus/2014-06/2536925.html（2015年8月4日最終確
認）.

黄冬婭・陳川慜（2012）「地方大部制改革運行成効跟踪調査——来自広東省仏山市順徳区的
経験」『公共行政評論』2012年第6期.

蒋建華・馮婉蓁・季弘主編（1999）『中華人民共和国資料手冊（1949～1999）』, 社会科学文
献出版社, 北京.

江沢民（2001）「江沢民在慶祝建党八十周年大会上講話」http://www.southcn.com/news/
ztbd/jzmqyjh/qyjhqw/200112260775.htm（2015年8月6日最終確認）.

頼静萍・劉暉「制度化与有効性的平衡——領導小組与政府部門協調機制研究」, 『中国行政管
理』2011年第8期.

南方都市報「社科院——40％党外私営企業主願意加入共産党」（2012年12月20日）, http://
news.sina.com.cn/c/2012-12-20/042025852029.shtml（2015年8月6日最終確認）.

南都週刊「中央領導小組作些啥」（2013年7月26日）, http://www.nbweekly.com/news/
china/201307/33895.aspx（2015年8月4日最終確認）.

史衛民・郭巍青・劉智（2009）『中国選挙進展報告』，中国社会科学出版社.

『人民日報』

「中組部長最新通報：截至2010年底中共党員総人数達8026.9万名」（2011年6月24日），「天涯
　　論壇」http://bbs.tianya.cn/post-420-28585-1.shtml（2015年8月3日最終確認）.

「中組部最新統計数拠：党員8512.7万名　基層党組織420.1万個」（2013年6月30日），http://
　　renshi.people.com.cn/n/2013/0630/c139617-22022798.html#（2015年8月7日最終確
　　認）.

衛乃斌（1994）『人大主任工作崗位上的思考与実践』，中国民主法制出版社.

新華網「習近平総書記的"一個中心，両個基本点"」（2015年8月8日），http://news.xinhuanet.
　　com/politics/2014-08/08/c_126848526.htm（2015年8月8日最終確認）.

中国共産党新聞網「習近平：科学有効防腐敗　堅定不移把反腐倡廉建設引向深入」（2013年
　　1月23日），http://cpc.people.com.cn/n/2013/0123/c64094-20292472.html（2015年8
　　月7日最終確認）.

周望（2015）"領導小組"如何領導？―対"中央領導小組"的一項整体性分析」，『理論与改
　　革』，2015年1月号.

竺乾威（2014）「地方政府大部制改革――組織結構角度的分析」『中国行政管理』2014年第4
　　期.

最高人民法院「最高人民法院関于全面進化人民法院改革的意見――人民法院第4次5年改革
　　綱要（2014-2018）」（新華網，2015年2月26日），http://www.dffyw.com/faguixiazai/
　　xf/201502/38044.html（2015年8月3日最終確認）.

〈英語〉

Pei Minxin "Is CCP Rule Fagile or Resilient?", in Larry Diamond, Marc F. Plattner, and
　　Yun-han Chu eds., *Democracy in East Asia: A New Century* (Baltimore, MD: The
　　Johns Hopkins University Press, 2013).

第4章

〈日本語〉

唐亮（1997）『現代中国の党政関係』，慶應義塾大学出版会.

唐亮（2001）『変貌する中国政治』，東京大学出版会.

唐亮（2012）『現代中国の政治』，岩波新書.

毛里和子（2012）『現代中国政治』，名古屋大学出版会.

サミュエル・ハンチントン著，坪郷實他訳（1991）『第三の波』，三嶺書房.

〈中国語〉

賈西津（2011）「官方NGO路向何方」『財経』，2011年9月.

蔡定剣（1996）『中国人民代表大会制度』，法律出版社，北京.

趙紫陽（2009）『改革歴程』，新世紀出版社，香港.

陸学藝主編（2002）『当代中国階層研究報告』社会科学文献出版社，北京.

〈英語〉

Dali L. Yang, *Remaking the Chinese Leviathan: market transition and the politics of governance in China,* Stanford: Stanford University Press, 2004.

第5章

〈日本語〉

天児慧編（2000）『現代中国の構造変動4——政治・中央と地方の構図』，東京大学出版会.

磯部靖（2008）『現代中国の中央・地方関係——広東省における地方分権と省指導者』，慶應義塾大学出版会.

江口朴郎編（1991）『民族の世界史15　現代世界と民族』，山川出版社.

王柯（2006）『20世紀中国の国家建設と「民族」』，東京大学出版会.

倉田徹（2009）『中国返還後の香港——「小さな冷戦」と一国二制度の展開』，名古屋大学出版会.

興梠一郎（2000）『「一国二制度」下の香港』，論創社.

佐々木信彰編（2001）『現代中国民族と経済』，世界思想社.

竹内孝之（2007）『返還後香港政治の10年』，アジア経済研究所.

中園和仁（1998）『香港返還交渉——民主化をめぐる攻防』，国際書院.

平野聡（2007）『大清帝国と中華の混迷』，講談社.

松田康博（2006）『台湾における一党独裁体制の成立』，慶應義塾大学出版会.

毛里和子（1998）『周辺からの中国——民族問題と国家』，東京大学出版会.

毛里和子編（2001）『現代中国の構造変動7——中華世界・アイデンティティの再編』，東京大学出版会.

若林正丈（1992）『台湾——分裂国家と民主化』，東京大学出版社.

若林正丈（2001）『台湾——変容し躊躇するアイデンティティ』，筑摩書房.

若林正丈（2008）『台湾の政治——中華民国台湾化の戦後史』，東京大学出版会.

〈中国語〉

厳家其（1992）『第三共和——未来中国的選択』，時報出版，台北.

呉国光・鄭永年（1995）『論中央＝地方関係』，牛津大学出版社，香港.

第3部　経　　済

第6章
〈日本語〉

世界銀行（1993）「東アジアの奇跡──経済成長と政府の役割」，東洋経済新報社.

中兼和津次（2012）『開発経済学と現代中国』，名古屋大学出版社.

唐成（2011）「中国経済における内需拡大の課題」『桃山学院大学総合研究所紀要』第36巻第3号.

唐成（2015a）「中国企業における資金調達行動」中央大学経済学研究会『経済学論纂』第55巻第5・6合併号.

唐成（2015b）「中国経済のグローバル化」（第1章）竹歳一紀・大島一二編著『アジア共同体の構築をめぐって──アジアにおける協力と交流の可能性』，芦書房.

丸川知雄（2013）『現代中国経済』，有斐閣.

南亮進・牧野文夫・羅歓鎮（2008）『中国の教育と経済発展』，東洋経済新報社.

吉川洋（1982）『日本経済とマクロ経済学』，東洋経済新報社.

〈中国語〉

陳彦斌・姚一旻（2010）「中国経済増長的源泉：1978-2007」『経済理論と経済管理』第5期.

Dwight H. Perkins（2009）「従歴史和国際的視角看中国的経済増長」林毅夫・姚洋主編『中国奇跡-回顧与展望』，北京大学出版社，北京.

範志勇・宋佳音・王宝奎（2013）「開放経済下中国国民経済増長核算及効率研究」『経済理論与経済管理』第6期.

郭斌（2015）『財産性収入及其不平等研究』，経済管理出版社，北京.

張軍（2005）『資本形成，投資効率与中国的経済成長──実証研究』，清華大学出版社，北京.

趙昌文・許召元・朱鴻鳴（2015）「工業化後期的中国経済新動力」『中国工業経済』第6期.

〈英語〉

Feng Yingjie and YaoYang（2014），"The Middle-Income Trap and China's Growth Prospects", in Ligang Song, Ross Garnaut and Cai Fang（eds），*Deepening Reform for China's Long-term Growth and Development,* Canberra: ANU E Press.

Maddison, Angus（2007），"Contours of the World Economy, 1-2030 AD. Essays in Macro-Economic History", Oxford: Oxford University Press.

World Bank; Development Research Center of the State Council, the People's Republic of China（2013），"China 2030:building a modern, harmonious, and creative society", Washington, D.C.: World Bank.

第7章

〈日本語〉

王曙光（1996）『詳説中国改革開放史』, 勁草書房.

大橋英夫（2003）『シリーズ現代中国経済5　経済の国際化』, 名古屋大学出版会.

大橋英夫（2008）「外資政策　経済安全保障」関志雄・朱建栄編『中国の経済大論争』, 勁草書房.

加藤弘之・上原一慶（2004）『現代世界経済叢書2　中国経済論』, ミネルヴァ書房.

経済産業省監修, 荒木一郎・西忠雄共訳（2003）『全訳　中国WTO加盟文書』, 蒼蒼社.

孔麗（2008）『現代中国経済政策史年表』, 日本経済評論社.

佐野淳也（2014）「中国における外資政策の転換と日本企業の対応」ジェトロ『中国経済』, 2014年10月号, ジェトロ（日本貿易振興機構）.

中国WTO加盟に関する日本交渉チーム（2002）『中国のWTO加盟［交渉経緯と加盟文書の解説］』, 蒼蒼社.

馬成三（2007）『現代中国の対外経済関係』, 明石書店.

馬成三（2012）『図でわかる中国経済　2012年改訂新版』, 蒼蒼社.

濱田太郎（2003）「中国のWTO加盟と日本のFTA戦略」渡邊頼純編著『WTOハンドブック——新ラウンドの課題と展望』, ジェトロ.

〈中国語〉

江沢民（2002）「全面建設小康社会　開創中国特色社会主義事業新局面」, 人民出版社, 北京.

李善同・王直・翟凡・徐林（2000）『WTO——中国与世界』, 中国発展出版社, 北京.

方海（1976）「批判洋奴哲学」『紅旗』, 第4期, 紅旗出版社, 北京.

第4部　社　　　会

第8章

〈日本語〉

呉茂松（2014）『現代中国の維権運動と国家』, 慶應義塾大学出版会.

毛里和子・松戸庸子編著（2012）『陳情——中国社会の底辺から』, 東方書店.

〈中国語〉

王珊（2012）「以胡錦濤同志為総書記的党中央"促進階層関係和諧"思想的理論與実践」, 『中央社会主義学院学報』第5期, 2012年10月.

黄暁勇主編（2014）『中国民間組織報告（2014）』, 社会科学文献出版社, 北京.

向春玲（2014）「当前我国社会治理存在的突出問題與対策」, 『中国国情国力』, 第2期.

謝宇・張暁波・李建新・于学軍・任強（2014）『中国民生発展報告2014』, 北京大学出版社, 北京.

孫立平（2003）『断裂──20世紀90年代以来的中国社会』，社会科学文献出版社，北京.

孫立平（2004）『失衡──断裂社会的運作邏輯』，社会科学文献出版社，北京.

孫立平（2006）『博弈──断裂社会的利益衝突與和諧』，社会科学文献出版社，北京.

鄧小平（1983）「解放思想，実事求是，団結一致向前看」，『鄧小平文選（1975－1982年）』，人民出版社，上海.

楊義鳳（2014）「中国 NGO 国際化的現状，挑戦與対策」，『湖南師範大学社会科学学報』，第3期.

陸学藝主編（2002）『当代中国階層研究報告』社会科学文献出版社，北京.

陸学藝主編（2004）『当代中国社会流動』，社会科学文献出版社，北京.

李春玲（2013）「如何定義中国中産階級──劃分中国中産階級的三個標準」，『学海』，2013年第3期.

李培林（2014）『社会改革與社会治理』，社会科学文献出版社，北京.

李培林・陳光金・張翼主編（2014）『2015年中国社会形勢分析與予測』，社会科学文献出版社，北京.

第9章

〈日本語〉

川名英之（2011）『世界の環境問題』，緑風出版.

小柳秀明（2010）『環境問題のデパート中国』，蒼蒼社.

定方正毅（2000）『中国で環境問題にとりくむ』，岩波新書.

染野憲治（2012）「中国の環境保全対策──日本との比較」環境コミュニケーションズ『資源環境対策』Vol. 48, No. 5.

染野憲治（2014）「中国の PM2.5問題と大気汚染対策」信山社『環境法研究』第2号.

染野憲治（2014）「中国の静脈産業と循環経済政策」信山社『環境法研究』第2号.

染野憲治（2015）「中国の環境問題が解決する日」（公財）東京財団 HP『Views on China』http://www.tkfd.or.jp/research/project/news.php?id=1537（2015年12月31日 最 終 確認）.

孫佑海編著（2006）『日本企業のための中国環境法（2006年版）』，神鋼リサーチ.

日本国環境省ホームページ『平成26年版　環境統計集』http://www.env.go.jp/doc/toukei/（2015年12月31日最終確認）.

平野悠一郎（2013）「現代中国の森林・林業・木材産業」（2013年11月19日，富山大学極東地域研究センター主催シンポジウムでの講演資料より）.

細田衛士・染野憲治（2014）「中国静脈ビジネスの新しい展開」北海道大学『経済学研究』Vol. 63, No. 2.

李志東（1999）『中国の環境保護システム』，東洋経済新報社.

〈中国語〉

王文軍（2014）『中国環保産業投融資機制研究』，科学出版社，北京.

解振華主編（2005）『国家環境安全戦略報告』，中国環境科学出版社，北京.

曲格平（2010）『曲之求索——中国環境保護方略』，中国環境科学出版社，北京.

曲格平・彭近新（2010）『環境覚醒——人類環境会議和中国第一次環境保護会議』，中国環境科学出版社，北京.

金瑞林主編（2013）『環境法学（第三版）』北京大学出版社，北京.

呉舜澤・邇元堂・朱建華・陳鵬（2014）『中国環境保護投資研究』，中国環境出版社，北京.

中国国家統計局編（1986-2014）『中国統計年鑑』，中国統計出版社，北京.

中国国家統計局，中国環境保護部編（2014）『2014中国環境統計年鑑』，中国統計出版社，北京.

中国環境保護部ホームページ『中国環境状況公報』『環境統計年報』http://www.mep.gov.cn/zwgk/hjtj/（2015年12月31日最終確認）.

第10章

〈日本語〉

家近亮子（2007）「人口問題」「教育問題」，家近亮子・唐亮・松田康博編著『改訂版　5分野から読み解く現代中国——歴史・政治・経済・社会・外交』，晃洋書房.

飯島渉・澤田ゆかり（2010）『叢書中国的問題群10　高まる生活リスク　社会保障と医療』，岩波書店.

于洋（2013）「『適度普恵型』福祉と『中国型皆年金』体制の構造」，『東亜』no. 552「中国における社会保障の新局面——社会安定の処方箋になるか？　3」，2013年6月.

P&A・エーリック著・水谷美穂訳（2000）『人口が爆発する！——環境・資源・経済の視点から』，新曜社.

王智新（2004）『現代中国の教育』，明石書店.

大塚正修・日本経済研究センター（2002）『中国社会保障改革の衝撃』，勁草書房.

大塚豊（1996）『現代中国高等教育の成立』，玉川大学出版部.

王文亮（2001）『21世紀に向ける中国の社会保障』，日本僑報社.

河路由佳（1996）『間近に見た中国—— 一人っ子帝国の朝焼け』，日本貿易振興会.

小島麗逸・鄭新培編著（2001）『中国教育の発展と矛盾』，御茶の水書房.

斉藤秋男（1950）『新中国の教育建設』，新教育事業協会.

澤田ゆかり（2013）「失業保険をめぐる期待と限界　回復力に富む社会に向けて」，『東亜』no. 551「中国における社会保障の新局面——社会安定の処方箋になるか？　2」，2013年4月.

篠原清昭（2001）『中華人民共和国教育法に関する研究』，九州大学出版会.

朱珉（2013）「『適度普恵型』の最低生活保障制度構築に向けて」，『東亜』no. 554「新連載　中国における社会保障の新局面——社会安定の処方箋になるか？　5」，2013年8月.

沈潔（2013）「『適度普恵型』福祉が意味するもの——習近平政権の課題」，『東亜』no. 550「中国における社会保障の新局面——社会安定の処方箋になるか？　1」，2013年4月.

袖井孝子・陳立行（2008）『転換期中国における社会保障と社会福祉』，明石書店.

園田茂人・新保敦子（2010）『叢書中国的問題群8　教育は不平等を克服できるか』，岩波書店.

中国研究所（2001）『中国は大丈夫か？　社会保障制度のゆくえ』，中国研究所.

田雪原（2000）『大国の難——21世紀中国は人口問題を克服できるか』，新曜社.

唐成（2007）「社会保障問題」，家近亮子・唐亮・松田康博編著『改訂版　5分野から読み解く現代中国——歴史・政治・経済・社会・外交』，晃洋書房.

中島直忠編（2000）『日本・中国高等教育と入試』，玉川大学出版会.

日本民間教育研究団体連絡会議編（1964）『現代中国の教育』，教師の友社.

広井良典・沈潔（2007）『中国の社会保障改革と日本』，ミネルヴァ書房.

カール・マルクス著・長谷部文雄訳（2003）『賃労働と資本』，岩波書店.

マルサス著・永井義雄訳（2003）『人口論』，中公新書.

羅歓鎮・牧野文夫・南亮進（2008）『中国の教育と経済発展』，東洋経済新報.

李仲生（2002）『中国の人口変動』，日本橋報社.

李連花（2013）「『適度普恵型』福祉としての全民医療保障」，『東亜』no. 558「新連載　中国における社会保障の新局面——社会安定の処方箋になるか？　4」，2013年7月.

陸定一著・中国教育研究会編訳（1964）『中国の教育改革』，明治図書.

劉曉梅（2002）『中国の改革開放と社会保障』，汐文社.

若林敬子編著（1992）『ドキュメント　中国の人口管理』，亜紀書房.

若林敬子（1994）『中国　人口超大国のゆくえ』，岩波新書.

若林敬子（1995）『中国の人口問題』，東京大学出版会.

若林敬子（1997）『現代中国の人口問題と社会変動』，新曜社.

若林敬子（2005）『中国の人口問題と社会的現実』，ミネルヴァ書房.

若林敬子・筒井紀美（2006）『中国　人口問題の今——中国人研究者の視点から』，ミネルヴァ書房.

若林敬子・聶海松編著（2012）『中国人口問題の年譜と統計　1949〜2012』，御茶の水書房.

〈中国語〉

閻守誠（1997）『中国人口史』，文津出版，台北.

王延中主編（2014）『社会保障緑皮書　中国社会保障発展報告（2014）社会保障與社会服務』，社会科学文献出版社，北京.

王炳照主編（2002）『中国私学・私立学校・民辦教育研究』，山東教育出版社，済南.

葛剣雄・候楊方・張根福（1999）『人口與中国現代化』，学林出版社，北京.

黄雨川（1967）『中共節育運動』，友聯研究所，香港.

国家教育発展研究中心編（2010～2015）『中国教育緑皮書』（各年版），教育科学出版社，北京.

国家統計局『中国教育統計年鑑』（～2015年，各年版），人民教育出版社，北京.

国家統計局『中国教育年鑑』（～2015年，各年版），人民教育出版社，北京.

国家統計局『中国統計年鑑』（～2015年，各年版），中国統計出版社，北京.

国家統計局『中国統計摘要』（～2015年，各年版），中国統計出版社，北京.

蔡克勇主編（2003）『20世紀的中国高等教育　体制巻』，高等教育出版社，北京.

中央教育科学研究所主編（2003）『21世紀中国教育展望』，山東教育出版社，済南.

張恵芬・金忠明編著（2001）『中国教育簡史（修訂版）』，華東師範大学，上海.

陳朝先（1998）『人口與社会保障研究』，西南財経大学出版社，成都.

楊東平主編（2015）『中国教育発展報告』，社会科学文献出版社，北京（21世紀教育研究院編 B『教育藍皮書』）.

劉慶龍主編（2002）『中国社会保障』，河南人民出版社，鄭州.

劉遵義（2003）「中国社会保障体系的基本構造」，『比較』第 6 号.

朱鴻召（2002）『中国流動人口心態調査』，山東友誼出版社，済南.

朱曉梧（2001）『中国社会保障制度改革』，清華大学出版，北京.

〈英語〉

Agelasto, Michael and Adamson, Bob（1998）*Higher Education in Post-Mao China*, Hong Kong: Hong Kong University Press.

Ahmed, Manzoor（1991）*Basic Education and National Development*, UNISEF, New York.

Hayhoe, Ruth（1996）*China's Universities 1895-1995 –A Century of Cultural Conflict*, New York and London: Garland Publishing.

Milwertz, Cecilia Nathansen（1997）*Accepting Population Control Urban Chinese Women and the One-Child Family Policy*, Richimond: Curzon Press.

Pepper, Suzanne（2000）*Radicalism and Education Reform in Twentieth-Century China*, Cambridge: Cambridge University Press.

Scharping, Thomas（2003）*Birth Control in China 1949-2000*, London and New York: Routledge Curzon.

Wang, Zhikai（2004）"Restructuring China's Social Security net in a Market-based Economy", in China & World Economy Vol. 12, No. 1.

引用・参考文献　*291*

第11章

〈日本語〉

衛藤瀋吉編著（1982）『現代中国政治の構造』，国際問題研究所.

岡部達味（2002）『中国の対外戦略』，東京大学出版会.

奥村哲（2000）『中国の現代史——戦争と社会主義』，青木書房.

小此木政夫・赤木完爾編（1987）『冷戦期の国際政治』，慶應通信.

茅原郁生（1994）『中国軍事論』，芦書房.

茅原郁生（2012）『中国軍事大国の原点——鄧小平軍事改革の研究』，蒼蒼社.

川島弘三（1988，1989，1989）『中国党軍関係の研究』上・中・下，慶應通信.

川島弘三（1990）『中国の政治と軍事・外交』，第一法規.

平松茂雄（1985）『中国の国防と現代化』，勁草書房.

平松茂雄（1986）『中国　核大国への道』，勁草書房.

平松茂雄（1987）『中国人民解放軍』，岩波新書.

平松茂雄（1989）『鄧小平の軍事改革』，勁草書房.

平松茂雄（1990）『続・鄧小平の軍事改革』，勁草書房.

平松茂雄（2002）『現代中国の軍事指導者』，勁草書房.

村井友秀・阿部純一・浅野亮・安田淳編著（2007）『中国をめぐる安全保障』，ミネルヴァ書房.

山極晃・毛里和子（1987）『現代中国とソ連』，日本国際問題研究所.

第12章

〈日本語〉

青山瑠妙（2013）『中国のアジア外交』東京大学出版会.

青山瑠妙・天児慧（2015）『外交と国際秩序』東京大学出版会.

川島真・毛里和子（2009）『グローバル中国への道程』岩波書店.

第13章

〈日本語〉

青山瑠妙（2013）『中国のアジア外交』，東京大学出版会.

リチャードL.アーミテージ，ジョセフS.ナイJr.，春原剛（2010）『日米同盟vs.中国・北朝鮮——アーミテージ・ナイ緊急提言』，文藝春秋.

家近亮子・松田康博・段瑞聡編著（2007）『岐路に立つ日中関係——過去との対話・未来への模索』，晃洋書房.

池田誠・倉橋正直・副島昭一・西村成雄編（1998）『世界のなかの日中関係』，法律文化社.

国分良成（1998）「冷戦終結後の日中関係——『七二年体制』の転換」，『国際問題』第454号.

添谷芳秀（1995）『日本外交と中国　1945‒1972』，慶応通信.

田中明彦（1991）『日中関係　1945‒1990』，東京大学出版会.

テイラー・フレイヴェル（2010）「日米中関係と尖閣諸島（釣魚島）」，王緝思，ジェラルド・カーティス，国分良成『日米中トライアングル――3ヵ国協調への道』，岩波書店.

増田弘・波多野澄雄（1995）『アジアのなかの日本と中国――友好と摩擦の現代史』，山川出版社.

山田辰雄編（1995）『日中関係の150年』，東方書店.

林代昭著，渡邊英雄訳（1997）『戦後中日関係史』，柏書房.

王緝思，ジェラルド・カーティス，国分良成（2010）『日米中トライアングル――3ヵ国協調への道』，岩波書店.

◆現代中国を理解するのに役立つ参考文献・ホームページ等

(1)　辞書・統計書・年表・資料集類

〈日本語〉

家近亮子（2004）『増補版　中国近現代政治史年表――1800〜2003年』，晃洋書房.

石井明ほか（2003）『記録と考証　日中国交正常化・日中平和友好条約締結交渉』，岩波書店.

神田文人・小林英夫編（2005）『戦後史年表　1945〜2005』小学館.

近代日中関係史年表編集委員会編（2005）『近代日中関係史年表』岩波書店.

現代中国人名辞典編集部編（1995）『現代中国人名辞典　1995年度版』，霞山会.

小竹一彰編著（2003）『中国共産党重要人物名簿――最新データファイル』，長城書店.

財団法人霞山会（1998）『日中関係基本資料集――1949-1997年』，霞山会.

竹内実・矢吹晋編（1999）『中国情報用語事典　1999-2000年版』，蒼蒼社.

段躍中編著（2000）『在日中国人媒体総覧』，日本僑報社.

狭間直樹ほか著（1996）『データでみる中国近代史』，有斐閣.

秦郁彦編（2001）『世界諸国の制度・組織・人事　1840-2000』，東京大学出版会.

平田幹郎（2000）『中国データブック2000/2001――成長と格差』，古今書院.

細谷千博ほか編（1999）『日米関係資料集――1945-97』，東京大学出版会.

山田辰雄編（1995）『近代中国人名辞典』，霞山会.

羅奇祥・栗原千里（2000）『中国情報早わかり』，三修社.

〈中国語〉

国家統計局国民経済総合統計司編（2005）『新中国五十五年統計資料彙編』，中国統計出版社，北京.

蔣建華・馮婉蓁・季弘主編（1999）『中華人民共和国資料手冊（1949-1999）』，社会科学文献

出版社，北京.

唐家璇主編（2000）『中国外交辞典』，世界知識出版社，北京.

中共中央文献研究室編（2004）『鄧小平年譜1975〜1997』上・下，中央文献出版社，北京.

中共中央文献研究室編（1992-1998）『建国以来重要文献選編』第1-20巻，中央文献出版社，北京.

中国地図出版社編（2014）『中国分省地図集』，中国地図出版社，北京.

楊碧川（1996）『台湾現代史年表 1945年8月〜1994年9月』，一橋出版社，台北.

(2) 年鑑・月刊類

〈日本語〉

共同通信社中国報道研究会編（年刊）『中国動向』，共同通信社.

中国環境問題研究会編（2007）『中国環境ハンドブック2007-2008年版』，蒼蒼社.

中国総覧編集委員会編（隔年刊）『中国総覧』，霞山会（2004年より「ぎょうせい」）.

21世紀中国総研編（年刊）『中国情報源（各年版）』，蒼蒼社（2003年までは三菱総合研究所編）.

21世紀中国総研編（年刊）『中国情報ハンドブック（各年版）』，蒼蒼社（2003年版までは三菱総合研究所編）.

三菱総合研究所編（1999）『中国最高指導者 WHO'S WHO』，蒼蒼社.

ラヂオプレス（1979-2004）『中国組織別人名簿　各年版』，RP プリンティング.

〈中国語〉

海関総署（月刊）『海関統計』，中国海関雑誌社，北京.

国家統計局（月刊）『中国経済景気月報』，中国経済景気月報雑誌社，北京.

国家統計局編『中国統計摘要（各年版）』，中国統計出版社，北京.

国家統計局貿易物資司編（1992）『中国対外経済統計大全』，中国統計信息諮詢服務中心，北京.

中国外交部政策研究室（年刊）『中国外交（各年版）』，世界知識出版社，北京（1995年までは『中国外交概覧』）.

中華人民共和国国家統計局編（年刊）『中国統計年鑑（各年版）』，中国統計出版社，北京.

中国商務年鑑編集委員会編（年刊）『中国商務年鑑（各年版）』，中国商務出版社，北京（2003年までは『中国対外経済貿易年鑑』）.

(3) 研究案内

安藤正士ほか（1989-90）『岩波講座　現代中国』6巻＋別巻2巻，岩波書店.

辛亥革命史研究会（1992）『中国近代史研究入門』，汲古書院.

山根幸夫ほか（1992）『近代日中関係史研究入門』，研文出版.

小島晋治ほか（1993）『近代中国研究入門』，岩波書店.

山根幸夫編（1995）『中国史研究入門』下（増補改訂版），山川出版社.

岡部達味ほか（1996）『原典中国現代史 別巻 中国研究ハンドブック』，岩波書店.

礪波護・岸本美緒・杉山正明編（2006）『中国歴史研究入門』，名古屋大学出版会.

(4) 入門書

天児慧（1999）『中華人民共和国史』，岩波新書.

天児慧（2004）『中国の歴史11 巨龍の胎治 毛沢東 vs 鄧小平』，講談社.

稲垣清（2008）『面白いほどわかる！ いまの中国』，中経出版.

江原規由・箱崎大編著（2009）『中国経済最前線——対内・対外投資戦略の実態』，ジェトロ.

関志雄（2002）『日本人のための中国経済再入門』，東洋経済新報社.

興梠一郎（2002）『現代中国——グローバル化のなかで』，岩波新書.

興梠一郎（2005）『中国激流——13億のゆくえ』，岩波新書.

呉軍華（2008）『中国 静かなる革命』，日本経済新聞出版社.

国分良成（1999）『中華人民共和国』，ちくま新書.

小島朋之（1999）『中国現代史——建国50年，検証と展望』，中央公論社.

朱建栄（2002）『中国 第三の革命——ポスト江沢民時代の読み方』，中公新書.

高井潔司・遊川和郎編著（2003）『現代中国を知るための60章』〔第2版〕，明石書店.

武吉次朗・中野謙二（2004）『現代中国30章』，大修館書店.

ニコラス・クリストフ，シェリル・ウーダン（1996）『新中国人』，新潮社.

馬成三（2002）『中国経済の読み方』，ジェトロ.

平松茂雄（1987）『中国人民解放軍』，岩波新書.

平松茂雄（1999）『中国の軍事力』，文春新書.

歩平・李長莉・劉小萌著，鈴木博訳（2008）『若者に伝えたい中国の歴史——共同の歴史認
　　　　識に向けて』明石書房.

矢吹晋（1996）『中国人民解放軍』，講談社選書.

閔琦著・丸山昇監訳（1991）『中国の政治文化——なぜ民主主義が育たないのか』，田畑書店.

毛里和子（1999）『現代中国政治を読む』，山川出版社.

渡辺利夫編（2003）『読本シリーズ アジア経済読本』〔第3版〕，東洋経済新報社.

(5) 便利なホームページ（URL）

国立国会図書館関西館アジア情報室リンク集・中国 http://www.ndl.go.jp/jp/service/
　　　　kansai/asia/link/east/link chn.html

図書館横断検索 http://webcat.nii.ac.jp/

日本国外務省 http://www.mofa.go.jp/mofaj/

引用・参考文献　　*295*

中国外交部　http://www.fmprc.gov.cn/

中国国家統計局　http://www.stats.gov.cn/index.htm

中国商務部　http://www.mofcom.gov.cn/

中国共産党中央対外聯絡部　http://www.idcpc.org.cn/index_zhongwen.htm

米国務省　http://www.state.gov/

米国防総省　http://www.defenselink.mil/

中華人民共和国駐日本国大使館　http://www.china-embassy.or.jp/jpn/

台北駐日経済文化代表処　http://www.roc-taiwan.or.jp/

人民網　http://www.people.com.cn/

現代中国ライブラリィ　http://www.panda.hello-net.info/index.html

中国総合データ　http://searchina.ne.jp/guide/

中国情報世界（China Information World）　http://www.jcbus.co.jp/japan/info/

漢和情報センター　http://www.kanwa.com/

台湾安全保障研究　http://www.taiwansecurity.org/

霞山会　http://www.kazankai.org/

日中経済協会　http://www.jc-web.or.jp/

日中投資促進機構　http://www.jcipo.org/

日本総合研究所　http://www.jri.co.jp/

日本貿易振興機構アジア経済研究所　http://www.ide.go.jp/Japanese/index4.html

日本貿易振興機構　http://www.jetro.go.jp/top-j/

日本貿易振興機構（ジェトロ）の中国情報ページ　http://www.jetro.go.jp/world/asia/cn/

みずほ総合研究所　http://www.mizuho-ri.co.jp/index.html

東方書店　http://www.toho-shoten.co.jp/

内山書店　http://www11.ocn.ne.jp/_ubook/

日中情報ネットの無料情報配信サービス　http://www.ask.ne.jp/_jcin/guide.htm

日中友好環境保全センター　http://www.edcmep.org.cn/japan/

人 名 索 引

ア 行

アチソン，ディーン・G　226
エーリック，ポール　192
袁世凱　9, 10
王岐山　58, 67
王希哲　39
王金平　101
王洪文　35
汪精衛　13, 15, 19
温家宝　182, 184, 250

カ 行

解振華　179
賀衛方　85
華国鋒　35, 75
カーディル，ラビア　94
魏京生　39
キッシンジャー，ヘンリー　243
曲格平　179, 186
クリントン，ビル　246
江青　31
康生　31
江沢民　42, 58-60, 63, 70, 75, 77, 143, 182,
　　184, 250, 267, 268
呉晗　31
胡錦濤　43, 57-60, 70, 75, 139, 204, 206, 217,
　　253, 256
谷牧　37
胡耀邦　36, 263
ゴルバチョフ，ミハイル　238, 239, 241, 242

サ 行

周永康　64, 68
周恩来　12, 16, 18, 34, 163, 178, 179, 185, 195,
　　196, 218, 270, 271
習近平　44, 54, 57, 58, 60, 63, 67, 70, 75, 101,
　　140, 187, 206, 217, 254-256
周生賢　179, 184
朱鎔基　43, 90, 184
蔣介石　12-15, 17-19, 20, 99

蔣経国　99
聶元梓　31
スコウクロフト，ブレント　243
スターリン，ヨシフ　228, 231
曽蔭権（ドナルド・ツァン）　97
宋教仁　8-10
孫文　8-10, 12, 14, 88, 194

タ 行

戴秉国　256
ダライ・ラマ14世　93, 102
陳吉寧　179
張学良　13, 18
張芸謀（チャン・イーモウ）　218
張高麗　179
張春橋　31
趙紫陽　38, 59, 65, 263
陳雲　38
陳水扁　100
陳独秀　10-12
陳伯達　31
唐家璇　251
鄧子恢　24
鄧小平　28, 58, 59, 64, 69, 70, 75, 110, 127,
　　137, 153, 195, 237-239, 247, 262
トルーマン，ハリー・S　225, 226

ナ・ハ行

ニクソン，リチャード　236
馬寅初　195, 218
馬英九　101
薄熙来　67
パッテン，クリストファー　96
パンチェン・ラマ10世　94
ビスマルク，オットー・F　210
ブッシュ，ジョージ・H・W　241, 243
ブッシュ，ジョージ・W　246, 253
フルシチョフ，ニキタ・F　26, 229-232,
　　200
ブレジネフ，レオニード　235, 238
彭真　30, 79

彭徳壊　28, 234
方励之　40
ポル・ポト　237

マ　行

マルクス，カール　192, 193
マルサス，トマス・ロバート　192, 193, 195
毛沢東　16, 17, 19, 20, 22, 58, 59, 64, 68, 74,
　147, 193, 194, 224, 225, 230, 231, 234, 270,
　271
モンテスキュー，シャルル　51

ヤ・ラ行

葉剣英　36
姚文元　31

陸学藝　155
陸平　31
李克強　58, 169
李先念　36, 193
李登輝　99
李鵬　39, 179
劉少奇　24, 195, 218
廖承志　260, 270, 271
林彪　31, 234
レーガン，ロナルド　238
老舎　32
魯迅　11
ローズヴェルト，フランクリン　210
李登輝　100

事 項 索 引

ア 行

愛国主義　43, 253
　　――教育　43
　　――実施綱要　43
空き巣老人　199
アジア・アフリカ会議（バンドン会議）　229
アジア安全保障観　241, 255
アジアインフラ投資銀行（AIIB）　131, 241,
　255
アジア復帰　267
ASEAN　130, 135
　　――地域フォーラム　247
アヘン戦争　3, 4, 193
雨傘革命　98
安定成長　109
「安内攘外」政策　15, 17, 18
維権　161
　　――運動　83
移行のコスト　73
一国家二制度　96-99, 102
一帯一路　241, 255
一超四強　245, 246
一票否決制　165
イノベーション　125
医療保険　217
　　――制度改革　214
インドシナ戦争　228
ヴェトナム戦争　236
NGO　82
FTA　129-131
MT 貿易　261
LT 貿易　260, 261
エンゲル係数　118
円借款　262, 263, 265
応試教育　205
欧州共産党情報局（コミンフォルム）　223
欧米型民主主義　73
ODA　183, 266
応試教育　209
汚職　55

汚染物質排出費徴収制度　177
小渕基金　184
温室効果ガス　173

カ 行

改革開放　61, 237, 262
　　――政策　38
階級区分制度　147
外商投資産業指導目録　140, 142
階層固化　156
解放区教育　201
科学的発展観　44, 58, 60, 217
学位制度　208
学潮　40
革命委員会　33
下崗（レイオフ）　153, 215
各国共産党労働者党モスクワ会議　26
合作医療制度　214
家庭生産責任請負制　213
過渡期の総路線　23
下放　30
環境影響評価制度　177
環境保護部　179
環境保護部長　51
環境保護法　169, 176, 177
環境保全投資　181
関税及び貿易に関する一般協定（GATT）
　129
ガンデンポタン　93
官僚ブローカー　39
議院内閣制　49, 50
企業医療保険　214
議行合一制　50, 52, 54
企業所得税法　140
北大西洋条約機構（NATO）　223
義務教育　201-204, 206, 218
　　――法　204
キューバ危機　232
教科書問題　263, 264, 267
供給サイド　126
共産党　22

行政改革　43
共通の価値論　78
共同綱領　22, 68
共同富裕　38
強迫入学条例　201
義和団　6, 7
金融改革　43
グローバル経済　111
訓政　14, 20
軍政委員会　22
群体性事件　161
計画出産指導小組　196
計画出産条例　196
景気刺激策　111
経験交流　32
経済技術開発区　128
経済協作区　27
経済金融危機　44
経済相互援助会議（コメコン）　223, 237
経済調整期　195
経済調整政策　28
経済特区　38, 128, 129, 142
経済貿易緊密化協定（CEPA）　97, 138
継続革命　148
　　──論　58
限界資本係数　121
「建国以来の党の若干の歴史問題についての決
　　議」（「歴史決議」）　37
検察院　55
堅持韜光養晦，積極有所作為　254
憲政　14, 20
現代化・正規化　239
憲法　50-56, 58, 59, 65, 68, 69
五・一六通知　31
五・三〇事件　13
五・四運動　11
五・七指示　202
紅衛兵　32
　　──運動　32
光華寮問題　264
高級合作社　24
公共食堂　29
紅軍　68
合計特殊出生率　199

紅五類　148
高新技術産業開発区　128
向ソ一辺倒　225, 232
高度成長　107
抗日根拠地　31
抗日戦争　31, 258
抗米援朝運動　23
黄埔軍官学校　12
五カ年計画
　　第1次──（1953〜57）　23
　　第2次──　25
　　第11次──　140
国営企業　212
　　──改革　215
国営工業企業工作条例　29
黒五類　148
国際経済新秩序　242
国際情報競争　80
国際政治新秩序　242
国際的大気候　243
国進民退　121
国内的小気候　243
国民革命　11-15
国民経済発展10カ年計画要綱　37
国民参政会　19
国民政府　23
国務院　51-54, 66, 67
国有企業　65, 212
　　──改革　43
国連国際人口開発会議　197
互助組　24
個人崇拝　75
戸籍制度　147, 206
戸籍登録条例　29
国家計画委員会　25
国家発展改革委員会　230
国家林業局　180
国共合作
　　第一次──　12, 13, 16
　　第二次──　19
国共内戦　22
五反運動　23
個別生産請負制　29
五保制度　213, 216

コミンテルン　12, 16, 18
コミンフォルム　225
顧問委員会　40

サ　行

最高検察院　67
最高人民法院　67
最終消費支出　117
最低生活保障基準　216
最低生活保障制度　215, 216
三結合　33
三権分立　49, 51, 55
三資企業　153
「三線」建設　235
三大任務　247
三同時制度　177
三廃　164
三反・五反運動　23
三反運動　23
三民主義　8, 12, 194
三無人員　215
GDP 成長率　39
私営企業家　59
四旧打破　32
思考する世代　39
四清運動　30
四大　32
失業保険　215, 217
失業保険条例　215
実事求是　36
司法　55
資本投入　112
市民社会　157
下海　154
下関条約　98
社会医療保険　214
社会主義教育運動　30
社会主義市場経済　42, 59, 212
社会主義初級段階論　39
社会主義的改造　23
社会主義の総路線　27
社会保険法　216
社会保障　210
　——制度　212

——法（Social Security Act）　210
社区　153
シャドーバンキング　111
上海革命委員会　33
上海協力機構　247
上海コミューン（上海人民公社）　33
上海コミュニケ　236
上海自由貿易試験区　129, 142
上海ファイブ　247
重慶会談　20
「修正後10条」　30
重層的身分制社会　147
十大関係論　25
集団騒擾事件　44
周辺外交　255
自由貿易協定（FTA）　130
出身血統主義　32
遵義会議　17
松花江（水質）汚染事件　179, 180, 186
小皇帝　198
消費主導型　124
上訪　161
情報公開　80
初級合作社　24
所得再分配　125
所得倍増計画　126
自力更生　127, 128
私立学校　209
辛亥革命　7, 8, 10, 11
新型大国関係　253, 256
新疆　66
新権威主義論　41
人口資本論　192
人口大国化論　194
人口ボーナス　112
人口目標管理責任制　197
新常態　108
「新人口論」　195, 218
新二元構造　156
新文化運動　11
人民解放軍　20, 22, 68, 70
人民検察院　51
人民公社　27, 109, 203, 214
　——化運動　27

新民主主義　22
人民政府　52, 57
人民代表　51, 52, 66
　　——会議　22
　　——大会（人大）　50, 52
人民日報社　31
人民法院　51, 55-57
人民民主独裁　22, 147
真理の基準論争　36
水質汚染　170
水利建設運動　27
西安事件　18
西欧諸国視察団　37
政経分離　261
制限主権論（ブレジネフ・ドクトリン）　235
生産請負制　37, 194
生産隊　27
政治改革戦略　73
政治協商会議　20, 22
政治三原則　260
政治体制改革　41
整風運動　19
西部大開発　92
世界人権宣言（Universal Declaration of
　　Human Rights-UDHR）　210
世界人口開発会議　193
世界の工場　111
世界貿易機関（WTO）　127, 129, 130, 133,
　　137, 142, 246
節育運動　195
設備投資　119
旋回（pivot）　256
尖閣　262, 267
　　——諸島　254, 265, 269
　　——問題　269
全国環境保護大会　163, 178
全国教育工作会議　204
全国高等学校招生工作会議　202
全国重点学校　207
全国人民代表大会（全人代）　50-55, 65
　　第1回全国人民代表大会　23
　　第4期全人代第1回会議　35
全人大常務委員会（全人大常委会）　51-55,
　　66

全国統一試験　208
戦争賠償　262
先富論　38, 154
全面整頓　35
戦略的競争相手　246
総固定資本形成　120
走資派　148
走出去（海外進出）　143
素質教育　204, 205, 209
ソ連邦　241
村民委員会の直接選挙　78

タ　行

大気汚染　164
耐久消費財　118
大行政区　22
大慶油田　29
退耕換林・換草　172
大国外交　251
第3の波　73
大統領制　49, 50
太平天国　4, 5
大民主　32
大鳴，大放，大字報，大弁論　32
大躍進　195
　　——運動　26, 234
　　——政策　163
大連合　33
台湾　66, 258-261, 264, 265
　　——関係法　236
　　——問題　229-231, 236, 240
台湾海峡危機
　　第一次——　229
　　第二次——　230, 231
　　第三次——　100
竹入メモ　261
多子多福　194
奪権運動　33
脱社会主義イデオロギー　77
単位制度　147
塘沽協定　17
地溝油　189
チベット自治区　66
地方保護主義　56, 57

事 項 索 引　　*303*

中印国境紛争　　231, 232
中越戦争　　237, 239
中央委員　　57
中央外事工作会議　　253
中央政治局　　69
　　――委員　　57
中央政法委員会　　67
中央宣伝部　　31
中央文化革命小組　　31
中華民国臨時約法　　9, 10
中華民族の偉大な復興　　254, 255
中間階層　　155
「中間地帯」論　　224, 230
中国援助法　　225
中国脅威論　　240
中国共産党全国代表者会議　　38
中国共産党全国代表大会　　57
　　1全大会　　12
　　7全大会　　20
　　8全大会　　25
　　8全大会第2回会議　　27
　　9全大会　　34
　　10全大会　　35
　　12全大会　　38
　　13全大会　　38, 65
　　14全大会　　42, 59, 65
　　16全大会　　43, 59
　　17全大会　　63
　　18全大会　　44
中国共産党中央委員会全体会議
　　8期3中全会　　26
　　8期10中全会　　30
　　8期11中全会　　32
　　8期拡大12中全会　　34
　　9期2中全会　　35
　　10期3中全会　　36
　　11期3中全会　　36, 127
　　11期5中全会　　37
　　11期6中全会　　37
　　13期1中全会　　59
　　13期3中全会　　41
　　13期4中全会　　42
　　13期5中全会　　42
中国国民党（国民党）　　22, 99, 100

中国国民党全国代表大会／臨時全国代表大会
　　19
　　中国国民党全国代表大会／6全大会　　20
中国式民主主義　　73
中国人民銀行　　53
中国人民政治協商会議　　22
中国投資有限責任公司　　143
中国同盟会　　8
中国の特色ある社会主義建設　　38
中国の夢　　58, 60
中国老人権益保護法　　199
中所得国の罠　　125
中ソ国境紛争　　235
中ソ友好同盟条約　　224
中ソ友好同盟相互援助条約　　225, 226, 237
朝貢　　3, 4
超高齢社会　　199
朝鮮戦争　　22, 226-228, 233, 258, 259
朝鮮半島問題　　240
直接投資　　111
珍宝島事件　　262
ツキジデス（トゥキュディディス）　　241,
　　257
積み上げ方式　　259, 272
TFP　　113
TPP　　267
「適度普恵型」社会保障　　216
「適度普恵型」の社会保障　　217
テクノクラート世代　　75
天安門事件　　59, 64, 65, 137, 264, 265
　　第一次――　　35
　　第二次――（六四――）　　41, 239, 240, 243,
　　244
統一試験　　209
統一戦線　　22
党企分離　　40
党規約　　57, 59, 64
党組　　65
党グループ　　65
韜光養晦，有所作為　　250, 254
投資主導　　124
党政分離　　40, 64, 65, 67, 76
党中央規律検査委員会（中規委）　　67, 68
党中央政治局常務委員　　66, 67

党と国家の領導制度の改革について　40
党内の資本主義の道を歩む実権派　31
東南アジア諸国連合（ASEAN）　134
「当面の農村工作の若干の問題についての中共
　　中央の決定」（「前10条」）　30
トキ　184
独生子女証（一人っ子証明書）　196
独立国家共同体　241
独立自主外交　37
独立自主の対外政策　238
独立自主の平和外交政策　242
都市医療保険制度　214
都市化率　119
都市知識青年　30
土壌汚染　172
土地改革　21, 22
　　──法　22
土法高炉　28
ドミノ理論　233

ナ 行

内需拡大　108
長崎国旗事件　260
NATO　233, 246
72年体制　264
七千人大会　28
南京条約　3, 4
南京大虐殺　18, 269
南巡講話　42, 110, 137
軟着陸　74
南方談話　42, 244, 245
二・二八事件　99
二月逆流　33
二十一カ条要求　10, 11
日米安全保障条約（日米安保条約）　228,
　　259, 262
日米安保　266
日米同盟　268
日清戦争　98
日中環境保護協力協定　182
日中環境モデル都市構想　183
日中韓三カ国環境大臣会合（TEMM）　185
日中共同声明　262, 269
日中国交正常化　237, 261, 269

日中省エネルギー・環境総合フォーラム
　　185
日中戦争　98
日中平和友好条約　237, 262
日中民間貿易協定　259
日中友好環境保全センター　183
日中渡り鳥等保護協定　182
二二一工程　207
ニューディル政策　210
年金（「養老保険」）　212
　　──改革　212
　　──制度　212
農業生産合作社　24
農業発展要綱　26
農村合作医療　213, 214
　　──制度　211
農村戸籍　29
農村五保供養工作条例　216
農村五保制度　211
「農村社会主義教育運動のなかで当面提起され
　　ている若干の問題」（「23条」）　31
農村社会養老保険　213
「農村の社会主義教育運動における若干の具体
　　的政策についての中共中央の決定」（「後10
　　条」）　30

ハ 行

廃棄物　171
白色テロ　99
派閥力学　75
反右傾闘争　28, 26, 195
反汚職活動　67
半工半学　201
反国家分裂法　100
ハン・スーイン　95
「反精神汚染」キャンペーン　38
「反動派に対する造反には道理がある（『造反有
　　理』）」　32
反覇権条項　262
反腐敗　70
反腐敗・汚職運動　63
PM2.5　168, 169
東アジア・サミット　248
東アジア共同体　248

事項索引　　*305*

『東アジア戦略報告』（ナイ・イニシアチブ）
　　245
東アジア地域包括的経済連携　130
東シナ海　254
　　──防空識別区　254
東トルキスタン独立運動　94
非公有制企業　63
非公有制経済　59
一人っ子政策　193, 194, 196, 198, 199
一人っ子提議書　196
非農業戸籍　215
ヒマワリ運動　101
百花斉放，百家争鳴　26
批林批孔運動　35
貧困者　215
封じ込め　223, 225, 227229, 233
ブカレスト　193
　　──会議　193
　　──精神　195
不後退防衛線（アチソン・ライン）　226
不衝突，不対抗　257
二つのすべて　36
二つの百年　255
腐敗　54, 55, 59
ブルジョア自由化反対運動　40
ブレジネフ・ドクトリン　238
「プロレタリア独裁下の継続革命」論　35
「プロレタリア文化大革命についての決定」
　　（「16条」）　32
文化大革命（文革）　31, 58, 64, 69, 163, 194,
　　212, 235
　　──祝賀大会　32
憤青　251, 252
米華相互防衛条約　229
米中共同声明　262
米中接近　261, 272
黒孩子（ヘイハイズ）　197, 218
平和共存　227-229, 232, 234
　　──体制　231
平和五原則　228, 229, 232, 238, 240
平和的発展　249, 250
北京議定書　7
北京コミュニケ　238
北京の春　39

ベルリンの壁　243
変法　6, 7
貿易三原則　260
法治　40
北戴河会議　28
北伐　13, 14
香港特別行政区基本法　96
香港暴動　95

マ　行

マカオ暴動　95
マーシャル・プラン　223, 225
マルサス人口論　192
満洲国　15, 17
満洲事変　15
三つの世界論　193, 237
三つの代表　59, 63, 155
　　──論　58
南シナ海　254
　　──における行動規範　248
　　──における行動宣言　248
民間賠償請求　265
民工　206, 214
　　──学校　206
民工潮　153
民主化要求　84
民主主義の質　73
民主諸党派　20, 22
民主進歩党（民進党）　99, 100
民主の壁　39
民族区域自治　92
民辦学校　201
『毛主席語録』　202
毛沢東型社会主義　27
毛沢東思想　58
毛沢東人口論　194
盲流　153

ヤ　行

靖国（神社）　263
　　──参拝　267, 268
　　──参拝問題　264
ヤルタ協定　224, 225
遊撃型教育　201

輸出志向工業化戦略　122
洋務運動　5, 6
養老保険　217
四つの基本原則　40, 59
四つの現代化　35
四人組　35, 262
四二一症候群　198

ラ　行

リバランス　256
リーマン・ショック　121
流動児童　206
両江モデル　214
両包制度　208, 209
林彪事件　34
留守児童　206
冷戦　241, 272
歴史問題　264, 266-269
「連合政府論」　20

『老三篇』　202
労働者毛沢東思想宣伝隊　34
労働投入　113
労働分配率　125
労働法　211
労働保険制度　211
労働保険法　211
ローマ・クラブ　192
盧溝橋事件　18, 19
盧山会議　28

ワ　行

和諧（調和）　44
　――社会　206, 217, 249
　――世界　249, 251
和平演変　42, 243, 244
ワルシャワ条約機構　223, 235
湾岸危機　265, 265

《執筆者紹介》（＊は編著者，執筆順）

一 谷 和 郎（いちたに　かずお）

2002年　慶應義塾大学大学院法学研究科後期博士課程単位取得
現　在　中部大学人文学部准教授
主要著作
「革命の財政学──財政的側面からみた日中戦争期の共産党支配」高橋伸夫編著『救国，動員，秩序──変革期中国の政治と社会』（慶應義塾大学出版会，2010年）
「日中戦争期晋冀魯豫辺区の貨幣流通」山本英史編『近代中国の地域像』（山川出版社，2011年）
執筆担当……第1部第1章

木 下 恵 二（きのした　けいじ）

2002年　慶應義塾大学大学院法学研究科後期博士課程単位取得
現　在　常磐大学国際学部助教
主要著作
「新疆における盛世才政権の民族政策の形成と破綻」（『アジア研究』第58巻第1・2号，2012年）
執筆担当……第1部第2章
「1940年代国民党による新疆統治の論理──呉忠信と張治中を中心に」（『常磐国際紀要』第19号，2015年）

中 岡 ま り（なかおか　まり）

2002年　慶應義塾大学大学院法学研究科後期博士課程単位取得
現　在　常磐大学国際学部准教授
主要著作
「政治参加」高橋伸夫編著『現代中国政治研究ハンドブック』（慶應義塾大学出版会，2015年）
「権威主義的「議会」の限界」深町英夫編『中国議会100年史──誰が誰を代表してきたか』（東京大学出版会，2015年）
執筆担当……第2部第3章

＊唐　　　亮（とう　りょう）

1993年　慶應義塾大学大学院法学研究科博士課程修了
現　在　早稲田大学政治経済学部教授
　　　　法学博士
主要著作
『現代中国の党政関係』（慶應義塾大学出版会，1997年）
『変貌する中国政治』（東京大学出版会，2001年）
『現代中国の政治──「開発独裁」とそのゆくえ』（岩波書店，2012年）
執筆担当……第2部第4章

＊松 田 康 博（まつだ　やすひろ）

1997年　慶應義塾大学大学院法学研究科政治学専攻後期博士課程単位取得退学
現　在　東京大学東洋文化研究所教授
　　　　博士（法学）
主要著作
『台湾における一党独裁体制の成立』（慶應義塾大学出版会，2006年）
「米中関係における台湾問題」高木誠一郎編『米中関係──冷戦後の構造と展開』（日本国際問題研究所，2007年）
「安全保障関係の展開」家近亮子・松田康博・段瑞聡編著『岐路に立つ日中関係──過去との対話，未来への模索』（晃洋書房，2007年）
執筆担当……第2部第5章

唐　　成（とう　せい）
　2002年　筑波大学大学院博士課程社会科学研究科経済学専攻コース修了
　現　在　中央大学経済学部教授
　　　　　博士（経済学）
主要著作
「中国企業における資金調達行動」（『経済学論纂』第55巻第1・2号，2015年）
「中国経済のグローバル化」竹歳一紀・大島一二編著『アジア共同体の構築をめぐって』（芦書房，2015年）．
「中国の政策金融と経済成長」（『経済学論纂』第56巻第1・2号，2016年）
執筆担当……第3部第6章

佐野淳也（さの　じゅんや）
　1996年　慶應義塾大学大学院政策・メディア研究科修士課程修了
　現　在　日本総合研究所調査部勤務
主要著作
「経済成長戦略の見直しを迫られる中国」小島朋之編『21世紀の中国と東亜』（一藝社，2003年）
「中国からみた米中戦略経済対話」添谷芳秀編『現代中国外交の六十年──変化と持続』（慶應義塾大学出版会，2011年）
執筆担当……第3部第7章

段　瑞聡（だん　ずいそう）
　1999年　慶應義塾大学大学院法学研究科政治学専攻博士課程単位取得退学
　現　在　慶應義塾大学商学部教授
　　　　　博士（法学）
主要著作
『蔣介石と新生活運動』（慶應義塾大学出版会，2006年）
「教科書問題」家近亮子・松田康博・段瑞聡編著『改訂版　岐路に立つ日中関係』（晃洋書房，2012年）
「蔣介石と総動員体制の構築」久保亨・波多野澄雄・西村成雄編『戦時期中国の経済発展と社会変容』（慶應義塾大学出版会，2014年）
執筆担当……第4部第8章

染野憲治（そめの　けんじ）
　1991年　慶應義塾大学経済学部卒業
　現　在　慶應義塾大学経済学部訪問研究員（環境省地球環境局勤務）
主要著作
「日中環境協力の歴史と動向」中国環境問題研究会編『中国環境ハンドブック2009-2010年版』（蒼蒼社，2009年）
「中国のPM2.5問題と大気汚染対策」「中国の静脈産業と循環経済政策」（『環境法研究』第2号，2014年）
執筆担当……第4部第9章

＊家近亮子（いえちか　りょうこ）
　1992年　慶應義塾大学大学院法学研究科政治学専攻博士課程修了
　現　在　敬愛大学国際学部教授・放送大学客員教授
　　　　　法学博士
主要著作
『蔣介石と南京国民政府』（慶應義塾大学出版会，2002年）
『日中関係の基本構造──2つの問題点・9つの決定事項』（晃洋書房，2003年）
「歴史認識問題」家近亮子・松田康博・段瑞聡編著『岐路に立つ日中関係──過去との対話・未

来への模索』（晃洋書房，2007年）
『蔣介石の外交戦略と日中戦争』（岩波書店，2012年）
『東アジアの政治社会と国際関係』（家近亮子・川島真編著，2016年）
『評伝・蔣介石』（中央公論新社，2016年）
執筆担当……第4部第10章

阿 南 友 亮（あなみ　ゆうすけ）
　　2005年　慶應義塾大学大学院法学研究科政治学専攻後期博士課程単位取得
　　現　在　東北大学大学院法学研究科教授
　　　　　　博士（法学）
主要著作
『中国革命と軍隊──近代広東における党・軍・社会の関係』（慶應義塾大学出版会，2012年）
「戦略的互恵関係の模索と東シナ海問題 2006年-2008年」高原明生・服部龍二編
『日中関係史　1972-2012 Ⅰ政治』（東京大学出版会，2012年）
執筆担当……第5部第11章

加 茂 具 樹（かも　ともき）
　　2001年　慶應義塾大学大学院政策・メディア研究科博士課程修了
　　現　在　慶應義塾大学総合政策学部教授
主要著作
『現代中国政治と人民代表大会』（慶應義塾大学出版会，2006年）
「彭真と全国人民代表大会」加茂具樹・飯田将史・神保謙編『中国 改革開放への転換』（慶應義塾大学出版会，2011年）
「人大に埋め込まれた機能」深町英夫編『中国議会100年史──誰が誰を代表してきたか』（東京大学出版会，2015年）
執筆担当……第5部第12章

青 山 瑠 妙（あおやま　るみ）
　　1999年　慶應義塾大学大学院法学研究科博士後期課程単位取得
　　現　在　早稲田大学教育・総合科学学術院教授
　　　　　　法学博士
主要著作
『現代中国の外交』（慶應義塾大学出版会，2007年）
『中国のアジア外交』（東京大学出版会，2013年）
『外交と国際秩序（超大国・中国のゆくえ2）』（東京大学出版会，2015年）
執筆担当……第5部第13章

新 版

5分野から読み解く現代中国

──歴史・政治・経済・社会・外交──

2005年4月30日	初 版第1刷発行	＊定価はカバーに
2005年6月25日	初 版第2刷発行	表示してあります
2009年5月30日	改訂版第1刷発行	
2014年4月25日	改訂版第3刷発行	
2016年6月20日	新 版第1刷発行	

<table>
<tr><td rowspan="4">編著者の
了解により
検印省略</td><td rowspan="3">編著者</td><td>家 近 亮 子</td></tr>
<tr><td>唐　　　亮 ©</td></tr>
<tr><td>松 田 康 博</td></tr>
<tr><td>発行者</td><td>川 東 義 武</td></tr>
</table>

発行所　株式会社　晃 洋 書 房

〒615-0026　京都市右京区西院北矢掛町7番地

電　話　075(312)0788番(代)

振替口座　01040-6-32280

ISBN978-4-7710-2720-6　　印刷　創栄図書印刷(株)

製本　(株)藤沢製本

JCOPY 〈(社)出版者著作権管理機構 委託出版物〉

本書の無断複写は著作権法上での例外を除き禁じられています。
複写される場合は，そのつど事前に，(社)出版者著作権管理機構
(電話 03-3513-6969, FAX 03-3513-6979, e-mail: info@jcopy.or.jp)
の許諾を得てください。